# ENERGIERECHT

Beiträge zum deutschen, europäischen
und internationalen Energierecht

Herausgegeben von

Jörg Gundel und Knut Werner Lange

**25**

# Europäisches Energierecht zwischen Klimaschutz und Binnenmarkt

Tagungsband der Neunten Bayreuther
Energierechtstage 2018

Herausgegeben von
Jörg Gundel und Knut Werner Lange

Mohr Siebeck

*Jörg Gundel*, geboren 1967; Studium der Rechtswissenschaft an den Universitäten Erlangen-Nürnberg und Aix-Marseille (1990 Maître en droit); 1996 Promotion; 2002 Habilitation; Inhaber des Lehrstuhls für Öffentliches Recht, Völker- und Europarecht an der Universität Bayreuth. Geschäftsführender Direktor der dortigen Forschungsstelle für deutsches und europäisches Energierecht.

*Knut Werner Lange*, geboren 1964; Studium der Rechtswissenschaft in Konstanz; 1994 Promotion; 1997 Habilitation; Inhaber des Lehrstuhls für Bürgerliches Recht, deutsches und europäisches Handels- und Wirtschaftsrecht an der Universität Bayreuth. Direktor der dortigen Forschungsstelle für deutsches und europäisches Energierecht.

ISBN 978-3-16-159128-0 / eISBN 978-3-16-159129-7
DOI 10.1628/978-3-16-159129-7

ISSN 2190-4766 / eISSN 2569-3921 (Energierecht)

Die Deutsche Nationalbibliothek verzeichnet diese Publikation in der Deutschen Nationalbibliographie; detaillierte bibliographische Daten sind im Internet über *http://dnb.dnb.de* abrufbar.

© 2020 Mohr Siebeck Tübingen. www.mohrsiebeck.com

Das Buch wurde von epline in Böblingen aus der Stempel Garamond gesetzt und von Gulde Druck in Tübingen auf alterungsbeständiges Werkdruckpapier gedruckt und gebunden.

Printed in Germany.

# Vorwort

Der Einladung der Forschungsstelle für deutsches und europäisches Energierecht (FER) zu den neunten Bayreuther Energierechtstagen sind zahlreiche Teilnehmer aus Wissenschaft und Forschung gefolgt, um am 22. und 23. März 2018 über Stand und Perspektiven des Europäischen Energierechts zwischen Klimaschutz und Binnenmarkt zu diskutieren.

Ausgangspunkt auch der diesjährigen Tagung waren die dynamischen Veränderungen der rechtlichen Rahmenbedingungen der Energieversorgung, die alle Regelungsebenen umfassen: Das gilt in internationaler Dimension mit den Bemühungen um die Eindämmung des Klimawandels im Rahmen des Pariser Übereinkommens, auf europäischer Ebene mit dem Projekt einer Energieunion, die gleichzeitig den Energiebinnenmarkt befördern und den europäischen Beitrag zum Klimaschutz stärken soll, im nationalen Bereich mit den vielfältigen Nachjustierungen und Folgemaßnahmen zur Energiewende. Insbesondere die im Winter 2016 präsentierten Vorschläge der Kommission im Rahmen des „clean energy package", welche in die Verabschiedung des Vierten Binnenmarktpakets im Dezember 2018 und Juni 2019 mündeten, haben die Rahmenbedingungen der Energieversorgung neugestaltet. Angesichts dessen war es Ziel der neunten Bayreuther Energierechtstage, diese Veränderungen in ihren Auswirkungen auf die Energiewirtschaft zu analysieren und Synergie- wie auch Konfliktpotentiale zwischen den Regelungsebenen herauszuarbeiten.

Der Blick folgte dabei den unterschiedlichen Ebenen: Den Auftakt der Tagung markierte der Vortrag von Prof. Dr. *Alexander Proelß* mit einer Analyse des Verhältnisses von europäischer Energieunion und internationalem Klimaschutz mit besonderem Fokus auf dem Pariser Übereinkommen. Im Anschluss lenkte *Thomas Schulz* den Blick auf das Unionsrecht, namentlich auf die mit den Vorschlägen für ein „clean energy package" einhergehenden Veränderungen der institutionellen Rahmenbedingungen der Energieunion. Im nächsten Beitrag behandelte Dr. *Frank-Peter Hansen* die konkreten Auswirkungen der Neuregelungen im Rahmen des „clean energy package" auf den grenzüberschreitenden Stromhandel in der EU. Den ersten Tag der Veranstaltung rundete Prof. Dr. *Jörg Gundel* mit einem Vortrag zu der Frage der Gewährleistung der Versorgungssicherheit durch Solidarität der Mitgliedstaaten im Energiebinnenmarkt ab, in dessen Mittelpunkt die neue Gassicherungsverordnung sowie die Verordnung über die Risikovorsorge im Elektrizitätssektor standen.

Die Vorträge des zweiten Tages behandelten weitere spezifische Fragestellungen der europäischen Energieunion: Zunächst beschäftigte sich Prof. Dr.

*Claas Friedrich Germelmann*, LL.M., mit dem Investitionsschutz im Energiebinnenmarkt mit dem Schwerpunkt auf der Zukunft des Energiecharta-Vertrags, bevor *Sebastian Lutz-Bachmann*, LL.M., sich der Frage nach der rechtlichen Möglichkeit der Einbeziehung von Offshore-Anbindungsleitungen in energierechtliche Ausschreibungen widmete. Anschließend erläuterte Prof. Dr. *Stefan Seifert* die Anforderungen an ein effektives Design der Ausschreibungen für PV-Freiflächenanlagen; den Abschluss der Tagung bildete der Beitrag von *Jan Bouke Agterhuis* zu der Reform der Erneuerbaren-Förderung in den Niederlanden (beide Beiträge konnten leider nicht schriftlich vorgelegt werden). An sämtliche Vorträge schloss sich eine lebhafte Diskussion an.

Die Beiträge berücksichtigen durchgängig die Neuregelungen des europäischen Energierechts durch das im Dezember 2018 und Juni 2019 verabschiedete Vierte Binnenmarktpaket; den Referenten gilt besonderer Dank für die Bereitschaft zur Aktualisierung Ihrer Beiträge, die diesen Band zu einer dauerhaft nutzbringenden Quelle zu den Neuerungen des clean energy package macht.

Die Herausgeber möchten den Sponsoren und Förderern der Tagung für ihre Unterstützung danken, ohne die die Veranstaltung nicht in dieser Form hätte stattfinden können; hervorzuheben sind hier Freshfields Bruckhaus Deringer, Linklaters sowie die TenneT TSO GmbH. Dank gebührt ebenfalls den Mitarbeitern der beteiligten Lehrstühle für ihr Engagement, in diesem Jahr insbesondere den wissenschaftlichen Mitarbeitern Dr. Julius Buckler, Dr. Raphael Pompl, Dr. Joachim Rung und Cathleen Berg.

Bayreuth, im November 2019                    Jörg Gundel/Knut Werner Lange

# Inhaltsverzeichnis

# Abkürzungsverzeichnis

| | |
|---|---|
| A. | Auflage |
| a.A. | andere Ansicht |
| ABl. | Amtsblatt der Europäischen Union (vormals Amtsblatt der Europäischen Gemeinschaften) |
| a.F. | alte Fassung |
| ACER | Agency for the Cooperation of Energy Regulators (Agentur für die Zusammenarbeit der Energieregulierungsbehörden) |
| AEUV | Vertrag über die Arbeitsweise der Europäischen Union |
| AJDA | L'Actualité juridique droit administratif |
| AJIL | American Journal of International Law |
| AöR | Archiv des öffentlichen Rechts |
| ARegV | Verordnung über die Anreizregulierung der Energieversorgungsnetze (Anreizregulierungsverordnung) |
| AtG | Gesetz über die friedliche Verwendung der Kernenergie und den Schutz gegen ihre Gefahren (Atomgesetz) |
| AtGÄndG | Gesetz zur Änderung des Atomgesetzes |
| AVR | Archiv des Völkerrechts |
| AWZ | Ausschließliche Wirtschaftszone |
| BayVBl. | Bayerische Verwaltungsblätter |
| Bd. | Band |
| BeckOK | Beck'scher Online-Kommentar |
| BerlKommEnR | Berliner Kommentar zum Energierecht |
| BGBl. | Bundesgesetzblatt |
| BGH | Bundesgerichtshof |
| BIT | Bilateral Investment Treaty |
| BMWi | Bundesministerium für Wirtschaft und Energie |
| BNatSchG | Gesetz über Naturschutz und Landschaftspflege (Bundesnaturschutzgesetz) |
| BNetzA | Bundesnetzagentur für Elektrizität, Gas, Telekommunikation, Post und Eisenbahnen |
| BT-Drucks. | Drucksachen des Deutschen Bundestages |
| BYIL | British Yearbook of International Law |
| CACM-Verordnung | Verordnung (EU) 2015/1222 der Kommission v. 24.7.2015 zur Festlegung einer Leitlinie für die Kapazitätsvergabe und das Engpassmanagement, ABl. EU 2015 L 197/24 |
| CBD | Convention on Biological Diversity (Übereinkommen über die biologische Vielfalt) |
| CCS | Carbon Dioxide Capture and Storage ($CO_2$-Abscheidung und -Speicherung) |

| | |
|---|---|
| CDE | Cahiers droit européen |
| CEF | Connecting Europe Facility |
| CETA | Comprehensive Economic and Trade Agreement (Umfassendes Wirtschafts- und Handelsabkommen EU-Kanada) |
| CMLRev. | Common Market Law Review |
| $CO_2$ | Kohlenstoffdioxid |
| COP | Conference of the Parties |
| COP21 | United Nations Framework Convention on Climate Change, 21st Conference of the Parties |
| CREG | Commission de Régulation de l'Électricité et du Gaz |
| DIW | Deutsches Institut für Wirtschaftsforschung |
| DÖV | Die öffentliche Verwaltung |
| DVBl. | Deutsches Verwaltungsblatt |
| ECT | Energy Charter Treaty (Energiecharta-Vertrag) |
| EE | Erneuerbare Energien |
| EEG | Gesetz für den Ausbau erneuerbarer Energien (Erneuerbare-Energien-Gesetz) |
| EG | Europäische Gemeinschaft/Europäische Gemeinschaften |
| EGKS | Europäische Gemeinschaft für Kohle und Stahl |
| EGV | Vertrag zur Gründung der Europäischen Gemeinschaft |
| EJIL | European Journal of International Law |
| EL | Ergänzungslieferung |
| ELRev. | European Law Review |
| EMRK | Europäische Menschenrechtskonvention |
| EnCharta | Energiecharta |
| EnCV | Energiecharta-Vertrag |
| EnSiG | Gesetz zur Sicherung der Energieversorgung |
| ENTSO-E | European Network of Transmission System Operators for Electricity |
| ENTSO-G | European Network of Transmission System Operators for Gas |
| EnWG | Gesetz über die Elektrizitäts- und Gasversorgung (Energiewirtschaftsgesetz) |
| EnWZ | Zeitschrift für das gesamte Recht der Energiewirtschaft |
| EP | Europäisches Parlament |
| ESIF | European structural and investment funds (Europäischer Struktur- und Investitionsfonds) |
| EStAL | European State Aid Law Quarterly |
| et | Energiewirtschaftliche Tagesfragen |
| ETSO | European Transmission System Operators |
| EU | Europäische Union |
| EuEnR | Europäisches Energierecht |
| EuG | Gericht der Europäischen Union |
| EuGH | Europäischer Gerichtshof |
| EuGRZ | Europäische Grundrechte-Zeitschrift |

| | |
|---|---|
| EuR | Europarecht |
| Euratom | Europäische Atomgemeinschaft |
| EurUP | Zeitschrift für Europäisches Umwelt- und Planungsrecht |
| EUV | Vertrag über die Europäische Union |
| EU-VNB | Europäische Organisation der Verteilernetzbetreiber |
| EuZW | Europäische Zeitschrift für Wirtschaftsrecht |
| EWeRK | Zeitschrift des Instituts für Energie- und Wettbewerbsrecht in der Kommunalen Wirtschaft e. V. |
| EWG | Europäische Wirtschaftsgemeinschaft |
| EWR | Europäischer Wirtschaftsraum |
| EWS | Europäisches Wirtschafts- und Steuerrecht |
| FAZ | Frankfurter Allgemeine Zeitung |
| FET | Fair and equitable treatment |
| FFH-RL | Fauna-Flora-Habitatrichtlinie |
| FS | Festschrift |
| GA | Generalanwalt/Generalanwältin, Gutachten |
| GK | Große Kammer |
| GRC | Charta der Grundrechte der Europäischen Union |
| Hrsg. | Herausgeber |
| ICLQ | International & Comparative Law Quarterly |
| ICSID | International Center for Settlement of Investment Disputes (Internationales Zentrum für die Beilegung von Investitionsstreitigkeiten) |
| IMO | International Maritime Organization (Internationale Seeschifffahrtsorganisation) |
| INDC | Intended nationally determined contribution |
| IPCC | Intergovernmental Panel on Climate Change |
| IR | InfrastrukturRecht |
| JDE | Journal de droit européen |
| JDI | Journal du droit international |
| JENRL | Journal of Energy and Natural Resources Law |
| JZ | Juristenzeitung |
| KfW | Kreditanstalt für Wiederaufbau |
| KMU | Kleine und mittlere Unternehmen |
| kW | Kilowatt |
| kWh | Kilowattstunde |
| LCoE | Levelized Cost of Electricity (Stromgestehungskosten) |
| LIEL | Legal Issues of Economic Integration |
| LS | Leitsätze |
| MJ | Maastricht Journal of European and Comparative Law |
| MPA | Meeting of the Parties of the Paris Agreement |
| MWh | Megawattstunde |
| NDC | Nationally determined contribution |
| NEP | Netzentwicklungsplan |
| NJW | Neue Juristische Wochenschrift |

| | |
|---|---|
| NVwZ | Neue Zeitschrift für Verwaltungsrecht |
| NVwZ-RR | Neue Zeitschrift für Verwaltungsrecht – Rechtsprechungs-Report |
| OFTO | offshore-transmission owner |
| OLG | Oberlandesgericht |
| PA | Pariser Abkommen |
| PCA | Permanent Court of Arbitration |
| PV | Photovoltaik |
| QIL | Questions of International Law |
| RCDIP | Revue critique de droit international privé |
| RdE | Recht der Energiewirtschaft |
| Rec. Dalloz | Recueil Dalloz |
| RECIEL | Review of European, Comparative & International Environmental Law |
| RELP | Renewable Energy Law and Policy Review |
| Rev | Review |
| RFDA | Revue française de droit administratif |
| RGDIP | Revue générale de droit international public |
| RIDPC | Rivista italiana di diritto pubblico comunitario |
| Riv. dir. int. | Rivista di diritto internazionale |
| Riv. dir. int. priv. e proc. | Rivista di diritto internazionale privato e processuale |
| RIW | Recht der internationalen Wirtschaft |
| RL | Richtlinie |
| Rs. | Rechtssache |
| RSC | Regional Security Coordinators |
| RTDE | Revue trimestrielle de droit européen |
| SCC | Stockholm Chamber of Commerce |
| SchiedsVZ | Zeitschrift für Schiedsverfahren |
| SGCC | State Grid Corporation of China |
| SWP | Stiftung Wissenschaft und Politik |
| SZ | Süddeutsche Zeitung |
| TEL | Transnational Environmental Law |
| TEN-E | Transeuropäische Energienetze |
| TEN-E-VO | Verordnung (EU) Nr. 347/2013 des EP und des Rates v. 17.4.2013 zu Leitlinien für die transeuropäische Energieinfrastruktur und zur Aufhebung der Entscheidung Nr. 1364/2006/EG und zur Änderung der Verordnungen (EG) Nr. 713/2009, (EG) Nr. 714/2009 und (EG) Nr. 715/2009, ABl. EU 2013 L 115/39 |
| TSO | Transmission System Operator (Übertragungsnetzbetreiber) |
| TTIP | Transatlantic Trade and Investment Partnership (Transatlantische Handels- und Investitionspartnerschaft) |
| TWh | Terawattstunde |
| UN | United Nations (Vereinte Nationen) |
| ÜNB | Übertragungsnetzbetreiber |

| UNFCCC | United Nations Framework Convention on Climate Change (UN-Klimarahmenkonvention) |
| VN | Vereinte Nationen |
| VO | Verordnung |
| VVE | Vertrag über eine Verfassung für Europa |
| WindSeeG | Gesetz zur Entwicklung und Förderung der Windenergie auf See |
| ZaöRV | Zeitschrift für ausländisches öffentliches Recht und Völkerrecht |
| ZfU | Zeitschrift für Umweltpolitik & Umweltrecht |
| ZUR | Zeitschrift für Umweltrecht |

# Europäische Energieunion und internationaler Klimaschutz

## Konkurrenz oder Konvergenz?

*Alexander Proelß*

## I. Einleitung

Im Rahmen der 21. Vertragsstaatenkonferenz (COP 21) der UN-Klimarah-
menkonvention (UNFCCC) einigte sich die Staatengemeinschaft im Dezember
2015 auf einen neuen Weltklimavertrag: das Übereinkommen von Paris. Nach
Jahren des Stillstands der internationalen Klimapolitik verkörperte bereits der
Umstand, dass überhaupt eine Einigung auf einen neuen Klimaschutzvertrag
erzielt werden konnte, nachdem die Verpflichtungsperiode des Kyoto Protokolls zur UNFCCC Ende 2012 ausgelaufen war, einen Erfolg. Indes darf nicht
verkannt werden, dass die Vorschriften des Übereinkommens von Paris durch
unterschiedliche Verbindlichkeitsgrade und Konkretisierungsbedürftigkeit
gekennzeichnet sind. Die vor diesem Hintergrund erforderlichen Schärfungen
bzw. Konkretisierungen sollen zum einen mittels Beschlüssen der jährlich stattfindenden Vertragsstaatenkonferenzen (Conference of the Parties – COP) der

UNFCCC, die zugleich als Treffen der Vertragsstaaten des Übereinkommens von Paris (Meeting of the Parties of the Paris Agreement – MPA) fungieren, erfolgen. Zum anderen weist das Übereinkommen von Paris mit seinem zentralen Mechanismus – der Meldung sog. Nationally Determined Contributions (NDCs) – den einzelnen Vertragsparteien besondere Verantwortung hinsichtlich der Erreichung der Ziele des Übereinkommens zu: Anstatt den Vertragsparteien gleichsam von oben herab konkrete Treibhausgasreduktionspflichten aufzuerlegen, wie dies noch durch das Kyoto Protokoll geschehen war, statuiert das Übereinkommen von Paris lediglich eine allgemeine globale Temperaturzielvorgabe und verpflichtet die Vertragsparteien im Übrigen dazu, in regelmäßigen Intervallen ihre Einsparziele zu melden, die in ihrer Gesamtheit sodann von der Vertragsstaatenkonferenz – einem Gremium ohne eigene Rechtspersönlichkeit – bewertet werden sollen. Es bedarf keiner näheren Erläuterung, dass ein solcher bottom up-Ansatz[1] nur zum Erfolg führen kann, wenn die Vertragsparteien hinreichend ehrgeizige Einsparziele formulieren und diese anschließend auch effektiv umsetzen.

Im Jahr der Annahme des Übereinkommens von Paris begann die EU-Kommission mit der Implementierung einer vertieften Zusammenarbeit im Energiesektor, der sog. europäischen Energieunion. Mit ihr werden im Wesentlichen die folgenden Ziele verfolgt: (1) Erhöhung der Versorgungssicherheit in der EU, (2) Sicherstellung bezahlbarer Energieversorgung, (3) Ersetzung fossiler Energieträger durch nachhaltige Quellen, (4) Erhöhung der Wettbewerbsfähigkeit der Union im Energiesektor, und (5) Schaffung eines echten Energiebinnenmarkts. Mit den seinerzeit vorgeschlagenen und mittlerweile vom europäischen Gesetzgeber in Kraft gesetzten Maßnahmen soll echte Marktintegration im Bereich der Energiepolitik und sowie ein gemeinsames energiepolitisches Auftreten nach außen ermöglicht werden. Nicht zuletzt strebt die EU mit der Energieunion aber auch eine weltweit führende Rolle im internationalen Klimaschutz an („Energie- und Klimaunion"). Insoweit beruht die Energieunion in ihrer heutigen Form auf der Prämisse, dass die Integration der verschiedenen Quellen erneuerbarer Energien ein koordiniertes Vorgehen in den Mitgliedstaaten voraussetzt. Dazu soll ein rechtlicher Rahmen bereitgestellt werden, der die Integration erneuerbarer Energien in die Energiemärkte ohne staatliche Eingriffe, m. a. W. markt- und wettbewerbsbasiert, ermöglicht, fördert und schlussendlich vollständig umsetzt. Bereits im Oktober 2014 hatte sich der Europäische Rat auf einen Rahmen für die Klima- und Energiepolitik bis 2030 verständigt, der als Zielvorgabe einen Anteil der erneuerbaren Energien von 27 % am Bruttoendenergieverbrauch bis zum Jahr 2030 statuiert. Zwecks Konkretisierung und

---

[1] Siehe *Saurer*, Klimaschutz global, europäisch, national – Was ist rechtlich verbindlich?, NVwZ 2017, 1574; *Böhringer*, Das neue Pariser Klimaübereinkommen: Eine Kompromisslösung mit Symbolkraft und Verhaltenssteuerungspotential, ZaöRV 76 (2016), 753 (762).

Verschärfung dieses Rahmens legte die Kommission im November 2016 ihr sog. Winterpaket „Saubere Energie für alle Europäer",[2] bestehend aus insgesamt acht Richtlinien- und Verordnungsentwürfen,[3] vor, mittels dessen insbesondere eine stärkere Vereinheitlichung der klimaschutzpolitischen Bemühungen innerhalb der Union erreicht und die marktbasierte Integration der erneuerbaren Energien weiter gefördert werden sollte. Nachdem sich Europäisches Parlament, Rat und Kommission im Juni 2018 auf einen Kompromiss verständigt hatten, stimmte der Rat in seiner Sitzung am 3./4. Dezember 2018 dem 1. Teilpaket des Legislativpakets „Saubere Energie für alle Europäer", beruhend auf Standpunkten des Europäischen Parlaments, die dieses jeweils in erster Lesung am 13. November 2018 festgelegt hatte, zu. Die betreffenden Rechtsakte wurden inzwischen im Amtsblatt der EU veröffentlicht.[4] Die Neufassung der Gebäudeeffizienz-Richtlinie war bereits im Juli 2018 in Kraft getreten.[5]

---

[2] Mitteilung der Kommission an das EP, den Rat, den Wirtschafts- und Sozialausschuss, den Ausschuss der Regionen und die Europäische Investitionsbank: „Saubere Energie für alle Europäer", KOM(2016) 860 endg. v. 30.11.2016.

[3] Vorschlag für eine VO des EP und des Rates über das Governance-System der Energieunion zur Änderung der RL 94/22/EG, der RL 98/70/EG, der RL 2009/31/EG, der VO (EG) Nr. 663/2009, der VO (EG) Nr. 715/2009, der RL 2009/73/EG, der RL 2009/119/EG des Rates, der RL 2010/31/EU, der RL 2012/27/EU, der RL 2013/30/EU und der RL (EU) 2015/652 des Rates und zur Aufhebung der VO (EU) Nr. 525/2013, KOM(2016) 759 endg. v. 30.11.2016; Vorschlag für eine RL des EP und des Rates zur Änderung der RL 2012/27/EU zur Energieeffizienz, KOM(2016) 761 endg. v. 30.11.2016; Vorschlag für eine RL des EP und des Rates zur Änderung der RL 2010/31/EU über die Gesamtenergieeffizienz von Gebäuden, KOM(2016) 765 endg. v. 30.11.2016; Vorschlag für eine RL des EP und des Rates zur Förderung der Nutzung von Energie aus erneuerbaren Quellen, KOM(2016) 767 endg. v. 23.2.2017; Vorschlag für eine VO des EP und des Rates über den Elektrizitätsbinnenmarkt, KOM(2016) 861 endg. v. 23.2.2017; Vorschlag für eine VO des EP und des Rates über die Risikovorsorge im Elektrizitätssektor und zur Aufhebung der RL 2005/89/EG, KOM(2016) 862 endg. v. 30.11.2016; Vorschlag für eine VO des EP und des Rates zur Gründung einer Agentur der Europäischen Union für die Zusammenarbeit der Energieregulierungsbehörden, KOM(2016) 863 endg./2 v. 23.2.2017; Vorschlag für eine RL des EP und des Rates mit gemeinsamen Vorschriften für den Elektrizitätsbinnenmarkt, KOM(2016) 864 endg. v. 23.2.2017.

[4] VO (EU) 2018/1999 des EP und des Rates v. 11.12.2018 über das Governance-System für die Energieunion und für den Klimaschutz, zur Änderung der Verordnungen (EG) Nr. 663/2009 und (EG) Nr. 715/2009 des EP und des Rates, der Richtlinien 94/22/EG, 98/70/EG, 2009/31/EG, 2009/73/EG, 2010/31/EU, 2012/27/EU und 2013/30/EU des EP und des Rates, der Richtlinien 2009/119/EG und (EU) 2015/652 des Rates und zur Aufhebung der VO (EU) Nr. 525/2013 des EP und des Rates, ABl. EU 2018 L 328/1; RL (EU) 2018/2001 des EP und des Rates v. 11.12.2018 zur Förderung der Nutzung von Energie aus erneuerbaren Quellen (Neufassung), ABl. EU 2018 L 328/82; RL (EU) 2018/2002 des EP und des Rates v. 11.12.2018 zur Änderung der RL 2012/27/EU zur Energieeffizienz, ABl. EU 2018 L 328/210; VO (EU) 2019/941 des EP und des Rates v. 5.6.2019 über die Risikovorsorge im Elektrizitätssektor und zur Aufhebung der RL 2005/89/EG, ABl. EU 2019 L 158/1; VO (EU) 2019/942 des EP und des Rates v. 5.6.2019 zur Gründung einer Agentur der Europäischen Union für die Zusammenarbeit der Energieregulierungsbehörden (Neufassung), ABl. EU 2019 L 158/22; VO (EU) 2019/943 des EP und des Rates v. 5.6.2019 über den Elektrizitätsbinnenmarkt (Neufassung), ABl. EU 2019 L 158/54; RL (EU) 2019/944 des EP und des Rates v. 5.6.2019 mit gemein-

Vor dem Hintergrund der so skizzierten Entwicklungen stellt sich die grundlegende Frage nach dem Verhältnis von internationalem Klimaschutzrecht einerseits und europäischer Energiepolitik andererseits. Mit der zunehmend ausdifferenzierten Regulierung auf europäischer – regionaler – Ebene und der fortschreitenden Entformalisierung auf internationaler – globaler – Ebene scheinen sich die beiden Regime auf den ersten Blick in verschiedene Richtungen zu bewegen. Bei näherer Betrachtung mag sich die Energieunion indes gerade als Weg zur Konkretisierung und Effektivierung der „weichen" Pflichten des Übereinkommens von Paris erweisen. Deshalb werden im Folgenden zunächst die Regime des Übereinkommens von Paris und der europäischen Energieunion skizziert und bewertet, bevor der Versuch einer Antwort auf die Frage, ob europäische Energieunion und internationales Klimaschutzrecht zueinander in einer Beziehung der Konkurrenz oder Konvergenz stehen, unternommen wird.

## II. Das Übereinkommen von Paris: Historische Wegmarke oder Ausdruck des Scheiterns der internationalen Klimaschutzpolitik?

### 1. Verhältnis zum Regime der UNFCCC

Das Übereinkommen von Paris fußt auf den seit der Rio Konferenz von 1992 unternommenen Anstrengungen der Staatengemeinschaft zur Bekämpfung des Klimawandels.[6] Es bricht nicht vollständig mit den bislang zu diesem Zweck getroffenen Vereinbarungen, sondern steht mit ihnen in inhaltlichem wie institutionellem, wenn auch nicht durchgehend kohärentem Zusammenhang. Diese Feststellung mag insofern überraschen, als die mit der UNFCCC vorgezeichnete und dem Kyoto Protokoll zementierte Unterscheidung zwischen Staaten, die in Anlage I UNFCCC aufgenommen sind (Industriestaaten und sog. Staaten im Übergang zur Marktwirtschaft), und denjenigen Staaten, die nicht in Anlage I UNFCCC aufgenommen sind, als „Chinesische Mauer" der internationalen Klimapolitik galt, die ein künftiges Klimaschutzregime überwinden müsse.[7] Eben dies ist mit dem Übereinkommen von Paris bei oberflächlicher

---

samen Vorschriften für den Elektrizitätsbinnenmarkt und zur Änderung der RL 2012/27/EU (Neufassung), ABl. EU 2019 L 158/125.

[5] RL (EU) 2018/844 des EP und des Rates v. 30.5.2018 zur Änderung der RL 2010/31/EU über die Gesamtenergieeffizienz von Gebäuden und der RL 2012/27/EU über Energieeffizienz, ABl. EU 2018 L 156/75.

[6] Eingehende Darstellung bei *Bodansky/Brunnée/Rajamani*, International Climate Change Law, 2017, S. 209 ff.

[7] *Viñuales*, The Paris Climate Agreement: An Initial Examination, Part I, EJIL: Talk!, abrufbar unter: http://www.ejiltalk.org/the-paris-climate-agreement-an-initial-examination-part-i-of-ii/ (alle Online-Quellen in diesem Beitrag wurden zuletzt abgerufen am 30.8.2019).

Betrachtung gelungen; seine Rechtspflichten richtet sich an alle Vertragspartei-en. Institutionell ist jedoch zu berücksichtigen, dass das Übereinkommen von den Vertragsparteien der UNFCCC im Rahmen der 21. Vertragsstaatenkon-ferenz angenommen wurde, und dass die COP der UNFCCC, wie einleitend hervorgehoben, als Vertragsstaatentreffen des Übereinkommens von Paris fun-giert.[8] Im Hinblick auf die grundlegenden Prinzipien hält das Übereinkommen ausdrücklich am Grundsatz der gemeinsamen, aber unterschiedlichen Verant-wortung fest (vgl. 3. Erwägungsgrund Präambel). Eine genauere Durchmus-terung seiner Vorschriften belegt, dass die im Übereinkommen kodifizierten Rechtspflichten trotz formaler Aufgabe der Differenzierung zwischen Anla-ge I-Staaten und Nicht-Anlage I-Staaten in verschiedenen Zusammenhängen je nach betroffener Staatengruppe unterschiedlich ausgestaltet wurden.[9] Dies zeigt, dass das Übereinkommen von Paris prinzipiell und institutionell in Kon-tinuität zum rechtsverbindlichen Pre-Paris-Klimaschutzrecht steht, wohin-gegen die konkreten Pflichten überwiegend Ausdruck eines neueren, erstmals im Rahmen des Klimagipfels von Kopenhagen 2009 verfolgten Regulierungs-ansatzes sind.[10]

## 2. Regelungsansätze und Einordnung des Übereinkommens von Paris

Kern dieses neuen Ansatzes ist die Ersetzung der Festschreibung einzelstaat-licher Emissionsreduktionspflichten durch die Pflicht der Vertragsparteien, jeweils alle fünf Jahre (oder in kürzeren Intervallen) NDCs zum Umfang der Treibhausgasemissionsreduzierung (inkl. Speicher und Senken) festzulegen und zu notifizieren. Zwecks Effektivitätserhöhung können die NDCs im Ver-bund mit anderen Staaten (etwa im EU-Rahmen) verfolgt werden, wobei je-weils auch die in diesem Rahmen individuell zugeteilten NDCs zu berichten sind (vgl. Art. 4 Nr. 16–18). Die nationalen Zielvorgaben müssen kontinuierlich aktualisiert und von Berichtszeitraum zu Berichtszeitraum gesteigert werden (vgl. Art. 4 Abs. 3); dies geht über eine bloße „obligation of non-regression" hi-naus.[11] Im Rahmen eines ebenfalls alle fünf Jahre und erstmals im Jahre 2023

---

[8] Siehe nur Art. 4 Nr. 8 des Übereinkommens von Paris, ABl. EU 2016 L 282/4.

[9] Dazu *Bodansky/Brunnée/Rajamani*, o. Fn. 6, S. 221 ff. So anerkennen die Vertragspar-teien nach Art. 4 Abs. 1 des Übereinkommens von Paris etwa, dass „der zeitliche Rahmen für das Erreichen des Scheitelpunkts bei den Vertragsparteien, die Entwicklungsländer sind, größer sein wird". Vgl. ferner nur Art. 4 Abs. 4, 5 und 6 sowie Art. 6 Abs. 6 des Übereinkom-mens von Paris.

[10] *Morgenstern/Dehnen*, Eine neue Ära für den internationalen Klimaschutz: Das Über-einkommen von Paris, ZUR 2016, 131 (133) sprechen treffend von „differenzierter Differen-zierung". – Die Kontinuität zum Klimaschutzgipfel von Kopenhagen, der mit Blick auf seinen Ablauf und das Abschlussdokument (sog. Copenhagen Accord) vielfach als Tiefpunkt der Klimaschutzpolitik der vergangenen Dekade wahrgenommen wird, betont zu Recht *Franzius*, Das Paris-Abkommen zum Klimaschutz, ZUR 2017, 515 (519).

[11] Vgl. aber *Viñuales*, o. Fn. 7.

stattfindenden Global Stocktake soll dann bewertet werden, ob die notifizierten NDCs insgesamt zur Erreichung des in Art. 2 Abs. 1 lit. a des Übereinkommens von Paris kodifizierten Temperaturziels ausreichen. Nach ihm streben die Vertragsparteien eine Begrenzung der globalen Durchschnittstemperatur auf deutlich unter 2 °C im Vergleich zu vorindustriellen Werten an; zudem sollen die Vertragsparteien weitere Anstrengungen zu einer Begrenzung der globalen Durchschnittstemperatur auf unter 1,5 °C unternehmen.

Mit Blick auf die zeitliche Perspektive formuliert Art. 4 Abs. 1 des Übereinkommens von Paris das Ziel, ein „Gleichgewicht zwischen den anthropogenen Emissionen von Treibhausgasen aus Quellen und dem Abbau solcher Gase durch Senken" – m. a. W.: Netto-Null $CO_2$-Emissionen – in der zweiten Hälfte des Jahrhunderts zu erreichen. Wie dieses globale Netto-Null erreicht werden kann, ist hingegen nicht vorgegeben. In den Berichten des Intergovernmental Panel on Climate Change (IPCC) wird für Szenarien mit Netto-Null Emissionen im Allgemeinen von der Notwendigkeit eines starken Ausbaus von erneuerbaren Energien, Atomenergie, Carbon Capture and Storage (CCS) und $CO_2$-Entnahmetechnologien ausgegangen. Insgesamt schreibt das Übereinkommen von Paris als Konsequenz der zuvor gescheiterten Bemühungen um Aushandlung strenger Emissionsreduktionsverpflichtungen das letztlich bereits mit dem Copenhagen Accord eingeführte pledge and review-Verfahren fort. Konsequenterweise bleiben die flexiblen Mechanismen des Kyoto Protokolls im Text des Übereinkommens nahezu unbeachtet.[12]

Im Unterschied zum Feld der Bekämpfung bzw. Abschwächung (Mitigation) der Erderwärmung widmet das Übereinkommen von Paris der Anpassung (Adaptation) und dem Verlust- und Schadensausgleich (Loss and Damage) jeweils nur eine einzige Vorschrift. Die bereits im Zuge des Post-Kyoto-Prozesses initiierten Maßnahmen zur Anpassung an den Klimawandel werden mit Art. 7 des Übereinkommens von Paris zwar auf eine neue Rechtsgrundlage gestellt und nunmehr im Sinne konkreter Zielvorgaben ausgestaltet, freilich überwiegend in nicht rechtsverbindlicher Form. Auch die von Art. 7 Abs. 9 des Übereinkommens vorgesehene Pflicht („befasst") zur Erstellung und Umsetzung von Anpassungsplänen wurde um Wendungen ergänzt, die den Staaten einen weiten Beurteilungsspielraum zuweisen („gegebenenfalls", „wozu Folgendes gehören kann"). Gerade diese Vorgaben belegen, dass sich das Übereinkommen von Paris, obschon unzweifelhaft ein rechtsverbindlicher Vertrag, „aus Bausteinen verschiedener Verbindlichkeitsgrade" zusammensetzt und insofern durch eine „hybride Verbindlichkeitsstruktur" gekennzeichnet ist.[13] Zumindest auf dem

---

[12] Vgl. nur die auf Freiwilligkeit setzenden Art. 6 Abs. 2 und 3 sowie den allgemein der Bewahrung und Vergrößerung des Senken- und Speicherpotentials gewidmeten Art. 5 des Übereinkommens von Paris.

[13] Treffend *Saurer*, o. Fn. 1, S. 1575.

Gebiet des Umweltvölkerrechts ist dies freilich keine neue Entwicklung.[14] Für die Frage der Verbindlichkeit ist generell nicht der Vertrag an sich, sondern der jeweilige Gehalt der in ihm kodifizierten Normen entscheidend.[15]

Hinsichtlich des Verlust- und Schadensausgleichs werden die Vertragsparteien unter Bezugnahme auf Pre-Paris-Entwicklungen (Warsaw International Mechanism for Loss and Damage) allgemein und formelhaft zur Zusammenarbeit aufgefordert.[16] Aus §§ 50, 52 des Beschlusses der Vertragsstaatenkonferenz, mit dem das Übereinkommen von Paris angenommen wurde,[17] ergibt sich, dass Art. 8 des Übereinkommens keine Grundlage für eine etwaige Haftung der Vertragsparteien bildet, andererseits aber den Umgang mit sog. Klimaflüchtlingen einbezieht. Die Vertragsparteien haben damit ihre Auffassung zum Ausdruck gebracht, dass das UNFCCC-Regime auch im Hinblick auf individualrechtliche Konsequenzen der Erderwärmung einschlägig ist.

Mit Blick auf die Durchsetzung bzw. Erfüllungskontrolle soll nach Art. 13 des Übereinkommens von Paris einerseits ein Transparency Framework zur Unterstützung insbesondere der am wenigsten entwickelten Staaten geschaffen werden.[18] Andererseits sieht Art. 15 die Einrichtung eines Implementierungs- und Compliance-Mechanismus vor, der allerdings nicht über Sanktionierungsbefugnisse ("vermittelnden Charakter", "nicht streitig") verfügen soll. Insgesamt verknüpft das Übereinkommen von Paris damit ein Anreiz- und Unterstützungssystem, das u. a. auch die finanzielle Unterstützung der Entwicklungsstaaten (Art. 9), Technologieentwicklung und Technologietransfer (Art. 10) sowie einen Kapazitätsaufbau (Art. 11) umfasst, mit einem moderaten name and shame-Ansatz, der über die Pflicht zur Notifizierung der NDCs und die Durchführung der Global Stocktakes vermittelt wird. Potentiell bedeutsam sind vor allem seine Transparenz gewährleistenden Vorgaben,[19] die auf dem Weltklimagipfel in Katowice durch Annahme detaillierter Modalitäten, Verfahren und Richtlinien konkretisiert wurden.[20] Sie gewährleisten, dass die globale Umweltöffentlichkeit die Umsetzung und Fortschreibung der nationalen Reduktionsziele kritisch begleiten kann.[21] Dezentral scheint sich ferner eine

---

[14] So enthalten auch die UNFCCC und die UN-Biodiversitätskonvention (CBD; BGBl. 1993 II S. 1742) sowohl hard law- als auch soft law-Normen.

[15] Siehe bereits *Proelß*, Klimaschutz im Völkerrecht nach dem Paris Agreement: Durchbruch oder Stillstand?, ZfU 2016, 62 (64); *Stoll/Krüger*, Klimawandel, in: Proelß (Hrsg.), Internationales Umweltrecht, 2017, S. 283 (318).

[16] Dazu *Bodansky/Brunnée/Rajamani*, o. Fn. 6, S. 238 f.

[17] FCCC/CP/2015/L. 9/Rev.1 v. 12.12.2015, Adoption of the Paris Agreement.

[18] Dazu *Böhringer*, o. Fn. 1, S. 784 ff.; *Bodansky/Brunnée/Rajamani*, o. Fn. 6, S. 242 ff.

[19] Siehe auch *Morgenstern/Dehnen*, o. Fn. 10, S. 136: "zentrales Element und gleichsam das Rückgrat des PÜ".

[20] FCCC/CP/2018/L. 23 v. 14.12.2018, Draft decision -/CMA.1, Modalities, Procedures and Guidelines for the Transparency Framework for Action and Support referred to in Article 13 of the Paris Agreement.

[21] *Saurer*, o. Fn. 1, S. 1575 f.

Tendenz hin zu einer Kontrolle der globalen Umweltziele durch nationale Gerichte anzubahnen. In diesem Sinne bestätigte das Berufungsgericht Den Haag
am 9. Oktober 2018 eine auf Klage der niederländischen Nichtregierungsorga-
nisation Urgenda ergangene erstinstanzliche Entscheidung, wonach die Niederlande dadurch, dass die nationalen Treibhausgasemissionen bis Ende 2020
nicht um mindestens 25 % reduziert würden (wohlgemerkt: unionsrechtlich
verbindlich vorgegeben ist lediglich eine Reduzierung um 20 %), die staatliche
Gewährleistungspflicht aus Art. 2 und 8 der Europäischen Menschenrechtskon-
vention verletze.[22]

Diese Entwicklungen werfen zahlreiche Anschlussfragen auf, etwa im Hinblick auf Bedeutung und Umsetzung des Grundsatzes der Gewaltenteilung.
Der Regulierungsansatz des Übereinkommens von Paris mag indes gerade vor
ihrem Hintergrund durchaus Chancen bergen. So weist *Claudio Franzius* darauf hin, dass sich in dem Maße, wie das Übereinkommen von Paris auf materielle Pflichten der Staaten verzichte, ein Raum eröffne, der nicht nur von den
Staaten ausgefüllt werde.[23] Durch die Verknüpfung hierarchischer und partizi-
patorischer Elemente emanzipiere es sich von der staatenzentrierten top down-
Strategie des Kyoto Protokolls und bereite einem transnationalen Klimaschutzrecht den Weg.[24]

Allerdings lässt sich dem Text des Übereinkommens von Paris die kon-
statierte Öffnung zugunsten nichtstaatlicher und subnationaler Akteure nur
in Ansätzen entnehmen. Lediglich Art. 6 Abs. 8 lit. b statuiert das Ziel, die
Beteiligung des öffentlichen und des privaten Sektors an der Umsetzung der
national festgelegten Beiträge zu verbessern".[25] Ferner spricht der letzte Erwägungsgrund des Beschlusses, mit dem das Übereinkommen von Paris angenommen wurde, davon, dass regionale und internationale Kooperation fort-
zuführen sei „in order to mobilize stronger and more ambitious climate action
by all Parties and non-Party stakeholders, including civil society, the private
sector, financial institutions, cities and other subnational authorities, local
communities and indigenous peoples".[26] Dieser Beschluss enthält darüber hinaus einen eigenen Abschnitt zu „non-party stakeholders", der freilich nur aus

---

[22] Hague Court of Appeal, 9.10.2018, Fall Nr. 200.178.245/01, Netherlands v. Urgenda
Foundation, inoffizielle Übersetzung verfügbar unter: http://blogs2.law.columbia.edu/cli
mate-change-litigation/wp-content/uploads/sites/16/non-us-case-documents/2018/2018
1009_2015-HAZA-C0900456689_decision.pdf. Zu weiteren Fällen *Saurer*, o. Fn. 1, S. 1576 f.

[23] *Franzius*, o. Fn. 10, S. 520.

[24] Ebd., S. 521 f. Siehe etwa auch *Hale*, „All Hands on Deck": The Paris Agreement and
Nonstate Climate Action, Global Environmental Politics 16 (2016), 12 (14), der von einer
„radical transformation" spricht.

[25] *Franzius* (o. Fn. 10, S. 520) räumt selbst ein, dass die Überprüfung der NDCs durch
nichtstaatliche Akteure formell nicht vorgesehen ist.

[26] FCCC/CP/2015/10/Add.1 v. 29.1.2016, Report of the Conference of the Parties on its
Twenty-first Session, held in Paris from 30 November to 13 December 2015, Decision 1/CP.21,
Adoption of the Paris Agreement, S. 2 ff.

vier Absätzen (bei einer Gesamtzahl von 140) besteht.[27] In diesen vorsichtig formulierten Appellen wird man, gemessen am Text des Übereinkommens im Übrigen, noch keinen Paradigmenwechsel von der Staatenzentriertheit zu transnationaler Klimagovernance erblicken können.[28] Ohne die stetig steigende Bedeutung der Partizipation und Kontrolle durch nichtstaatliche Akteure in Abrede zu stellen, dürften sich der erhebliche einzelstaatliche Spielraum bei der Festlegung der NDCs und der Verzicht auf quantifizierte einzelstaatliche Emissionsreduktionsziele dadurch nicht ohne weiteres kompensieren lassen. Die grundsätzliche Eignung der konstatierten Ergänzung eines „pledge-and-review model between States with an orchestration framework for non-State actions"[29] muss sich erst noch erweisen. Hinzu tritt, dass das internationale Umweltrecht gerade im klimapolitischen Kontext bereits lange vor Paris durch die Entstehung neuer Formen der Umweltgovernance gekennzeichnet war; insoweit kann es bei Hinweisen auf das IPCC, den privaten Emissionshandel und die Einbindung nichtstaatlicher Akteure in die Zertifizierungsprozesse der flexiblen Mechanismen des Kyoto Protokolls[30] sein Bewenden haben. Wenn man von Ansätzen einer Transnationalisierung des in seinen völkerrechtlichen Ursprüngen, Prinzipien und Verfahren traditionell zwischenstaatlich geprägten internationalen Klimaschutzrechts sprechen will, haben diese somit lange vor Paris eingesetzt.

## 3. Zur Umsetzung des Übereinkommens von Paris in der EU

Wie immer man das Übereinkommen von Paris normativ und rechtspolitisch[31] einordnen mag, steht doch außer Frage, dass seiner Umsetzung entscheidendes Gewicht beizumessen ist.[32] Diese Umsetzung ist prinzipiell Aufgabe der Ver-

---

[27] Ebd., §§ 133–136. Die von *Hale* (o. Fn. 24, S. 14) zusammengefassten Forderungen lassen sich dem Text des Beschlusses nicht entnehmen.

[28] A. A. etwa *Chan/Brandi/Bauer*, Aligning Transnational Climate Action with International Climate Governance: The Road from Paris, RECIEL 25 (2016), 238 (242); siehe aber ebd., S. 244 f.

[29] Ebd., S. 239.

[30] Überblick bei *Stoll/Krüger*, o. Fn. 15, S. 310 ff.

[31] Als „historische Wegmarke sowohl für die internationale Klimaschutzpolitik als auch für das internationale Klimaschutzrecht" ordnen *Morgenstern/Dehnen* (o. Fn. 10, S. 131) das Übereinkommen ein. Positive Einschätzung auch bei *Franzius*, o. Fn. 10, S. 521 ff.; kritisch hingegen *Ekardt*, Das Paris-Abkommen zum globalen Klimaschutz: Chancen und Friktionen – auf dem Weg zu einer substanziellen EU-Vorreiterrolle?, NVwZ 2016, 355 (357): „Der bekannte umweltvölkerrechtliche Missstand, dass wohlklingende Bekundungen und insinuierte Entschlossenheit mit eher vagen konkreten Pflichten zusammentreffen, findet damit im PA einen trotz aller durchaus chancenreichen Symbolik einen vorläufigen Höhepunkt."

[32] *Morgenstern/Dehnen*, o. Fn. 10, S. 137; vgl. auch *Gundel*, in: Danner/Theobald (Hrsg.), Energierecht, Loseblatt (Stand: 95. EL 2017), EuEnR Rn. 97, der darauf hinweist, dass über das von Völkerrechts wegen Gebotene hinausgehende autonome EU-Maßnahmen nur durch ihre politische Vorbildfunktion Wirkung entfalten könnten.

tragsparteien; sie entscheiden über die Mechanismen, Strategien und Verfahren, mittels derer den völkervertraglichen Pflichten auf ihren Gebieten Rechnung getragen werden soll. Je nach staatsorganisationsrechtlichem Aufbau betreffen die Umsetzungsanforderungen nicht nur die nationale Ebene, sondern erstrecken sich auf die regionale und lokale Ebene, und sie richten sich letztlich sowohl an staatliche als auch private Akteure. Indes erweist es sich im Umweltvölkerrecht wie auch in anderen völkerrechtlichen Kontexten seit jeher als problematisch, wie angesichts des Fehlens eines zentralen Zwangsapparates[33] gewährleistet werden kann, dass die Parteien eines völkerrechtlichen Vertrags ihrer Pflicht zur effektiven Umsetzung der Vertragsbestimmungen auch wirklich genügen.

Diesbezüglich ist an anderer Stelle aufgezeigt worden, dass die EU aufgrund des – grundsätzlich auch die von der Union geschlossenen völkerrechtlichen Verträge erfassenden[34] – Anwendungsvorrangs des Unionsrechts, der Befähigung zu konkretisierender Umsetzungsrechtsetzung (verbunden mit der Möglichkeit, Verstöße im Wege des Vertragsverletzungsverfahrens nach Art. 258 AEUV[35] durchzusetzen) sowie der obligatorischen Gerichtsbarkeit des Gerichtshofs der Europäischen Union (EuGH) einen maßgeblichen Beitrag zur effektiven Implementierung und Durchsetzung völkerrechtlicher Standards leisten kann.[36] In vorliegendem Zusammenhang ist dies deshalb potentiell bedeutsam, weil die Union Vertragspartei des Übereinkommens von Paris geworden ist[37] und im Vorgriff bereits eine *Intended Nationally Determined Contribution (INDC)* gemeldet hatte,[38] wonach die EU und ihre Mitgliedstaaten bis zum Jahre 2030 gemeinsam eine Reduktion der Treibhausgasemissionen von 40 %, verglichen mit dem Emissionsniveau von 1990, erreichen wollen.[39] Konsequenterweise ist

---

[33] Zur vermeintlichen Durchsetzungsschwäche des Völkerrechts siehe nur *Graf Vitzthum*, Begriff, Entstehung und Quellen des Völkerrechts, in: ders./Proelß (Hrsg.), Völkerrecht, 7. A. 2016, S. 1 (20 f.); *von Arnauld*, Völkerrecht, 3. A. 2016, S. 187 f.

[34] Siehe nur *Bungenberg*, in: von der Groeben/Schwarze/Hatje (Hrsg.), Europäisches Unionsrecht, Bd. 4, 7. A. 2015, Art. 216 AEUV Rn. 23.

[35] Vertrag über die Arbeitsweise der Europäischen Union; konsolidierte Fassung: ABl. EU 2012 C 326/47.

[36] Vgl. *Graf Vitzthum*, Schiffssicherheit: Die EG als potentieller Durchsetzungsdegen der IMO, ZaöRV 2002, 163 (177); *Proelß*, Grenzen der Zuständigkeiten der Unionsorgane am Beispiel von „Erika III", in: Talmon (Hrsg.), Über Grenzen, 2012, S. 135 (175).

[37] Beschluss (EU) 2016/1841 des Rates v. 5.10.2016 über den Abschluss des im Rahmen des Rahmenübereinkommens der Vereinten Nationen über Klimaänderungen geschlossenen Übereinkommens von Paris im Namen der Europäischen Union, ABl. EU 2016 L 282/1.

[38] Abrufbar unter: https://www4.unfccc.int/sites/ndcstaging/PublishedDocuments/Sweden%20First/EU%20First%20NDC.pdf.

[39] Auf der Klimakonferenz in Warschau war beschlossen worden, dass die Vertragsparteien der UNFCCC auf freiwilliger Basis INDCs mitteilen sollten; vgl. Decision 1/CP.19, Further Advancing the Durban Platform, FCCC/CP/2013/10/Add.1 v. 31.1.2014, Report of the Conference of the Parties on its Nineteenth Session, held in Warsaw from 11 to 23 November 2013, Addendum, S. 3 (§ 2 lit. b). – Seit dem Inkrafttreten des Übereinkommens von

im Schrifttum die Hoffnung geäußert worden, die Mitgliedschaft der Union könne – ähnlich wie im Falle der Aarhus Konvention – als „Katalysator der Rechtsverbindlichkeit" des Übereinkommens von Paris in den EU-Mitgliedstaaten wirken.[40]

Soweit die Umsetzung des Übereinkommens von Paris in der EU nicht nur eine Frage der europäischen Umweltpolitik, sondern gerade auch eine solche der Energiepolitik ist,[41] ist insoweit freilich daran zu erinnern, dass der Handlungsspielraum der Union vor dem Hintergrund des Souveränitätsvorbehalts des Art. 194 Abs. 2 Unterabs. 2 AEUV insoweit begrenzt ist, als der Umstand, dass energiepolitische Maßnahmen normalerweise im Wege des ordentlichen Gesetzgebungsverfahrens beschlossen werden (vgl. Art. 194 Abs. 2 Unterabs. 1 AEUV), nicht das Recht eines Mitgliedstaats berührt, unter Berücksichtigung von Art. 192 Abs. 2 lit. c AEUV „die Bedingungen für die Nutzung seiner Energieressourcen, seine Wahl zwischen verschiedenen Energiequellen und die allgemeine Struktur seiner Energieversorgung zu bestimmen." Soweit von der Union erlassene Maßnahmen diese Bereiche betreffen, entfalten sie deshalb keine Sperrwirkung und auch keinen Anwendungsvorrang gegenüber einschlägigen energiepolitischen Maßnahmen der Mitgliedstaaten.[42] Hinsichtlich der regulatorischen Seite der Energiepolitik verfügen demnach die Mitgliedstaaten dem Grunde nach über das kompetenzielle Übergewicht.[43]

Dessen ungeachtet betrachtet die EU-Kommission den Übergang zur Energieunion als zentralen Baustein zur Umsetzung des Übereinkommens von Paris.[44] Entgegengetreten werden soll damit nicht zuletzt dem auf das geltende Recht bezogenen Befund, dass es innerhalb der EU trotz des rasch angewachsenen Normenbestands und einer erheblichen Instrumentenvielfalt nach wie vor an einem hinreichend koordinierten Vorgehen fehlt, mit negativen Auswirkungen auf die klimaschutzpolitischen Ziele.[45] Während die Union einerseits selbstbewusst einen großen Anteil am erfolgreichen Zustandekommen des

---

Paris besteht nach Art. 4 Abs. 16–18 des Übereinkommens die Möglichkeit der Festlegung und Notifizierung gemeinsamer NDCs.

[40] *Saurer*, o. Fn. 1, S. 1577.

[41] Die EU hat den Abschluss des Übereinkommens auf Art. 192 Abs. 1 i. V. m. Art. 218 Abs. 6 lit. a AEUV und damit auf den Kompetenztitel Umwelt gestützt.

[42] *Proelß*, Die Kompetenzen der Europäischen Union für die Rohstoffversorgung, in: Ehlers/Herrmann/Wolffgang/Schröder (Hrsg.), Rechtsfragen des internationalen Rohstoffhandels, 2012, S. 161 (178).

[43] Die von *Gundel* (o. Fn. 32, Rn. 80) konstatierten „nationalen Beharrungskräfte" sind deshalb zumindest teilweise primärrechtlich sanktioniert.

[44] Vgl. Mitteilung der Kommission an das EP und den Rat: „Nach Paris: Bewertung der Folgen des Pariser Übereinkommens", Begleitunterlage zu dem Vorschlag für einen Beschluss des Rates über die Unterzeichnung des im Rahmen des Rahmenübereinkommens der Vereinten Nationen über Klimaänderungen geschlossenen Pariser Übereinkommens im Namen der Europäischen Union, KOM(2016) 110 endg. v. 2.3.2016, S. 5 f.

[45] So *Gundel*, o. Fn. 32, Rn. 85.

Übereinkommens von Paris beansprucht[46] und ihr im politikwissenschaftlichen
Schrifttum, konkret bezogen auf den Kontext der internationalen Klimaschutz-
verhandlungen, die Rolle des „Leadiator" zugewiesen wird,[47] wird andererseits
nicht zu Unrecht kritisiert, dass die EU im Innenverhältnis hinter ihren im Au-
ßenverhältnis formulierten Ansprüchen zurückbleibe.[48] Zu den wiederkehren-
den Forderungen gehörte daher eine Revision des EU-Emissionshandels mit
zunehmend verschärften Obergrenzen der sich im Handel befindlichen Zerti-
fikate[49] – eine Forderung, deren Legitimität von der EU-Kommission frühzei-
tig anerkannt worden war.[50] Mittlerweile konnte die Reform des europäischen
Emissionshandelssystems für den Zeitraum nach 2020 nach intensiven Verhandlungen zwischen den am europäischen Gesetzgebungsprozess beteiligten Or-
ganen im März 2018 verabschiedet werden.[51] Zu klären bleibt aber, auf welche
Weise die von der Kommission mit dem sog. Winterpaket „Saubere Energie für
alle Europäer" vorgeschlagenen und mittlerweile in Kraft getretenen Rechtsakte
zur effektiven Umsetzung des Übereinkommens von Paris beitragen können.

## III. Die Europäische Energieunion:
## Gelungene Reform oder enttäuschte Erwartungen?

### 1. Legislativpaket „Saubere Energie für alle Europäer"

Mit der Energieunion bezweckt die Kommission die Schaffung eines breiten
Rahmens, „innerhalb dessen die EU die richtigen Rahmenbedingungen für
die Energiewende schaffen kann."[52] Wie einleitend dargestellt, setzte sich das

---

[46] Vgl. KOM(2016) 110 endg., o. Fn. 44, S. 2.

[47] *Oberthür*, Where to Go from Paris? The European Union in Climate Geopolitics,
Global Affairs 2 (2016), 119 (122): „[T]he EU thus appears to have found a new role model as
‚leadiator' (i. e. leader and mediator) in international climate policy characterized by growing
multipolarity with the USA and China as particular heavyweights."

[48] Sehr kritisch etwa *Ekardt*, o. Fn. 31, S. 357 f.; siehe auch *Peeters*, An EU Law Perspective
on the Paris Agreement: Will the EU Consider Strengthening its Mitigation Effort?, Climate
Law 6 (2016), 182 (187 ff., 195); fortbestehenden Bedarf einer Synchronisierung der internen
und externen EU-Klimaschutzstrategie (freilich unter anderem Vorzeichen, namentlich im
Hinblick auf die Chance, dass die EU auf diese Weise ihre nach außen gerichtete Vorreiterrolle
noch effektiver ausfüllen könne) konstatiert *Oberthür*, o. Fn. 47, S. 127 f.

[49] *Peeters*, o. Fn. 48, S. 186, 190 f.; *Ekardt*, o. Fn. 31, S. 358.

[50] Vgl. KOM(2016) 110 endg., o. Fn. 44, S. 10. Vgl. auch KOM(2015) 337 endg. v. 15.7.2017,
Vorschlag für eine RL des EP und des Rates zur Änderung der RL 2003/87/EG zwecks Verbesserung der Kosteneffizienz von Emissionsminderungsmaßnahmen und zur Förderung
von Investitionen in $CO_2$-effiziente Technologien.

[51] RL (EU) 2018/410 des EP und des Rates v. 14.3.2018 zur Änderung der RL 2003/87/
EG zwecks Unterstützung kosteneffizienter Emissionsreduktionen und zur Förderung von
Investitionen mit geringem $CO_2$-Ausstoß und des Beschlusses (EU) 2015/1814, ABl. EU 2018
L 76/3.

[52] KOM(2016) 110 endg., o. Fn. 44, S. 6.

Winterpaket der EU-Kommission ursprünglich aus acht Richtlinien- und Verordnungsentwürfen zusammen,[53] mittels derer insbesondere eine stärkere Vereinheitlichung der klimaschutzpolitischen Bemühungen innerhalb der Union erreicht und die marktbasierte Integration der erneuerbaren Energien weiter gefördert werden sollte. Die von der Kommission vorgeschlagenen Rechtsakte zielen letztlich auf die Schaffung der sog. Energieunion. Mit ihr soll sowohl der Übergang zu einem System sauberer Energie als auch die Schaffung von Wachstum und Arbeitsplätzen beschleunigt werden.[54] Die Energieunion ist damit zwar nicht ausschließlich, wohl aber *auch* ein Mittel zur Umsetzung des Übereinkommens von Paris.[55] Zugleich soll mit ihr der bislang – nicht zuletzt aufgrund der primär national ausgerichteten Fördersysteme für erneuerbare Energien – fragmentarische Energiebinnenmarkt vollendet und damit der oben in Bezug genommenen Kritik am mangelnden koordinierten Vorgehen Rechnung getragen werden. Dies soll gewährleisten, dass die EU und ihre Mitgliedstaaten infolge der klimaschutzinduzierten Verschärfungen etwa des Emissionshandels mit Blick auf die Wettbewerbsfähigkeit der europäischen Industrien nicht gegenüber anderen Teilen der Erde ins Hintertreffen geraten.[56]

Die komplexe, durch unterschiedliche und z. T. kollidierende Interessen gekennzeichnete Lage erklärt, warum die vollständige Umsetzung des Winterpakets der Kommission in verbindliches Sekundärrecht auf sich warten ließ. Die am europäischen Gesetzgebungsprozess beteiligten Organe hatten zunächst nur mit Blick auf das erste Teilpaket des Legislativpakets „Saubere Energie für alle Europäer", bestehend aus der revidierten Erneuerbare-Energien-Richtlinie, der Energieeffizienz-Richtlinie und der Governance-Verordnung,[57] eine Einigung zu erzielen vermocht; die Gebäudeeffizienz-Richtlinie war bereits im Juli 2018 in Kraft getreten.[58] Selbst diese Gesetzgebungsakte können in vorliegender, primär dem Verhältnis von internationalem Klimaschutzrecht und regionaler Energieunion gewidmeter Skizze nicht in ihren Einzelheiten dar-

---

[53] Siehe o. Fn. 3.

[54] KOM(2016) 860 endg., o. Fn. 2, S. 2.

[55] Siehe die ausdrücklichen Bezugnahmen auf das Übereinkommen in KOM(2016) 860 endg., o. Fn. 2, S. 2, 3 und 15 sowie in KOM(2016) 110 endg., o. Fn. 44, S. 5 f.

[56] Zu diesem Spannungsverhältnis, bezogen auf die Zukunft des Energiebinnenmarktes und die Anforderungen des Klimaschutzrechts, bereits *Gundel*, o. Fn. 32, Rn. 101 f.

[57] RL (EU) 2018/2001 des EP und des Rates v. 11.12.2018 zur Förderung der Nutzung von Energie aus erneuerbaren Quellen (Neufassung), ABl. EU 2018 L 328/82; RL (EU) 2018/2002 des EP und des Rates v. 11.12.2018 zur Änderung der RL 2012/27/EU zur Energieeffizienz, ABl. EU 2018 L 328/210; VO (EU) 2018/1999 des EP und des Rates v. 11.12.2018 über das Governance-System für die Energieunion und für den Klimaschutz, zur Änderung der Verordnungen (EG) Nr. 663/2009 (...), ABl. EU 2018 L 328/1. Die übrigen Bestandteile des Winterpakets traten erst im Juni 2019 in Kraft.

[58] RL (EU) 2018/844 des EP und des Rates v. 30.5.2018 zur Änderung der RL 2010/31/EU über die Gesamtenergieeffizienz von Gebäuden und der RL 2012/27/EU über Energieeffizienz, ABl. EU 2018 L 156/75.

gestellt werden.[59] Vielmehr muss es bei einer kurzen Zusammenfassung sein Bewenden haben.

Bei der Governance-Verordnung handelt es sich um ein Instrument zur Fortschrittskontrolle in der Klima- und Energiepolitik der EU. Sie verpflichtet die Mitgliedstaaten, bis Ende 2019 nationale integrierte Energie- und Klimapläne für die Zeit bis 2030 vorzulegen und langfristige Strategien zum Klimaschutz zu entwickeln.[60] Auch die Kommission muss darlegen, wie die EU so schnell wie möglich Treibhausgasneutralität erreichen kann, und hat insoweit am 28. November 2018 einen Vorschlag vorgelegt.[61] Mit der Neufassung der Energieeffizienz-Richtlinie wird für 2030 ein Energie-Einsparziel von mindestens 32,5 % gegenüber dem Trend festgelegt.[62] Schließlich statuiert die revidierte Erneuerbare-Energien-Richtlinie,[63] dass in der gesamten EU bis zum Jahre 2030 mindestens 32 % des Energieverbrauchs aus erneuerbaren Energien stammen sollen.[64] Dabei sollen die Mitgliedstaaten den Anteil erneuerbarer Energien im Wärmebereich (Erzeugung von Wärme und Kälte) pro Jahr um mindestens 1,1 % steigern;[65] im Verkehrsbereich wird eine Steigerung des Anteils erneuerbarer Energien bis 2030 auf 14 % angestrebt.[66] Im Unterschied zur Lage nach früherem Recht[67]

---

[59] Vgl. die Darstellung bei *Goldberg*, in: Greb/Boewe (Hrsg.), BeckOK EEG, 7. Edition 2018, EEG 2017 Vorbemerkungen, Rn. 48 ff.

[60] Vgl. Art. 3 Abs. 1 und Art. 15 der Verordnung. – In Deutschland hatte die Bundesregierung bereits im November 2016 einen Klimaschutzplan verabschiedet, der ungeachtet seiner z. T. vagen Zielvorgaben als Vorbild der von der Governance-Verordnung in den Blick genommenen langfristigen Strategien gelten kann; vgl. Bundesministerium für Umwelt, Naturschutz, Bau und Reaktorsicherheit (Hrsg.), Klimaschutzplan 2050: Klimaschutzpolitische Grundsätze und Ziele der Bundesregierung, 2016.

[61] Mitteilung der Kommission an das EP, den Europäischen Rat, den Rat, den Europäischen Wirtschafts- und Sozialausschuss, den Ausschuss der Regionen und die Europäische Investitionsbank: „Ein sauberer Planet für alle – Eine europäische strategische, langfristige Vision für eine wohlhabende, moderne, wettbewerbsfähige und klimaneutrale Wirtschaft", KOM(2018) 773 endg. v. 28.11.2018.

[62] Vgl. Art. 1 Abs. 1 der RL (EU) 2018/2002 des EP und des Rates v. 11.12.2018 zur Änderung der RL 2012/27/EU zur Energieeffizienz, ABl. EU 2018 L 328/210. Bis 2020 strebt die EU bekanntlich eine Erhöhung um 20 % an.

[63] Eingehende Darstellung bei *Schulz/Losch*, Die geplante Neufassung der Erneuerbare-Energien-Richtlinie, EnWZ 2017, 107 ff.

[64] Der ursprüngliche Kommissionsvorschlag (KOM[2016] 767 endg., o. Fn. 3) sah, in Übereinstimmung mit den vom Europäischen Rat 2014 beschlossenen EU-weiten Ausbauziel, lediglich einen Anteil von 27 % vor.

[65] Vgl. Art. 23 Abs. 1 der Richtlinie.

[66] Insoweit legt die revidierte Erneuerbare-Energien-Richtlinie fest, inwieweit Biokraftstoffe angerechnet werden können. Die maximale Höhe des Anteils konventioneller Biokraftstoffe aus Ackerpflanzen soll auch weiterhin bei 7 % liegen; die Mitgliedstaaten sollen nunmehr jedoch auch weniger als 7 % vorschreiben können, ohne dies an anderer Stelle ausgleichen zu müssen. Bis Ende 2030 soll die Anrechnung von Biokraftstoffen aus Energiepflanzen, deren Anbau zur Abholzung von Regenwäldern beiträgt (z. B. Palmölplantagen), vollständig auslaufen.

[67] Vgl. Art. 3 Abs. 1 i. V. m. Anhang I Teil A der RL 2009/28/EG des EP und des Rates v. 23.4.2009 zur Förderung der Nutzung von Energie aus erneuerbaren Quellen und zur

sieht die revidierte Richtlinie hingegen keine verbindlichen nationalen Gesamtziele für die einzelnen Mitgliedstaaten mehr vor – ein souveränitätsfreundlicher Ansatz, der letztlich dem Souveränitätsvorbehalt des Art. 194 Abs. 2 Unterabs. 2 AEUV Rechnung trägt.[68] Der Mangel an nationalen Ausbauzielen soll künftig mittels prozeduraler Pflichten, Aufstellung und Inhalt der integrierten nationalen Energie- und Klimapläne nach der Governance-Verordnung betreffend, ausgeglichen werden.[69] Die revidierte Erneuerbare-Energien-Richtlinie einerseits und die Governance-Verordnung andererseits sind insofern eng miteinander verzahnt. Dies belegt auch die Pflicht der Mitgliedstaaten, regelmäßig über die bei der Umsetzung der Pläne – u. a. in Bezug auf die Erhöhung des Anteils erneuerbarer Energien und hinsichtlich der Steigerung der Energieeffizienz – erzielten Fortschritte zu berichten.[70] Diese sog. Fortschrittsberichte werden von der Kommission ebenso wie die nationalen integrierten Energie- und Klimapläne der Mitgliedstaaten selbst[71] überprüft, wobei die Kommission die Fortschritte der Union als auch die jedes einzelnen Mitgliedstaats im Hinblick auf den Bereich der erneuerbaren Energien nach Art. 29 Abs. 2 der Governance-Verordnung auf der Grundlage eines linearen Zielpfads bewertet. Lassen die politischen Entwicklungen in einem Mitgliedstaat auf der Grundlage der Bewertung gemäß Art. 29 der Governance-Verordnung Abweichungen von übergeordneten Zielen der Energieunion erkennen, spricht die Kommission Empfehlungen aus, vgl. Art. 30 Abs. 1 der Governance-Verordnung. Kommt die Kommission aufgrund ihrer Bewertung der (bereits beschlossenen) integrierten nationalen Energie- und Klimapläne und ihrer Aktualisierungen zu dem Schluss, dass die Vorgaben, Ziele und Beiträge der nationalen Pläne oder ihrer Aktualisierungen nicht hoch genug angesetzt sind, sodass die Ziele der Energieunion gemeinsam nicht erreicht werden können, schlägt sie nach Art. 31 Abs. 3 der Governance-Verordnung Maßnahmen auf Unionsebene vor. Die in Art. 27 Abs. 1 des ur-

---

Änderung und anschließenden Aufhebung der Richtlinien 2001/77/EG und 2003/30/EG, ABl. EU 2009 L 140/16.

[68] Siehe auch *Kreuter-Kirchhof*, Der künftige Ausbau der erneuerbaren Energien in der EU: Reformvorschläge der Kommission, EuZW 2017, 829 (831). Im Schrifttum war str., ob die Union Maßnahmen zur Förderung erneuerbarer Energiequellen vor dem Hintergrund des Wortlauts von Art. 194 Abs. 1 lit. c AEUV, der nur von der *Entwicklung* neuer und erneuerbarer Energiequellen, nicht aber auch von der *Förderung* (wie hinsichtlich der Energieeffizienz und -einsparung) spricht, überhaupt auf die Kompetenznorm des Art. 194 Abs. 2 Unterabs. 1 Satz 1 AEUV stützen darf, oder ob insoweit nicht das Einstimmigkeitsprinzip des Art. 192 Abs. 2 lit. c AEUV zur Anwendung gelangen muss. Die zweitgenannte Ansicht (vgl. etwa *Kahl*, Die Kompetenzen der EU in der Energiepolitik nach Lissabon, EuR 2009, 601 [618]; *Proelß*, o. Fn. 42, S. 182) ist vor dem Hintergrund der Praxis der Gesetzgebungsorgane der EU mittlerweile wohl als überholt zu bezeichnen.

[69] Siehe auch *Schulz/Losch*, o. Fn. 63, S. 109 mit Ausführungen zur Planaufstellung, zur Aktualisierung der integrierten nationalen Energie- und Klimapläne sowie zu den nach Art. 17 der Governance-Verordnung vorzulegenden Fortschrittsberichten.

[70] Vgl. Art. 17 der Governance-Verordnung.

[71] Vgl. Art. 13 der Governance-Verordnung.

sprünglichen Verordnungsentwurfs vorgesehene Befugnis der Kommission, in
dergleichen Situationen selbst Maßnahmen auf Unionsebene zu ergreifen, um
die identifizierten Lücken zu schließen (sog. gap filling), findet sich in der finalen
Version der Verordnung – wenig überraschend – nicht mehr. Im Zuge der nach
Art. 31 Abs. 1 der Governance-Verordnung nunmehr zunächst vorgesehenen
Bewertung der Entwürfe der integrierten nationalen Energie- und Klimapläne
und ihrer Aktualisierungen muss die Kommission im Zusammenhang mit dem
unionsweiten Gesamtziel, die Steigerung des Anteils der erneuerbaren Energien
betreffend, an die Mitgliedstaaten, deren Beiträge als nicht ausreichend angesehen werden, Empfehlungen richten, um ein ausreichendes Maß gemeinsamer
Anstrengungen zu gewährleisten.

## 2. Nationale Förderinstrumente der Mitgliedstaaten

Bislang enthielt die Erneuerbare-Energien-Richtlinie[72] keine Regelungen darüber, wie die Mitgliedstaaten ihre nationalen Regelungen zum Ausbau der erneuerbaren Energien auszugestalten haben. Zur Erfüllung der verbindlichen
nationalen Gesamtziele der einzelnen Mitgliedstaaten konnten diese nach
Art. 3 Abs. 3 Unterabs. 1 der Richtlinie u. a. Förderregelungen in Kraft setzen
und kooperative Maßnahmen zwischen mehreren Staaten treffen. Nach Unterabs. 2 der Norm hatten die Mitgliedstaaten dabei das Recht zu entscheiden,
„in welchem Umfang sie die in einem anderen Mitgliedstaat erzeugte Energie
aus erneuerbaren Quellen fördern wollen." Die von den Mitgliedstaaten auf
dieser Grundlage zur Anwendung gebrachten Förderregelungen waren zwar
nicht dem Anwendungsbereich des Unionsrechts entzogen; als Maßstab erwies
sich insoweit jedoch nicht das europäische Energierecht, sondern vor allem das
europäische Beihilfenrecht.[73] Bis vor kurzem stand in diesem Sinne etwa die
Vereinbarkeit des deutschen Erneuerbare-Energien-Gesetzes mit Art. 107 f.
AEUV zur Diskussion.[74] Mit stetig wachsendem Marktanteil der erneuerbaren
Energien stellt sich überdies immer drängender die Frage, ob die i. d. R. vorgesehene – und von Art. 3 Abs. 3 der (früheren) Erneuerbare-Energien-Richtlinie sanktionierte – Beschränkung der nationalen Förderregelungen auf Produzenten erneuerbarer Energie mit Sitz im jeweiligen Mitgliedstaat noch mit

---

[72] Siehe o. Fn. 67.

[73] Zutreffender Befund bei *Kreuter-Kirchhof*, o. Fn. 68, S. 832 f.

[74] Zum EEG 2012 vgl. EuG, 10.5.2016 Rs. T-47/15 (Deutschland/Kommission), Rn. 90 ff.:
Die umlagefinanzierte Erneuerbare-Energien-Stromförderung von Unternehmen und die
Teilbefreiungen stromintensiver Unternehmen von der EEG-Umlage seien als staatliche Beihilfen zu qualifizieren; anders nunmehr aber der EuGH, 28.3.2019 Rs. C-405/16 P. Erste
Würdigung der EuGH-Entscheidung bei *Germelmann*, Förderung erneuerbarer Energien
und Beihilfenrecht, EurUP 2019, 255 ff. Zusammenfassende Darstellung der Diskussion vor
dem EuGH-Urteil bei *Proelß/Weiler*, Das EEG 2014 in europarechtlicher Perspektive, in:
Hofmann/Papadopoulou/Gogos (Hrsg.), Demokratisch-funktionale Analyse der Öffent-
lichkeitsbeteiligung im Umwelt- und Infrastrukturrecht, 2016, S. 39 (53 ff.).

der Warenverkehrsfreiheit des Art. 34 AEUV vereinbar ist.[75] So erachtete der EuGH eine territoriale Beschränkung der Förderung erneuerbarer Energien im Jahre 2014 zwar noch für verhältnismäßig;[76] freilich begrenzte er seine Urteilsgründe ausdrücklich auf den „jetzigen Stand des Unionsrechts".[77] Mit zunehmendem Anstieg des Marktanteils der erneuerbaren Energien wird es hiernach immer schwieriger, das proportional steigende Maß der Beschränkung der Warenverkehrsfreiheit zu rechtfertigen.[78]

Mit der Revision der Erneuerbare-Energien-Richtlinie bot sich der Union damit die (vermeintliche) Chance, die Instrumente zur Förderung der erneuerbaren Energien zu supranationalisieren und den Energiemarkt europaweit zu liberalisieren. Auf diese Weise hätte sie auch der Kritik an der Aktivierung des Beihilfenrechts im energierechtlichen Kontext begegnen können. Denn in der Tat lässt sich auf Grundlage der bisherigen Praxis konstatieren, dass die Kommission die im Rahmen der Energiepolitik fortbestehenden substantiellen Kompetenzen der Mitgliedstaaten durch Entwicklung eines „alles übergreifenden Meta-Rechts"[79] der Beihilfenkontrolle zunehmend indirekt unterläuft.[80] Kompetenzrechtlich kann es indes nicht angehen, dass das regulatorische Übergewicht der Mitgliedstaaten bezüglich der Förderung erneuerbarer Energien durch eine extensive Ausübung der Beihilfeaufsicht durch die Kommission unterlaufen, m. a. W. die Beihilfenaufsicht zu einem „Hebel zur Verwirklichung regulatorischer Politik"[81] aufgewertet wird.[82] Zu Recht wurden darüber hinaus

---

[75] Dazu *Proelß/Weiler*, o. Fn. 74, S. 46 ff. m. w. N.

[76] EuGH, 1.7.2014 Rs. C-573/12 (Ålands Vindkraft), Rn. 92.

[77] Ebd., Rn. 92, 104.

[78] *Proelß/Weiler*, o. Fn. 74, S. 52. – Zur Rechtfertigung der Beschränkung der Warenverkehrsfreiheit verwies der EuGH auf die von den Produzenten erneuerbarer Energien benötigte Planungssicherheit sowie auf die bislang auf Unionsebene fehlende Harmonisierung der Förderung erneuerbarer Energien; siehe ebd., Rn. 99 ff.

[79] *Burgi/Wolff*, Der Beihilfebegriff als fortbestehende Grenze einer EU-Energieumweltpolitik durch Exekutivhandeln, EuZW 2014, 647 (651).

[80] Während die Kommission im Kontext der Beihilfeaufsicht nach Art. 108 Abs. 2 Unterabs. 3 AEUV über eine Monopolstellung verfügt, ist die Gesetzgebung auf dem Gebiet der Energiepolitik gemäß Art. 4 Abs. 2 lit. i AEUV Gegenstand geteilter Legislativzuständigkeiten von Union und Mitgliedstaaten. Auf den Souveränitätsvorbehalt des Art. 194 Abs. 2 Unterabs. 2 AEUV wurde bereits hingewiesen.

[81] *Nettesheim*, EU-Beihilfenrecht und nichtfiskalische Finanzierungsmechanismen, NJW 2014, 1847 (1852 f.).

[82] Kritisch auch *Soltész*, Die Entwicklung des europäischen Beihilferechts im Jahre 2014, EuZW 2015, 127 (128); *Fuchs/Peters*, Die europäische Kommission und die Förderung erneuerbarer Energien in Deutschland – Eine Bewertung des EEG-Beihilfeverfahrens und der neuen Umwelt- und Energiebeihilferichtlinien mit einem kritischen Blick auf die Leitlinienpolitik der Kommission, RdE 2014, 409 (414 f.); deutlich *Palme*, EEG und EU-Beihilfeaufsicht: Die Wirkungen des Eröffnungsbeschlusses der EU-Kommission, NVwZ 2014, 559 (560): „Eine dermaßen extensive Erweiterung der Aufsicht tangiert in solch massiver Weise die Souveränitätsrechte der Mitgliedstaaten, dass dies nach dem Prinzip der begrenzten Einzelermächtigung nur durch eine Änderung von Art. 107 AEUV möglich wäre" (Fußnoten weggelassen).

Zweifel angemeldet, ob die einseitige Festlegung von Beihilfeleitlinien und Nutzung eines bloßen Verwaltungsverfahrens unter Umgehung des primärrechtlich vorgezeichneten Wegs der im Wege von Sekundärrecht durchzuführenden Etablierung einer einheitlichen europäischen Energiepolitik funktionsgerecht ist.[83]

Nach verbreiteter Ansicht hat die Union diese Chance mit der revidierten Erneuerbare-Energien-Richtlinie nur z. T. genutzt.[84] Auf der einen Seite statuiert Art. 4 der revidierten Erneuerbare-Energien-Richtlinie zwar erstmals Anforderungen für die nationalen Regelungen zur Förderung von Strom aus erneuerbaren Quellen, verweist insoweit aber wiederum auf die Anforderungen der Beihilfenvorschriften. Die Mitgliedstaaten bleiben für den Erlass der Förderregelungen zuständig und haben dabei dafür zu sorgen, dass „Elektrizität aus erneuerbaren Quellen auf offene, transparente, wettbewerbsfördernde, nichtdiskriminierende und kosteneffiziente Weise gefördert wird" (Art. 4 Abs. 4). Damit enthält die revidierte Erneuerbare-Energien-Richtlinie keine Vorgaben, die sich nicht bereits aus den Beihilfeleitlinien der Kommission[85] ergeben würden.[86]

Bei genauerer Betrachtung dürfte dies freilich nicht – zumindest nicht primär – mit der fehlenden Erforderlichkeit der zunächst durchaus erwogenen detaillierten Förderregeln zusammenhängen,[87] sondern auf dem Umstand beruhen, dass die Gesetzgebungskompetenzen der Union auf dem Feld der Förderung der erneuerbaren Energien aufgrund des Souveränitätsvorbehalts des Art. 194 Abs. 2 Unterabs. 2 AEUV begrenzt sind. M. a. W. ist die EU kompetenzrechtlich nicht in der Lage, den Mitgliedstaaten detaillierte allgemeinverbindliche Vorgaben zur Förderung erneuerbarer Energie zu machen; der Zugriff über das Beihilfenrecht erweist sich vor diesem Hintergrund als alternativlos, will die Union die Förderung erneuerbarer Energie nicht von vornherein vom Anwendungsbereich der Energieunion ausklammern. Dies relativiert die an der revidierten Erneuerbare-Energien-Richtlinie insoweit geübte Kritik.

Was die Anwendbarkeit der nationalen Förderregelungen für aus erneuerbaren Energiequellen gewonnene Elektrizität für Produzenten mit Sitz in anderen Mitgliedstaaten anbelangt, wurde die von der Kommission ursprünglich vorgesehene Pflicht zur schrittweisen Öffnung indes nicht umgesetzt. Art. 5

---

[83] *Burgi/Wolff*, o. Fn. 79, S. 650; *Fuchs/Peters*, o. Fn. 82, S. 415.

[84] *Kreuter-Kirchhof*, o. Fn. 68, S. 833 ff.; *Bonn/Reichert*, Erneuerbare Energien in Europa: Vier Kernforderungen an die kommende Reform der Erneuerbare-Energien-Richtlinie, cepInput 5/2016, S. 6 ff.

[85] Mitteilung der Kommission v. 5.11.2013, Leitlinien für staatliche Umweltschutz- und Energiebeihilfen 2014–2020, ABl. EU 2014 C 200/1. Die Leitlinien sind seit dem 1.7.2014 anwendbar und verfügen als nicht verbindliche Stellungnahmen im Sinne von Art. 288 Abs. 5 AEUV lediglich über interne Bindungswirkung.

[86] *Schulz/Losch*, o. Fn. 63, S. 110; *Kreuter-Kirchhof*, o. Fn. 68, S. 833.

[87] So die Mutmaßung von *Schulz/Losch*, o. Fn. 63, S. 110.

Abs. 1 der revidierten Erneuerbare-Energien-Richtlinie weist den Mitgliedstaaten insoweit vielmehr das Recht zu, „gemäß den Artikeln 7 bis 13 dieser Richtlinie zu entscheiden, in welchem Umfang sie die in einem anderen Mitgliedstaat produzierte Elektrizität aus erneuerbaren Quellen fördern." Nach Art. 5 Abs. 5 der Richtlinie muss die Kommission dann in einer bis 2023 durchzuführenden Bewertung der Umsetzung der Norm beurteilen, „ob die Mitgliedstaaten verpflichtet werden müssen, ihre Förderregelungen für Elektrizität aus erneuerbaren Quellen teilweise für die Teilnahme von in anderen Mitgliedstaaten ansässige Produzenten zu öffnen, mit dem Ziel einer Öffnung im Umfang von 5 % bis 2025 und 10 % bis 2030." Ob damit angesichts des stetig wachsenden Marktanteils der erneuerbaren Energien den Anforderungen der primärrechtlichen Warenverkehrsfreiheit noch hinreichend Rechnung getragen wurde, erscheint zweifelhaft.

## IV. Globaler Klimaschutz und Europäische Energieunion: Konkurrenz oder Konvergenz?

Nähert man sich im Lichte vorstehender Überlegungen abschließend der im Titel des Beitrags aufgeworfenen Frage an, kann systematisierend zwischen den Kategorien der Regimekonvergenz, Zielkonvergenz, Methodenkonvergenz und Adressatenkonvergenz differenziert werden. Diese nachfolgenden Überlegungen zugrunde gelegte Unterscheidung ist weder normativ vorgegeben noch abschließend, mag sich aber als hilfreich erweisen, das Verhältnis der beiden Regelungsebenen zueinander zu bewerten. Erst wenn sich dabei herausstellen sollte, dass das globale Klimaschutzrecht und die europäische Energieunion einander widersprechen, wird es erforderlich sein, auf die tradierten Instrumente zur Auflösung von Normkonflikten (Auslegung, Vorrangregelungen etc.) zu rekurrieren.

### 1. Regimekonvergenz

Im Hinblick auf das Verhältnis der beiden Rechtsregime[88] zueinander ist zunächst in Erinnerung zu rufen, dass die „offen" und z. T. „weich" formulierten Pflichten des Übereinkommens von Paris der Konkretisierung auf regionaler und nationaler Ebene bedürfen. Das Übereinkommen von Paris gibt Umfang und Ausgestaltung des klimapolitischen Engagements seiner Vertragsparteien nicht verbindlich vor, sondern steckt durch Statuierung von Rahmenbedingun-

---

[88] Unter einem Rechtsregime wird üblicherweise die Summe der einen bestimmten Gegenstand regelnden Normen verstanden. Siehe etwa *Young*, International Cooperation: Building Regimes for Natural Resources and the Environment, 1989, S. 12 ff. und 15: „cluster of rights and duties"; *Ott*, Umweltregime im Völkerrecht, 1998, S. 37 ff.

gen lediglich die Grenzen des Spielfelds ab. Es sieht in Art. 20 f. explizit den Beitritt von „regional economic integration organisations" vor – eine Formulierung, mit der traditionell die EU in Bezug genommen ist – und ermöglicht in Art. 4 Abs. 16–18 die Notifizierung gemeinsamer NDCs. Insofern besteht kein Zweifel daran, dass der vom Übereinkommen von Paris eröffnete Regulierungsspielraum zulässigerweise mit dem Übergang zur Energieunion ausgefüllt werden kann (und im Lichte der Vertragsmitgliedschaft der EU auch muss).

## 2. Zielkonvergenz

Wird das Augenmerk auf das Verhältnis der mit den beiden Regimen verfolgten Ziele gerichtet, ist festzustellen, dass der Klimaschutz eine wesentliche Säule der europäischen Energiepolitik bildet. Dies ergibt sich nicht nur aus unverbindlichen Mitteilungen der Kommission, sondern folgt unmittelbar aus dem europäischen Primär- und Sekundärrecht.[89] Die Energieunion ist aber, wie dargelegt, nicht nur ein Instrument zur Bekämpfung des Klimawandels, sondern soll gerade auch Rahmenbedingungen für eine Transformation in eine neue Energiezukunft setzen, um für Wachstum und Arbeitsplätze zu sorgen und durch Etablierung von passgenauen Anreizen Investitionen und technisches Know-how zu generieren helfen. Dies alles kann wiederum bereits dem europäischen Primärrecht entnommen werden. So wird die gemeinsame Energiepolitik von Art. 194 Abs. 1 AEUV in den Kontext der Verwirklichung und des Funktionierens des Binnenmarkts gestellt. Zu ihren Zielen zählt demgemäß nicht nur die Förderung erneuerbarer Energien, sondern die Sicherstellung des Funktionierens des Energiemarkts, die Gewährleistung der Energieversorgungssicherheit in der Union und die Förderung der Interkonnektion der Energienetze.[90]

Der Umstand, dass mit der Energieunion auch andere, nicht unmittelbar klimapolitische Ziele verfolgt werden, steht indes nicht im Widerspruch zum internationalen Klimaschutzrecht. Vielmehr kann auf diese Weise ein Beitrag zur Überwindung der in der Vergangenheit häufig zu beobachtenden Kluft zwischen Klimaschutz einerseits und wirtschaftlichen sowie geopolitischen Interessen andererseits geleistet werden. So steht die von der Kommission mit dem Winterpaket initiierte Reform des Energiebinnenmarkts nach ihrer Ansicht in engem Zusammenhang mit den „jüngsten globalen Zusagen der Union [...], ehrgeizige Klimaziele im Rahmen der in Paris auf der 21. Tagung der VN-Konferenz der Vertragsparteien (COP 21) getroffenen Vereinbarung zu erreichen".[91]

---

[89] Vgl. nur Art. 194 Abs. 1 lit. c AEUV („Förderung der Energieeffizienz und von Energieeinsparungen sowie Entwicklung neuer und erneuerbarer Energiequellen") sowie die Vorgaben der revidierten Erneuerbare-Energien-Richtlinie.

[90] Art. 194 Abs. 1 lit. a, b und d AEUV.

[91] KOM(2016) 864 endg., o. Fn. 3, S. 10.

Mit dem Übergang zur Energieunion sollen die richtigen Rahmenbedingungen für die Energiewende und den Übergang zu einer $CO_2$-armen Wirtschaft geschaffen werden.[92]

Zielkonvergenz im engeren Sinne setzt freilich voraus, dass die Vorgaben der Energieunion auch hinreichend effektiv und ambitioniert sind, um die Ziele des Übereinkommens von Paris zu erreichen. Diesbezüglich ist im Schrifttum kritisiert worden, dass sich die von der EU notifizierte gemeinsame INDC nur auf das 2-Grad-Temperaturziel des Art. 2 Abs. 1 lit. a des Übereinkommens von Paris, nicht aber auf die 1,5-Grad-Schwelle bezieht.[93] Dies könnte Anlass zu Zweifeln geben, ob die EU insoweit der aus Art. 2 Abs. 1 lit. a des Übereinkommens von Paris bezüglich des 1,5-Grad-Ziels folgenden „obligation of conduct" („Anstrengungen unternommen werden, um den Temperaturanstieg auf 1,5 °C über dem vorindustriellen Niveau zu begrenzen") gerecht geworden ist.

Insoweit ist allerdings zu bedenken, dass die Union mittlerweile das europäische Emissionshandelssystem für den Zeitraum nach 2020 reformiert und dieses u. a. durch das Gebot der jährlichen linearen Absenkung der Gesamtzahl der Emissionszertifikate um 2,2 % (anstatt 1,74 %) sowie die Implementierung neuer Zuteilungsregeln verschärft hat.[94] Entgegen dem ursprünglichen Kommissionsvorschlag sieht die revidierte Erneuerbare-Energien-Richtlinie ferner einen Anstieg des Anteils der erneuerbaren Energien von 27 % auf 32 % vor.[95] Deshalb ist die Union zumindest mittlerweile unzweifelhaft ihrer aus dem Übereinkommen von Paris folgenden Handlungs- bzw. Bemühenspflicht nachgekommen.

In diesem Zusammenhang ist ferner zu beachten, dass sich die Ziele des Übereinkommens von Paris auf die globale Durchschnittstemperatur beziehen und daher nicht im Sinne einer einzelstaatlichen Erfolgspflicht auf einzelne Vertragsparteien heruntergebrochen werden können. Das Übereinkommen statuiert gerade keine einzelstaatlichen quantifizierten Emissionsreduktionspflichten, sondern eine allgemeine Temperaturzielvorgabe, hinsichtlich derer jede Vertragspartei die bestmöglichen Bemühungen unternehmen und geeignete Maßnahmen treffen muss, um dieses kollektive Ziel zu erreichen.[96] Eine solche Due diligence- bzw. Handlungspflicht ist qualitativ etwas anderes als eine Erfolgspflicht (wenn auch dieser gegenüber keineswegs immer ein Minus[97]), wie sie ganz überwiegend in den quantifizierten Emissionsreduktions-

---

[92] KOM(2016) 110 eng., o. Fn. 44, S. 5 f.

[93] *Peeters*, o. Fn. 48, S. 188.

[94] Vgl. Art. 1 Nr. 12 der RL (EU) 2018/410 (o. Fn. 51).

[95] Vgl. Art. 3 Abs. 1 der revidierten Erneuerbare-Energien-Richtlinie.

[96] Siehe *Voigt*, The Paris Agreement: What is the Standard of Conduct for Parties?, QIL 26 (2016), 17 (27).

[97] Eingehend *Mayer*, Obligations of Conduct in the International Law on Climate Change: A Defence, RECIEL 27 (2018), 130 (135 ff.).

pflichten des Kyoto Protokolls gesehen wurde.[98] Dass eine „Umrechnung" des globalen Temperaturziels auf die einzelnen Vertragsparteien nicht in Betracht kommen kann, folgt auch aus Art. 4 Abs. 2 Satz 2 des Übereinkommens von Paris, wonach „[d]ie Vertragsparteien [...] innerstaatliche Minderungsmaß-nahmen [ergreifen], um die Ziele dieser Beiträge zu verwirklichen." Die Vertragsparteien unterliegen hiernach gerade keiner Erfolgspflicht, die von ihnen notifizierten NDCs auch zu erreichen.[99] Sie müssen insoweit aber, im Rahmen ihrer jeweiligen Möglichkeiten, die erforderlichen und effektiven Maßnahmen treffen, um damit zur Erreichung des globalen Temperaturziels beizutragen. In diesem Sinne spricht Art. 4 Abs. 3 des Übereinkommens von Paris davon, dass die jeweiligen NDCs „[die] größtmögliche Ambition [der Vertragsparteien] unter Berücksichtigung ihrer gemeinsamen, aber unterschiedlichen Verantwortlichkeiten und ihrer jeweiligen Fähigkeiten angesichts der unterschiedlichen nationalen Gegebenheiten ausdrücken."[100] Dass die EU die so konkretisierten Anforderungen ihrer Handlungs- bzw. Gewährleistungspflicht missachtet hätte, lässt sich unter Berücksichtigung der zuletzt ergriffenen Reformschritte schwerlich begründen.

### 3. Methoden- und Adressatenkonvergenz

Bei der jüngsten Reform bzw. Vervollständigung der europäischen Energie-politik ist die Union von früheren Ansätzen abgewichen und hat sich methodisch z. T. eng am Regulierungsansatz des Übereinkommens von Paris orientiert (wenn dies, wie unter Bezugnahme auf den Souveränitätsvorbehalt des Art. 194 Abs. 2 Unterabs. 2 AEUV verdeutlicht werden kann, auch nicht immer der ausschlaggebende Gesichtspunkt gewesen sein mag). So sieht die revidierte Erneuerbare-Energien-Richtlinie, wie dargestellt, ebenfalls keine verbindlichen nationalen Gesamtziele mehr vor.[101] Vielmehr konzentriert sie sich auf die Etablierung gemeinsamer Grundstrukturen für die nationalen Förderinstrumente und die Intensivierung der grenzüberschreitenden Zusammenarbeit und damit auf die rechtlichen Rahmenbedingungen. Ferner sollen die Mitgliedstaaten nach der Governance-Verordnung nationale Energie- und Klimapläne erarbeiten und diese der Kommission zur Bewertung vorlegen – ein Ansatz, der strukturell mit dem pledge and review-Ansatz des Übereinkommens von Paris korrespondiert.

---

[98] Dazu *Mayer*, o. Fn. 97, S. 134.

[99] Dazu *Mayer*, o. Fn. 97, S. 135 m. w. N. Anderes gilt für Satz 1 der Norm, der eine Erfolgspflicht zur Erarbeitung, Übermittlung und Aufrechterhaltung der angestrebten NDCs statuiert. A. A. offenbar *Bodansky/Brunnée/Rajamani*, o. Fn. 6, S. 231: „binding obligations of conduct".

[100] Dergleichen Handlungs- und Gewährleistungspflichten setzen demnach Güterabwägungen am Maßstab der Verhältnismäßigkeit voraus; siehe *Voigt*, o. Fn. 96, S. 27 f.

[101] Freilich betrifft dies auf Unionsebene nicht die Einsparung von Treibhausgasen, sondern den Anteil der erneuerbaren Energien.

Was schließlich die Ebene der Adressaten anbelangt, richten sich sowohl das Übereinkommen von Paris als auch die Instrumente der Energieunion zunächst und zuvörderst an staatliche Akteure. Die Kommission vertritt indes die Ansicht, dass die Aktivierung breiter Kreise der Zivilgesellschaft eine Voraussetzung für das Gelingen des Übergangs zur Energieunion sei.[102] In der Tat zielt die europäische Energiepolitik gerade auch darauf ab, Anreize und ein geeignetes Umfeld für Akteure des Wirtschaftslebens zu schaffen. Hinzu tritt, dass Art. 10 der Governance-Verordnung die frühzeitige und effektive Beteiligung der Öffentlichkeit an der Ausarbeitung der vorläufigen und endgültigen nationalen Energie- und Klimapläne sowie der langfristigen Strategien vorsieht. Entsprechende Beteiligungsrechte lassen sich dem Übereinkommen von Paris zwar nicht entnehmen. Ungeachtet der vorstehend skizzierten Debatte, ob und ggf. inwieweit das Übereinkommen einen transformativen Anspruch für die Energiepolitik formuliert, erblickt es in der Einbeziehung nichtstaatlicher Akteure aber jedenfalls ein erstrebenswertes Ziel.

## V. Fazit

Insgesamt stehen internationales Klimaschutzrecht und europäische Energieunion, was Regulierungsansätze, Ziele und Adressaten anbelangt, in einem Verhältnis der Konvergenz zueinander. Regime- bzw. Normenkonflikte sind bis auf weiteres nicht erkennbar. Vom breiteren klima- und energiepolitischen Standpunkt aus wird die Union damit der von ihr nach außen hin beanspruchten klimapolitischen Vorreiterrolle auch im Innenverhältnis, soweit ihr dies kompetenzrechtlich möglich ist, gerecht; mit dem Legislativpaket „Saubere Energie für alle Europäer" befindet sie sich insoweit auf einem guten Weg. Entscheidend bleibt freilich, dass die Energieunion von den EU-Mitgliedstaaten kohärent und effektiv umgesetzt wird. Nimmt die Kommission ihre Rolle als „Hüterin der Verträge" auf diesem Gebiet auch künftig ernst, wird sie dadurch einen wichtigen Beitrag zur erfolgreichen Implementierung des Übereinkommens von Paris leisten können.

---

[102] KOM(2016) 110 endg., o. Fn. 44, S. 8 f.

# Die neue Kompetenzverteilung zwischen EU-Kommission, ACER und den Mitgliedstaaten nach dem vierten Binnenmarktpaket

*Thomas Schulz / Michael Filipowicz*

Mit dem vierten Binnenmarktpaket „Clean Energy for All Europeans" (auch Winterpaket genannt) werden zahlreiche europäische Richtlinien und Verordnungen im Elektrizitätssektor neu gefasst. Ziel ist ein zukunftsfähiges Strommarktdesign sowie die Förderung erneuerbarer Energien und der Energieeffizienz. In diesem Zusammenhang kommt es durch die Neufassung der Elektrizitätsbinnenmarktverordnung[1] und der ACER-Verordnung[2] zu einigen

---

[1] VO (EG) Nr. 714/2009 des EP und des Rates v. 13.7.2009 über die Netzzugangsbedingungen für den grenzüberschreitenden Stromhandel und zur Aufhebung der VO (EG) Nr. 1228/2003, ABl. EU 2009 L 211/15.

Änderungen im Kompetenzgefüge zwischen der Europäischen Kommission, der europäischen Agentur für die Zusammenarbeit der Energieregulierungs-behörden (ACER) und den Mitgliedstaaten. Dieser Beitrag will die wesentlichen dieser Änderungen darstellen und aufzeigen, wie sie sich auf die Systematik des Kompetenzgefüges auswirken.

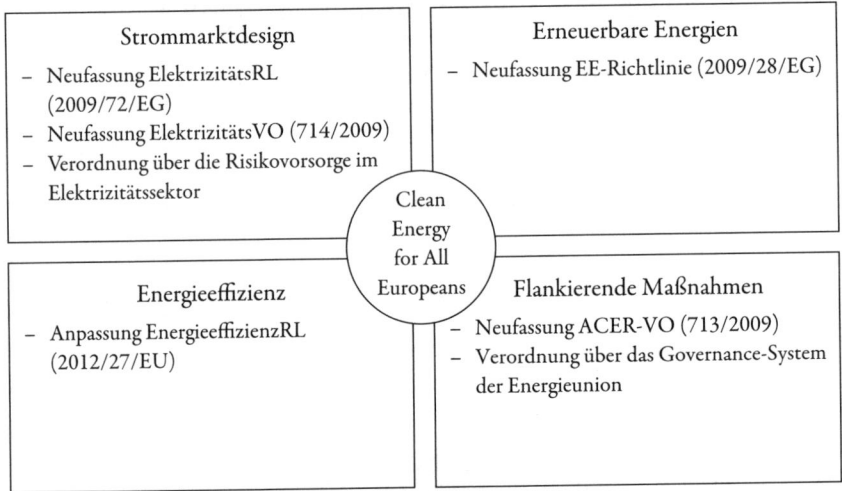

*Abb. 1:* Übersicht über die Maßnahmen im Rahmen des 4. Binnenmarktpakets.

## I. Das bisherige Kompetenzgefüge

Die Elektrizitätswirtschaft ist ein Wirtschaftszweig, der durch hohe Technifi-zierung und zunehmende Dynamik geprägt ist. Daher erfolgt die Regulierung in diesem Bereich in einem Stufenverhältnis von allgemein gehaltenen gesetzli-chen Regelungen, konkretisierenden Rechtsverordnungen, differenzierten Vor-gaben der Regulierungsbehörde und detaillierten technischen Regelwerken der energiewirtschaftlichen Verbände. Dieses Stufenverhältnis stellt sicher, dass die Zielvorgaben und Funktionsanforderungen der elektrizitätswirtschaftlichen Regulierung von demokratisch legitimierten Institutionen bestimmt werden,[3] Detailvorgaben hingegen durch fachkundige Akteure erfolgen und flexibel an neue technische Entwicklungen angepasst werden können.

In Deutschland wird der untergesetzliche Ordnungsrahmen des Elektrizi-tätswirtschaftsrechts vom Bundesministerium für Wirtschaft und Energie, der

---

[2] VO (EG) Nr. 713/2009 des EP und des Rates v. 13.7.2009 zur Gründung einer Agentur für die Zusammenarbeit der Energieregulierungsbehörden, ABl. EU 2009 L 211/1.

[3] Vgl. für die europäische Ebene *Säcker/Barbknecht*, in: Säcker (Hrsg.), BerlKommEnR, EnWG, Band 1, Halbband 1, 4. A. 2019, § 19 Rn. 15.

Bundesnetzagentur und den Elektrizitätsversorgungsnetzbetreibern geprägt, die wiederum auf technische Verbandsregelwerke etwa des Verbands der Elektrotechnik Elektronik Informationstechnik e. V. zurückgreifen.[4] Bis zum Erlass des dritten Binnenmarktpakets der Europäischen Gemeinschaft im Jahr 2009 fand das Vollzugshandeln im Elektrizitätssektor ausschließlich auf Ebene der Mitgliedstaaten statt.[5] Die Kommission hatte nur vereinzelte Entscheidungs-, Veto- und Leitlinienbefugnisse.[6] Europäische Gremien hatten im Elektrizitätssektor weitgehend informellen und beratenden Charakter.

Mit dem dritten Binnenmarktpaket wurden bestimmte Elemente der Regulierungsverwaltung auf europäischer Ebene zentralisiert.[7] Seitdem steht den Mitgliedstaaten, nationalen Regulierungsbehörden und Netzbetreibern auf europäischer Ebene eine korrespondierende Struktur aus Kommission, ACER und dem Verband Europäischer Übertragungsnetzbetreiber (ENTSO-E) gegenüber.

Der Einfluss der Kommission ist mit dem dritten Binnenmarktpaket deutlich gewachsen. Zwar blieben die Befugnisse der Kommission zu Einzelfallentscheidungen auf wenige Fälle begrenzt.[8] Sie erhielt jedoch umfangreiche Kompetenzen zum Erlass abstrakter Leitlinien.[9] Dies sind europarechtliche Verwaltungsvorschriften, die zwar als „Soft Law" kein bindendes Außenrecht darstellen, jedoch von der Verwaltung regelmäßig zu beachten sind.[10] Solche Leitlinien erlaubten der Kommission etwa, das Verfahren der Netzbetreiberzertifizierung[11] oder Detailfragen des Strom- und Gashandels zu regeln.[12]

---

[4] Vgl. auch § 49 Abs. 2 Satz 1 Nr. 1 EnWG.

[5] *Ludwigs*, Das veränderte Machtgefüge der Institutionen nach dem Dritten EU-Binnenmarktpaket, DVBl. 2011, 61, 61.

[6] *Ludwigs*, in: Baur/Salje/Schmidt-Preuß, Regulierung in der Energiewirtschaft, 2. A. 2016, S. 424.

[7] *Ludwigs*, Das veränderte Machtgefüge der Institutionen nach dem Dritten EU-Binnenmarktpaket, DVBl. 2011, 61, 61.

[8] Vgl. Art. 13 Abs. 4 der VO (EG) Nr. 714/2009 des EP und des Rates v. 13.7.2009 über die Netzzugangsbedingungen für den grenzüberschreitenden Stromhandel und zur Aufhebung der VO (EG) Nr. 1228/2003, ABl. EU 2009 L 211/15; Art. 44 Abs. 1 der RL 2009/72/EG des EP und des Rates v. 13.7.2009 über gemeinsame Vorschriften für den Elektrizitätsbinnenmarkt und zur Aufhebung der RL 2003/54/EG, ABl. EU 2009 L 211/55.

[9] Vgl. etwa Art. 3 Abs. 5 der VO (EG) Nr. 714/2009 des EP und des Rates v. 13.7.2009 über die Netzzugangsbedingungen für den grenzüberschreitenden Stromhandel und zur Aufhebung der VO (EG) Nr. 1228/2003, ABl. EU 2009 L 211/15; Art. 11 Abs. 10 der RL 2009/72/EG des EP und des Rates v. 13.7.2009 über gemeinsame Vorschriften für den Elektrizitätsbinnenmarkt und zur Aufhebung der RL 2003/54/EG, ABl. EU 2009 L 211/55.

[10] *Ruffert*, in: Calliess/Ruffert (Hrsg.), AEUV, 5. A. 2016, Art. 288 Rn. 102; *Schwarze*, Soft Law im Recht der Europäischen Union, EuR 2011, 3, 8 m. w. N.

[11] Art. 3 Abs. 5 der VO (EG) Nr. 714/2009 des EP und des Rates v. 13.7.2009 über die Netzzugangsbedingungen für den grenzüberschreitenden Stromhandel und zur Aufhebung der VO (EG) Nr. 1228/2003, ABl. EU 2009 L 211/15.

[12] Art. 18 Abs. 5 der VO (EG) Nr. 714/2009 des EP und des Rates v. 13.7.2009 über die

Mit ACER wurde eine dezentrale europäische Regulierungsagentur geschaffen. Sie erreicht jedoch mangels gewichtiger Entscheidungskompetenzen nicht den Status eines echten europäischen Regulierers.[13] Ihre Aufgabe beschränkt sich darauf, durch Empfehlungen und Stellungnahmen die Zusammenarbeit der nationalen Regulierungsbehörden auf europäischer Ebene zu fördern. Echte Entscheidungsbefugnisse bestehen nur in wenigen Spezialfällen. So kann ACER etwa über Regulierungsfragen bei grenzüberschreitenden Infrastrukturen entscheiden, dies jedoch nur, wenn nationale Behörden sich nicht einigen können oder eine Entscheidung von ACER beantragen.[14]

Durch die Gründung von ENTSO-E wurde die zuvor freiwillige Zusammenarbeit der Übertragungsnetzbetreiber auf europäischer Ebene institutionalisiert.[15] Kernaufgabe von ENTSO-E ist die Entwicklung von Netzentwicklungsplänen und die Ausarbeitung von Netzkodizes, die unter anderem Regelungen über den Netzanschluss, die Kapazitätsvergabe und das Engpassmanagement enthalten.[16]

Für die nationalen Regulierungsbehörden brachte das dritte Binnenmarktpaket einerseits eine Vielzahl von Aufgaben und Kompetenzen und damit mehr Einfluss.[17] Auch wurde ihre Unabhängigkeit von der Exekutive in den Mitgliedstaaten gestärkt.[18] Zugleich wurden sie jedoch in die europäische Ebene eingebunden. Die Kommission rückte ihnen gegenüber in eine Aufsichtsstellung.[19]

In den durch das dritte Binnenmarktpaket neu geschaffenen europäischen Strukturen üben die Mitgliedstaaten Einfluss zum einen über den Verwaltungsrat von ACER aus, wo ihre Vertreter fünf von neun Mitgliedern besetzen.[20]

---

Netzzugangsbedingungen für den grenzüberschreitenden Stromhandel und zur Aufhebung der VO (EG) Nr. 1228/2003, ABl. EU 2009 L 211/15.

[13] *Ludwigs*, Das veränderte Machtgefüge der Institutionen nach dem Dritten EU-Binnenmarktpaket, DVBl. 2011, 61, 62.

[14] Art. 8 Abs. 1 der VO (EG) Nr. 713/2009 des EP und des Rates v. 13.7.2009 zur Gründung einer Agentur für die Zusammenarbeit der Energieregulierungsbehörden, ABl. EU 2009 L 211/1.

[15] ENTSO-E entstand im Jahr 2009 als Nachfolgeorganisation der European Transmission System Operators (ETSO).

[16] Art. 8 der VO (EG) Nr. 714/2009 des EP und des Rates v. 13.7.2009 über die Netzzugangsbedingungen für den grenzüberschreitenden Stromhandel und zur Aufhebung der VO (EG) Nr. 1228/2003, ABl. EU 2009 L 211/15.

[17] *Ludwigs*, Das veränderte Machtgefüge der Institutionen nach dem Dritten EU-Binnenmarktpaket, DVBl. 2011, 61, 64.

[18] Art. 35 Abs. 4 der RL 2009/72/EG des EP und des Rates v. 13.7.2009 über gemeinsame Vorschriften für den Elektrizitätsbinnenmarkt und zur Aufhebung der RL 2003/54/EG, ABl. EU 2009 L 211/55.

[19] *Ludwigs*, Das veränderte Machtgefüge der Institutionen nach dem Dritten EU-Binnenmarktpaket, DVBl. 2011, 61, 64.

[20] Art. 12 Abs. 1 der VO (EG) Nr. 713/2009 des EP und des Rates v. 13.7.2009 zur Gründung einer Agentur für die Zusammenarbeit der Energieregulierungsbehörden, ABl. EU 2009 L 211/1.

Zum anderen sind sie im Verfahren zum Erlass von Netzkodizes und Leitlinien durch die Kommission eingebunden.[21]

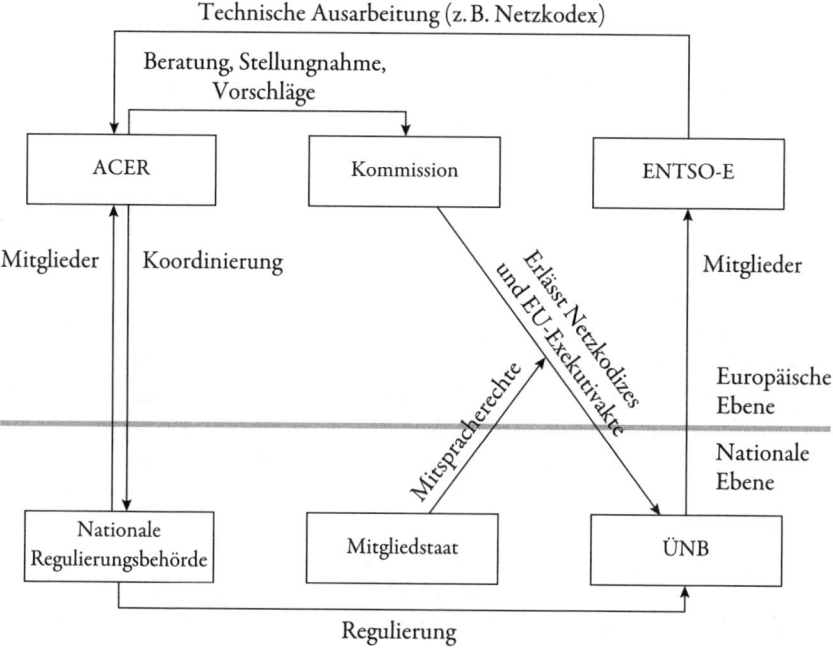

*Abb. 2:* Übersicht über die Akteure im europäischen Energiemarkt.

# II. Überblick:
## Kompetenzgefüge nach dem vierten Binnenmarktpaket

Das vierte Binnenmarktpaket lässt das beschriebene Kompetenzgefüge in seinen wesentlichen Grundzügen unverändert und beschränkt sich auf punktuelle Verschiebungen zugunsten der europäischen Ebene. Weiterreichende Vorschläge der Kommission zur Stärkung der Autonomie der europäischen Institutionen scheiterten am Widerstand der Mitgliedstaaten.[22]

### 1. Kommission

Die Kommission erhält in einigen zusätzlichen Bereichen die Kompetenz zum Erlass elektrizitätswirtschaftlicher Konkretisierungsakte in Form von Netz-

---

[21] Näher siehe unten, III.1.b)dd).
[22] Vgl. nur die äußerst kritische Stellungnahme des Deutschen Bundestages, BT-Drucks. 18/11777.

kodizes und Leitlinien.[23] Im Verfahren zum Erlass von Netzkodizes erhält sie an einzelnen Stellen mehr Einfluss.[24] Die von der Kommission angestrebte weitreichende Autonomie beim Erlass von Netzkodizes und Leitlinien durch die Möglichkeit, diese als delegierte Rechtsakte zu erlassen, konnte die Kommission hingegen nicht in allen Bereichen durchsetzen. Hier gab es erheblichen Widerstand aufseiten des Rates, denn bei delegierten Rechtsakten besteht nur eine sehr eingeschränkte Kontrollmöglichkeit der Mitgliedstaaten und des Europäischen Parlaments.[25]

## 2. ACER

Auch ACER erhält an einigen Stellen mehr Einfluss – etwa im Verfahren zum Erlass von Netzkodizes oder bei grenzüberschreitenden Regulierungsfragen.[26] Echte Regulierungsentscheidungen wird ACER auch weiterhin nur in Ausnahmefällen treffen können und dies auch nur auf Wunsch nationaler Regulierungsbehörden. Auch in Zukunft wird sich die Tätigkeit von ACER schwerpunktmäßig darauf beschränken, die Zusammenarbeit der nationalen Regulierungsbehörden mit Empfehlungen und Stellungnahmen zu fördern. Neu ist, dass ACER auf Wunsch nationaler Regulierungsbehörden operative Unterstützung leisten kann.[27]

Der ursprüngliche Vorschlag der Kommission sah eine deutlich gewichtigere Rolle von ACER vor. Demnach hätte ACER in einigen Bereichen eigenständige Regulierungsentscheidungen unabhängig von den nationalen Regulierungsbehörden treffen können – etwa im Bereich grenzüberschreitender Regulierungsfragen.[28] Zudem wollte die Kommission sich vorbehalten, ACER durch delegierte Rechtsakte weitere Entscheidungsbefugnisse zu übertragen.[29] Damit hätte die Kommission weitgehend ohne Mitwirkung der Mitgliedstaaten und des Europäischen Parlaments ACER zu einer europäischen Regulierungsbehörde ausbauen können. Dieser Vorschlag ist am Widerstand des Rates gescheitert.

---

[23] Siehe unten, III.1.a) und III.2.

[24] Siehe unten, III.1.b).

[25] Vgl. Art. 290 AEUV: Ein delegierter Rechtsakt tritt grundsätzlich ohne Beteiligung der Mitgliedstaaten in Kraft. Um ihn zu verhindern, muss das Europäische Parlament mit der Mehrheit seiner Mitglieder oder der Rat mit qualifizierter Mehrheit Einwände erheben.

[26] Siehe unten, III.1.b)bb) und III.5.

[27] Art. 6 Abs. 8 der VO (EU) 2019/942 des EP und des Rates v. 5.6.2019 zur Gründung einer Agentur der Europäischen Union für die Zusammenarbeit der Energieregulierungsbehörden (Neufassung), ABl. EU 2019 L 158/22.

[28] Siehe unten, III.5.

[29] Art. 14 COM(2016) 863 final.

## 3. Mitgliedstaaten und nationale Regulierungsbehörden

Da die Kommission sich mit dem Vorschlag, Netzkodizes und Leitlinien künftig durch delegierte Rechtsakte zu erlassen, nur eingeschränkt durchsetzen konnte, werden die Mitgliedstaaten auch zukünftig in vielen Bereichen über einen Ausschuss darüber mitentscheiden.[30] Auch der Vorschlag der Kommission, die für eine Beschlussfassung im Verwaltungs- und Regulierungsrat von ACER erforderliche Mehrheit von einer Zwei-Drittel-Mehrheit auf eine einfache Mehrheit zu reduzieren,[31] hat es nicht in die endgültige Fassung der neuen ACER-Verordnung geschafft. Dies hätte den Einfluss einzelner Mitgliedstaaten und nationaler Regulierungsbehörden reduziert. Schließlich hat die Kommission auch ihr Ziel, die Entscheidung über den Gebotszonenzuschnitt zu europäisieren, nur teilweise erreicht. Die Mitgliedstaaten und nationalen Institutionen bleiben insoweit die bestimmenden Akteure.[32]

## 4. Netzbetreiber

Die regionale Zusammenarbeit der Übertragungsnetzbetreiber wird durch die Einführung regionaler Koordinierungszentren organisatorisch verfestigt und aufgewertet.[33] Diese sollen die Netzbetreiber bei der Wahrnehmung von Aufgaben von regionaler Bedeutung unterstützen.[34] Der ursprüngliche Kommissionsvorschlag hatte regionale Betriebszentren mit gewisser organisatorischer Autonomie vorgesehen, die eine Vielzahl versorgungssicherheitsrelevanter Entscheidungsbefugnisse auf europäischer Ebene vereinigen sollten.[35]

Mit der Gründung einer Europäischen Organisation der Verteilernetzbetreiber (EU-VNB) werden erstmals einige Bereiche des Verteilernetzbetriebs europäisiert.[36] So soll der EU-VNB an der Ausarbeitung von Netzkodizes im Bereich des Verteilernetzes beteiligt werden. Entgegen dem Vorschlag der Kommission werden die Verteilernetz- und Anschlussentgelte jedoch auch weiterhin nicht Gegenstand europäischer Netzkodizes sein. Insoweit bleibt es bei der Kompetenz der nationalen Akteure. Auch erfolgt die Beteiligung der Verteilernetzbetreiber am EU-VNB, anders als ursprünglich von der Kommission vorgesehen, auf freiwilliger Basis.

---

[30] Siehe unten, III.1.b)dd).

[31] Art. 19 Abs. 5, Art. 23 Abs. 1 COM(2016) 863 final.

[32] Siehe unten, III.6.

[33] Art. 34 ff. der VO (EU) 2019/943 des EP und des Rates v. 5.6.2019 über den Elektrizitätsbinnenmarkt (Neufassung), ABl. EU 2019 L 158/54.

[34] Art. 37 Abs. 1 der VO (EU) 2019/943 des EP und des Rates v. 5.6.2019 über den Elektrizitätsbinnenmarkt (Neufassung), ABl. EU 2019 L 158/54.

[35] Art. 34 COM(2016) 861 final.

[36] Art. 49 COM(2016) 861 final/ 2; Art. 52 ff. der VO (EU) 2019/943 des EP und des Rates v. 5.6.2019 über den Elektrizitätsbinnenmarkt (Neufassung), ABl. EU 2019 L 158/54.

## III. Die wesentlichen Änderungen im Einzelnen

### 1. Erlass von Netzkodizes

Netzkodizes sind technische Regelwerke, die bestimmte Aspekte des Netz-
betriebs vereinheitlichen, um die Interoperabilität der Teilnetze zu gewährleisten. In Deutschland entstanden Netzkodizes im Zuge der Liberalisierung
der Elektrizitätsversorgung durch das EnWG 1998. Die ehemaligen Gebiets-
monopolisten hatten nun als Netzbetreiber in einem freien Elektrizitätsmarkt
über die Grenzen der Teilnetze hinweg eine diskriminierungsfreie Elektrizi-
tätsdurchleitung zu gewährleisten. In kooperativer Verbandsarbeit entwickelten sie so zunächst den Grid Code, aus dem später der Transmission Code und
der Distribution Code hervorgingen.[37] Die deutschen Netzkodizes sind rechtlich unverbindliche Regelwerke, die jedoch als allgemein anerkannte Regeln der
Technik hohe faktische Bindungswirkung entfalten.[38]

Mit dem dritten Binnenmarktpaket wurden auch auf europäischer Ebene
Netzkodizes geschaffen.[39] Die europäischen Netzkodizes sollen die nationalen
zwar nicht ersetzen.[40] Sie führen jedoch zu einer zunehmenden Europäisierung
der Anforderungen an den Übertragungs- und Verteilernetzbetrieb, was nicht
ohne Auswirkungen auf die deutschen Regelwerke bleibt.[41] Da die europäischen Netzkodizes jedoch an vielen Stellen Konkretisierungen durch nationale
technische Regelwerke vorsehen, behalten nationale Netzkodizes ihre Berech-
tigung.[42] Die europäischen Netzkodizes sind im Gegensatz zu den deutschen
als Verordnungen der Kommission rechtlich bindend.[43]

### a) Regelungsbereiche

Mit dem vierten Binnenmarktpaket werden die Bereiche, in denen europäische
Netzkodizes erlassen werden können, ausdifferenziert und in einigen Berei-

---

[37] *Säcker/Barbknecht*, in: Säcker (Hrsg.), BerlKommEnR, EnWG, Band 1, Halbband 1,
4. A. 2019, § 19 Rn. 13 ff, 49 ff.

[38] Vgl. § 49 Abs. 1, Abs. 2 Satz 1 EnWG; *Säcker/Barbknecht*, in: Säcker (Hrsg.), BerlKomm-
EnR, EnWG, Band 1, Halbband 1, 4. A. 2019, § 19 Rn. 50 ff.

[39] Überblick unter https://electricity.network-codes.eu/network_codes/ (alle Online-
Quellen in diesem Beitrag wurden zuletzt abgerufen am 30.8.2019).

[40] *Säcker/Barbknecht*, in: Säcker (Hrsg.), BerlKommEnR, EnWG, Band 1, Halbband 1,
4. A. 2019, § 19 Rn. 14.

[41] *Säcker/Barbknecht*, in: Säcker (Hrsg.), BerlKommEnR, EnWG, Band 1, Halbband 1,
4. A. 2019, § 19 Rn. 14.

[42] Vgl. etwa die zahlreichen Konkretisierungsermächtigungen in der VO (EU) 2016/631
der Kommission vom 14.4.2016 zur Festlegung eines Netzkodex mit Netzanschlussbestimmungen für Stromerzeuger, ABl. EU 2016 L 112/1.

[43] Vgl. etwa Erwägungsgrund 22 der VO (EU) 2016/631 der Kommission vom 14.4.2016
zur Festlegung eines Netzkodex mit Netzanschlussbestimmungen für Stromerzeuger, ABl.
EU 2016 L 112/1.

chen erweitert. So sind europäische Netzkodizes künftig im Bereich der nicht
frequenzbezogenen Systemdienstleistungen, Laststeuerung, Aggregierung,
Energiespeicherung, Lasteinschränkung und Cybersicherheit möglich.[44] Mit
ihrem Anliegen, europäische Netzkodizes auch für Anschluss- und Vertei-
lungsentgelte im Verteilernetz und in Bezug auf die regionale Zusammenarbeit
der Übertragungsnetzbetreiber in regionalen Betriebszentren zu ermöglichen,
konnte sich die Kommission hingegen nicht durchsetzen.[45]

*b) Verfahren*

Das Verfahren zum Erlass der Netzkodizes ist zukünftig in Art. 59 der Elektrizitätsbinnenmarktverordnung geregelt.[46] Es bleibt im Wesentlichen unverändert, die Kommission, ACER und der neu gegründete EU-VNB erhalten
jedoch an einzelnen Stellen mehr Einfluss.

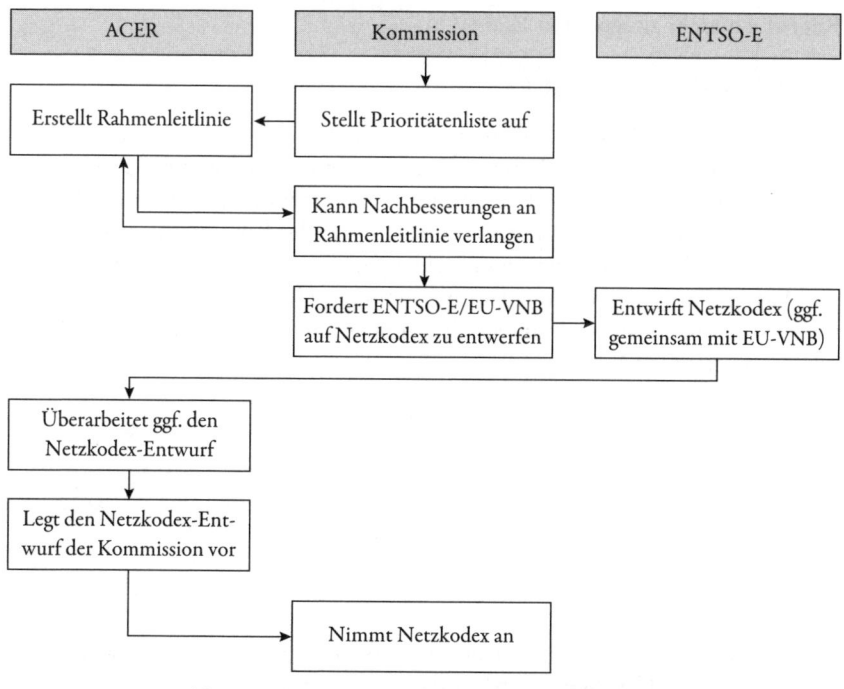

*Abb. 3:* Verfahren zum Erlass von EU-Netzkodizes.

---

[44] Art. 59 Abs. 1 (d), (e), Abs. 2 (e) der VO (EU) 2019/943 des EP und des Rates v. 5.6.2019
über den Elektrizitätsbinnenmarkt (Neufassung), ABl. EU 2019 L 158/54.

[45] Art. 55 Abs. 1 (k) COM(2016) 861 final/2.

[46] Bisher Art. 6 der VO (EG) Nr. 714/2009 des EP und des Rates v. 13.7.2009 über die
Netzzugangsbedingungen für den grenzüberschreitenden Stromhandel und zur Aufhebung
der VO (EG) Nr. 1228/2003, ABl. EU 2009 L 211/15.

## *aa) Prioritätenliste der Kommission*

Zunächst stellt die Kommission nach Anhörung von ACER, ENTSO-E und anderer betroffener Akteure eine Prioritätenliste mit den durch die Netzkodizes vorrangig zu regelnden Bereichen auf.[47] Diese wird zukünftig alle drei Jahre anstatt jährlich erstellt. Zudem kann die Kommission künftig in der Prioritätenliste vorsehen, dass Netzkodizes, deren Gegenstand unmittelbar mit dem Betrieb der Verteilernetze zusammenhängt und für das Übertragungsnetz nicht unbedingt relevant ist, durch den neu gegründeten EU-VNB gemeinsam mit dem ENTSO-E ausgearbeitet werden. An dieser Stelle kommt es also zu einer Erweiterung des Einflusses der Kommission und zur Europäisierung der Regelungen für die Verteilernetzebene. Der ursprüngliche Kommissionsentwurf sah sogar eine alleinige Ausarbeitung durch den EU-VNB anstelle des ENTSO-E vor.[48] Die damit verbundene Verringerung des Einflusses von ENTSO-E und damit der nationalen Übertragungsnetzbetreiber wollte der Rat jedoch nicht akzeptieren.[49]

## *bb) Rahmenleitlinie von ACER*

Auf Grundlage der Prioritätenliste erstellt ACER nach Anhörung von ENTSO-E und anderer betroffener Akteure eine nicht bindende Rahmenleitlinie, welche die Grundsätze für die Entwicklung der Netzkodizes durch ENTSO-E enthält.[50] Neu ist, dass ACER dabei Bedingungen der Kommission zu beachten hat. Insoweit kann die Kommission einen stärkeren inhaltlichen Einfluss auf die Ausarbeitung der Rahmenleitlinie nehmen. Hat ACER die Rahmenleitlinie erstellt, prüft die Kommission diese und kann unter Umständen Nachbesserungen verlangen.[51]

[47] Art. 59 Abs. 3 der VO (EU) 2019/943 des EP und des Rates v. 5.6.2019 über den Elektrizitätsbinnenmarkt (Neufassung), ABl. EU 2019 L 158/54.

[48] Art. 55 Abs. 8 COM(2016) 861 final/2.

[49] Art. 55 Abs. 2 der Gemeinsamen Position des Rates vom 20. Dezember 2017 zum Vorschlag für eine Verordnung des Europäischen Parlaments und des Rates über den Elektrizitätsbinnenmarkt (Neufassung).

[50] Art. 59 Abs. 4 der VO (EU) 2019/943 des EP und des Rates v. 5.6.2019 über den Elektrizitätsbinnenmarkt (Neufassung), ABl. EU 2019 L 158/54.

[51] Art. 59 Abs. 7 der VO (EU) 2019/943 des EP und des Rates v. 5.6.2019 über den Elektrizitätsbinnenmarkt (Neufassung), ABl. EU 2019 L 158/54.

## cc) *Erstellung des Netzkodex*

Ist die Kommission mit der Rahmenleitlinie einverstanden, fordert sie ENTSO-E auf, auf dieser Grundlage einen Netzkodex auszuarbeiten.[52] Hierfür war ENTSO-E bislang allein verantwortlich. Zukünftig erfolgt dies für verteilernetzrelevante Bereiche gemeinsam mit dem EU-VNB, wenn dies von der Kommission in der Prioritätenliste vorgesehen wurde. Ist der Entwurf fertiggestellt, wird er von ACER geprüft. Bislang gab ACER nach erfolgter Prüfung eine Stellungnahme zum Entwurf ab,[53] woraufhin ENTSO-E den Entwurf überarbeiten konnte.[54] Zukünftig kann ACER den vorgelegten Entwurf selbst überarbeiten.[55] An dieser Stelle wächst also der Einfluss der Regulierungsbehörden gegenüber den Netzbetreibern. Ist ACER mit dem Entwurf zufrieden, legt sie ihn der Kommission vor.

## dd) *Erlass des Netzkodex*

Bislang erließ die Kommission die Netzkodizes als Durchführungsrechtsakte im Regelungsverfahren mit Kontrolle, das gemäß Art. 12 der Verordnung (EU) Nr. 182/2011 trotz Abschaffung des Komitologieverfahrens weiterhin Anwendung fand.[56] Nach diesem Verfahren muss der zu erlassende Rechtsakt einem Regelungskontrollausschuss, der sich aus Vertretern der Mitgliedstaaten zusammensetzt, zur Stellungnahme vorgelegt werden.[57] Sowohl bei einer ablehnenden als auch bei einer befürwortenden Stellungnahme müssen – in unter-

---

[52] Art. 59 Abs. 9 der VO (EU) 2019/943 des EP und des Rates v. 5.6.2019 über den Elektrizitätsbinnenmarkt (Neufassung), ABl. EU 2019 L 158/54.

[53] Art. 6 Abs. 7 der VO (EG) Nr. 714/2009 des EP und des Rates v. 13.7.2009 über die Netzzugangsbedingungen für den grenzüberschreitenden Stromhandel und zur Aufhebung der VO (EG) Nr. 1228/2003, ABl. EU 2009 L 211/15.

[54] Art. 6 Abs. 8 der VO (EG) Nr. 714/2009 des EP und des Rates v. 13.7.2009 über die Netzzugangsbedingungen für den grenzüberschreitenden Stromhandel und zur Aufhebung der VO (EG) Nr. 1228/2003, ABl. EU 2009 L 211/15.

[55] Art. 59 Abs. 11 der VO (EU) 2019/943 des EP und des Rates v. 5.6.2019 über den Elektrizitätsbinnenmarkt (Neufassung), ABl. EU 2019 L 158/54.

[56] Art. 6 Abs. 11 Unterabs. 2 Satz 2, Art. 23 Abs. 2 der VO (EG) Nr. 714/2009 des EP und des Rates v. 13.7.2009 über die Netzzugangsbedingungen für den grenzüberschreitenden Stromhandel und zur Aufhebung der VO (EG) Nr. 1228/2003, ABl. EU 2009 L 211/15; Art. 12 der VO (EU) Nr. 182/2011 des EP und des Rates v. 16.2.2011 zur Festlegung der allgemeinen Regeln und Grundsätze, nach denen die Mitgliedstaaten die Wahrnehmung der Durchführungsbefugnisse durch die Kommission kontrollieren, ABl. EU 2011 L 55/13; Art. 5a Abs. 1 bis 4 des Beschlusses 1999/468/EG des Rates v. 28.6.1999 zur Festlegung der Modalitäten für die Ausübung der der Kommission übertragenen Durchführungsbefugnisse, ABl. EG 1999 L 184/23.

[57] Art. 5a Abs. 1 des Beschlusses 1999/468/EG des Rates v. 28.6.1999 zur Festlegung der Modalitäten für die Ausübung der der Kommission übertragenen Durchführungsbefugnisse, ABl. EG 1999 L 184/23.

schiedlichem Maße – der Rat und das Europäische Parlament beteiligt werden.[58] Von deren Stellungnahmen hängt ab, ob der Rechtsakt erlassen werden kann.

Zukünftig existieren für den Erlass von Netzkodizes zwei parallele Verfahren. In den Bereichen Netzsicherheit und -zuverlässigkeit, Kapazitätsvergabe und Engpassmanagement, Bereitstellung der Netzzugangsdienste und Ausgleich zwischen den Netzen beim Handel, nichtfrequenzbezogene Systemdienstleistungen und Laststeuerung erlässt die Kommission die Netzkodizes als Durchführungsrechtsakt mit Prüfverfahren.[59] Danach muss die Kommission den Netzkodex auch weiterhin einem Ausschuss aus Vertretern der Mitgliedstaaten vorlegen. Nur wenn dieser Ausschuss eine befürwortende oder keine Stellungnahme abgibt, kann die Kommission den Netzkodex erlassen. Im Falle einer ablehnenden Stellungnahme kann die Kommission einen Berufungsausschuss anrufen. Lehnt auch dieser den Rechtsakt ab, kann er nicht erlassen werden.[60] Im Unterschied zum bisher geltenden Regelungsverfahren mit Kontrolle kommt es zu einer deutlich reduzierten Mitwirkung des Rates und des Europäischen Parlaments. Sie können den Erlass eines Rechtsakts nicht mehr verhindern.

In den Bereichen Netzanschluss im Übertragungsnetz, Datenaustausch, Netzzugang, operative Verfahren bei Notfällen und Cybersicherheit erlässt die Kommission die Netzkodizes zukünftig als delegierte Rechtsakte. Delegierte Rechtsakte werden von der Kommission grundsätzlich ohne Beteiligung eines Ausschusses, des Rates oder des Europäischen Parlaments erlassen. Um einen delegierten Rechtsakt zu verhindern, muss entweder das Europäische Parlament mit der Mehrheit seiner Mitglieder oder der Rat mit qualifizierter Mehrheit Einwände erheben.[61] Angesichts dieser strengen Mehrheitserfordernisse darf die Kommission in der Regel damit rechnen, dass ein von ihr erlassener delegierter Rechtsakt Bestand hat. Mit ihrem ursprünglichen Vorschlag, zukünftig sämtliche Netzkodizes als delegierte Rechtsakte erlassen zu können, konnte sich die Kommission hingegen nicht durchsetzen.[62]

---

[58] Art. 5a Abs. 3 a) und 4 a) des Beschlusses 1999/468/EG des Rates v. 28.6.1999 zur Festlegung der Modalitäten für die Ausübung der der Kommission übertragenen Durchführungsbefugnisse, ABl. EG 1999 L 184/23.

[59] Art. 59 Abs. 1, Art. 67 Abs. 2 der VO (EU) 2019/943 des EP und des Rates v. 5.6.2019 über den Elektrizitätsbinnenmarkt (Neufassung), ABl. EU 2019 L 158/54, i. V. m. Art. 5 der VO (EU) Nr. 182/2011 des EP und des Rates v. 16.2.2011 zur Festlegung der allgemeinen Regeln und Grundsätze, nach denen die Mitgliedstaaten die Wahrnehmung der Durchführungsbefugnisse durch die Kommission kontrollieren, ABl. EU 2011 L 55/13.

[60] Art. 6 Abs. 3 der VO (EU) Nr. 182/2011 des EP und des Rates v. 16.2.2011 zur Festlegung der allgemeinen Regeln und Grundsätze, nach denen die Mitgliedstaaten die Wahrnehmung der Durchführungsbefugnisse durch die Kommission kontrollieren, ABl. EU 2011 L 55/13.

[61] Art. 290 AEUV.

[62] Art. 55 Abs. 1 COM(2016) 861 final/2.

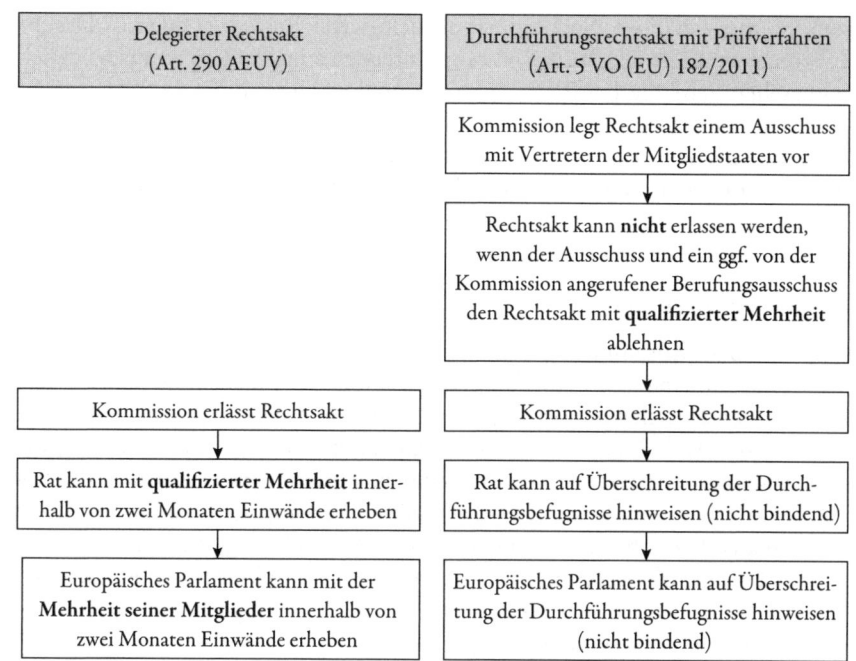

*Abb. 4:* Verfahren bei delegierten Rechtsakten und Durchführungsrechtsakten mit Prüfverfahren.

## 2. Erlass von Leitlinien

Nach wie vor kann die Kommission in bestimmten Bereichen Leitlinien erlassen. Dabei handelt es sich um allgemeine Regelungen der Kommission, die als Maßstab für künftige Einzelfallentscheidungen dienen sollen. Sie sind grundsätzlich nicht bindend, können aber zu einer Selbstbindung der Verwaltung führen.[63] Sie ähneln damit den deutschen normkonkretisierenden Verwaltungsvorschriften. Bislang sieht die Elektrizitätsbinnenmarktverordnung Leitlinien für den Ausgleichsmechanismus zwischen den Übertragungsnetzbetreibern und für die schrittweise Harmonisierung der Grundsätze für die Festlegung der Netzentgelte vor.[64]

In Zukunft kann die Kommission Leitlinien in sämtlichen Bereichen erlassen, in denen sie Netzkodizes erlassen könnte.[65] Dies gilt unabhängig da-

---

[63] *Schwarze,* Soft Law im Recht der Europäischen Union, EuR 2011, 3, 8.

[64] Art. 18 Abs. 1 und 2 der VO (EG) Nr. 714/2009 des EP und des Rates v. 13.7.2009 über die Netzzugangsbedingungen für den grenzüberschreitenden Stromhandel und zur Aufhebung der VO (EG) Nr. 1228/2003, ABl. EU 2009 L 211/15.

[65] Art. 61 Abs. 2 der VO (EU) 2019/943 des EP und des Rates v. 5.6.2019 über den Elektrizitätsbinnenmarkt (Neufassung), ABl. EU 2019 L 158/54.

von, ob die jeweiligen Netzkodizes als delegierter Rechtsakt oder als Durchführungsrechtsakt mit Prüfverfahren zu erlassen sind. Zudem ist ausdrücklich
vorgesehen, dass die Leitlinien der Kommission verbindlich sind.[66] Entgegen
dem ursprünglichen Vorschlag der Kommission werden die Leitlinien jedoch
nicht stets als delegierte Rechtsakte erlassen. Vielmehr gilt dasjenige Verfahren,
das beim Erlass eines Netzkodex im jeweiligen Bereich gelten würde.[67]

## 3. *Regionale Koordinierungszentren*

### a) *Bisherige Regelung*

Die regionale Zusammenarbeit der Übertragungsnetzbetreiber beschränkte
sich bisher auf eine Reihe von Kooperationspflichten, die nicht mit einer Übertragung von Entscheidungsbefugnissen auf die europäische Ebene verbunden
waren. So verpflichtete Art. 12 der Elektrizitätsbinnenmarktverordnung die
Übertragungsnetzbetreiber zur regionalen Zusammenarbeit innerhalb des
ENTSO-E. Diese umfasste etwa die Veröffentlichung eines regionalen Inves-
titionsplans, Vereinbarungen zur optimalen Netzführung, die Förderung der
Energiebörsen, die koordinierte Vergabe grenzüberschreitender Kapazitäten
und die Einbeziehung von Mechanismen für den Austausch von Ausgleichs-
energie und für die Reserveleistung.[68]

Darüber hinaus verpflichtete die Leitlinie der Kommission für den Übertragungsnetzbetrieb die Übertragungsnetzbetreiber zur Einrichtung regionaler Sicherheitskoordinatoren.[69] Dabei handelte es sich um im Eigentum der
Übertragungsnetzbetreiber stehende Organisationen, die in den einzelnen Ka-
pazitätsberechnungsregionen Aufgaben im Zusammenhang mit der regionalen
Koordination der Übertragungsnetzbetreiber wahrnehmen.[70] Die regionalen Sicherheitskoordinatoren hatten eine bewertende und empfehlende Rolle,
konnten jedoch keine für die Übertragungsnetzbetreiber bindenden Beschlüsse
fassen.[71]

---

[66] Art. 61 Abs. 1 der VO (EU) 2019/943 des EP und des Rates v. 5.6.2019 über den Elektrizitätsbinnenmarkt (Neufassung), ABl. EU 2019 L 158/54.

[67] Vgl. Art. 61 Abs. 2 der VO (EU) 2019/943 des EP und des Rates v. 5.6.2019 über den
Elektrizitätsbinnenmarkt (Neufassung), ABl. EU 2019 L 158/54.

[68] Art. 12 Abs. 2 der VO (EG) Nr. 714/2009 des EP und des Rates v. 13.7.2009 über die
Netzzugangsbedingungen für den grenzüberschreitenden Stromhandel und zur Aufhebung
der VO (EG) Nr. 1228/2003, ABl. EU 2009 L 211/15.

[69] VO (EU) 2017/1485 der Kommission v. 2.8.2017 zur Festlegung einer Leitlinie für den
Übertragungsnetzbetrieb, ABl. EU 2017 L 220/1.

[70] Art. 3 Abs. 2 Nr. 89 der VO (EU) 2017/1485 der Kommission v. 2.8.2017 zur Festlegung
einer Leitlinie für den Übertragungsnetzbetrieb, ABl. EU 2017 L 220/1.

[71] Art. 17, 76 ff., 79, 80, 81 der VO (EU) 2017/1485 der Kommission v. 2.8.2017 zur Festlegung einer Leitlinie für den Übertragungsnetzbetrieb, ABl. EU 2017 L 220/1.

## b) Zukünftige Regelung

Mit dem vierten Binnenmarktpaket werden die regionalen Sicherheitskoordinatoren ab dem Jahr 2022 durch regionale Koordinierungszentren ersetzt.[72] Diese sollen die Aufgaben der Übertragungsnetzbetreiber ergänzen, indem sie bestimmte Aufgaben von regionaler Bedeutung wahrnehmen. Dazu können die regionalen Koordinierungszentren in den Bereichen Kapazitätsplanung und Sicherheitsanalyse koordinierte Maßnahmen beschließen, die von den Übertragungsnetzbetreibern grundsätzlich zu befolgen sind.[73] In weiteren versorgungssicherheitsrelevanten Bereichen können die regionalen Koordinierungszentren Empfehlungen erlassen.[74] Die Systemverantwortung verbleibt jedoch bei den Übertragungsnetzbetreibern.[75] Der Zuschnitt der Netzbetriebsregionen, der von den regionalen Koordinierungszentren zu betreuen ist, wird von ACER auf Vorschlag von ENTSO-E festgelegt.[76] Die regionalen Koordinierungszentren müssen – einschließlich ihrer Regelung zur Organisation und Entscheidungsfindung – von den jeweiligen nationalen Regulierungsbehörden genehmigt werden.[77]

Die regionalen Koordinierungszentren sind ein Kompromiss, der auf den Vorschlag des Europäischen Parlaments zurückgeht. Der ursprüngliche Kommissionsvorschlag wollte die Übertragungsnetzbetreiber zur Einrichtung so genannter regionaler Betriebszentren verpflichten.[78] Diese sollten in zahlreichen versorgungssicherheitsrelevanten Bereichen bindende Beschlüsse an die Übertragungsnetzbetreiber erlassen können.[79] Die organisatorische Ausgestaltung der regionalen Betriebszentren, wie das Verfahren für den Erlass von Beschlüssen und Empfehlungen, sowie die Konsultation der Übertragungsnetzbetreiber und der nationalen Regulierungsbehörden sollten den regionalen Betriebszentren weitgehend selbst überlassen werden.[80] Sowohl der Rat als auch das Europäische Parlament lehnten derart weitgehende operative Befugnisse der regionalen Betriebszentren ab.

---

[72] Art. 35 ff. der VO (EU) 2019/943 des EP und des Rates v. 5.6.2019 über den Elektrizitätsbinnenmarkt (Neufassung), ABl. EU 2019 L 158/54.

[73] Art. 42 Abs. 2, Art. 37 Abs. 1 (a) und (b) der VO (EU) 2019/943 des EP und des Rates v. 5.6.2019 über den Elektrizitätsbinnenmarkt (Neufassung), ABl. EU 2019 L 158/54.

[74] Art. 42 Abs. 3, Art. 37 Abs. 1 der VO (EU) 2019/943 des EP und des Rates v. 5.6.2019 über den Elektrizitätsbinnenmarkt (Neufassung), ABl. EU 2019 L 158/54.

[75] Erwägungsgrund 10 der VO (EU) 2019/943 des EP und des Rates v. 5.6.2019 über den Elektrizitätsbinnenmarkt (Neufassung), ABl. EU 2019 L 158/54.

[76] Art. 36 Abs. 1 und 3 der VO (EU) 2019/943 des EP und des Rates v. 5.6.2019 über den Elektrizitätsbinnenmarkt (Neufassung), ABl. EU 2019 L 158/54.

[77] Art. 35 Abs. 1 der VO (EU) 2019/943 des EP und des Rates v. 5.6.2019 über den Elektrizitätsbinnenmarkt (Neufassung), ABl. EU 2019 L 158/54.

[78] Art. 32 COM(2016) 861 final/2.

[79] Art. 38 Abs. 2, Art. 34 Abs. 1 COM(2016) 861 final/2.

[80] Art. 37, Art. 38 Abs. 1 COM(2016) 861 final/2.

## 4. Europäische Organisation der Verteilernetzbetreiber

Mit dem EU-VNB wird in Art. 52 ff. der Elektrizitätsbinnenmarktverordnung eine europäische Organisation der Verteilernetzbetreiber geschaffen. Sie soll sich an der Ausarbeitung von Netzkodizes beteiligen und auf Ebene der Verteilernetze eine unterstützende Rolle beim Netzbetrieb und der Netzplanung, der Integration neuartiger Erzeugungs- und Speicherressourcen, der lastseitigen Flexibilität, der Digitalisierung, Datenverwaltung und Cybersicherheit einnehmen. Die Beteiligung am EU-VNB ist für die Verteilernetzbetreiber freiwillig.[81]

Das Anliegen der Kommission, die Rolle der Verteilernetzbetreiber vor dem Hintergrund der im Zuge von Digitalisierung und dezentraler Erzeugung anstehenden Herausforderungen im Verteilernetz zu europäisieren, ist also im Kern erfüllt. Allerdings hat die Kommission ursprünglich eine stärkere organisatorische Selbstständigkeit des EU-VNB und mehr Kompetenzen beabsichtigt. Der Kommissionsvorschlag sah nämlich ursprünglich eine verbindlichere Rolle des EU-VNB vor.[82] Auch sollten Verteilernetzbetreiber, die nicht Teil eines vertikal integrierten Unternehmens oder entflochten sind, verpflichtet sein, sich zum EU-VNB zusammenzuschließen.[83] Die innere Organisation des EU-VNB sollte von diesem eigenständig festgelegt und von der Kommission und ACER gebilligt werden.[84] Stattdessen sehen Art. 54 f. der Neufassung der Elektrizitätsbinnenmarktverordnung detaillierte Regelungen für die Organisation des EU-VNB vor.

## 5. Regulierungsentscheidungen durch ACER

Eine der wenigen echten Entscheidungsbefugnisse von ACER stellt die Entscheidung bei grenzüberschreitenden Infrastrukturen gemäß Art. 8 Abs. 1 der ACER-Verordnung dar. Danach entscheidet ACER bei grenzüberschreitenden Infrastrukturen über Regulierungsfragen, die in die Zuständigkeit der nationalen Regulierungsbehörden fallen, wenn diese sich nicht innerhalb einer Frist von sechs Monaten einigen können oder die Entscheidung bei ACER beantragen.

Künftig kann ACER gemäß Art. 6 Abs. 10 der ACER-Verordnung die Befugnis übertragen werden, bei Regulierungsfragen von grenzüberschreitender Bedeutung ohne Rücksicht darauf zu entscheiden, ob sie grenzüberschreitende Infrastrukturen betreffen. Diese Entscheidungsbefugnis muss ACER jedoch

---

[81] Vgl. Art. 52 Abs. 2 der VO (EU) 2019/943 des EP und des Rates v. 5.6.2019 über den Elektrizitätsbinnenmarkt (Neufassung), ABl. EU 2019 L 158/54.

[82] Vgl. Art. 51 COM(2016) 861 final/2: Die endgültige Fassung relativiert die Kompetenzen des EU-VNB jeweils durch die Zusätze „Erleichterung", „Unterstützung", „Beitrag zur".

[83] Art. 49 COM(2016) 861 final/2.

[84] Art. 50 COM(2016) 861 final/2.

durch ein ordentliches Gesetzgebungsverfahren, einen Netzkodex oder eine
Leitlinie – also unter weitgehender Beteiligung der Mitgliedstaaten – übertragen werden. Zudem setzt die Entscheidung auch weiterhin voraus, dass nationale Regulierungsbehörden sich nicht einigen können oder eine Entscheidung
bei ACER beantragen. Auf Anfrage der nationalen Regulierungsbehörden soll
ACER zudem operative Unterstützung leisten.[85]

Vom ursprünglichen Vorschlag der Kommission, ACER weitgehende Kompetenzen zur Entscheidung grenzüberschreitender Regulierungsfragen zu verschaffen, ist daher nicht allzu viel übrig geblieben.[86] Auch die Befugnis der
Kommission, ACER weitere Aufgaben mit Entscheidungsbefugnissen übertragen zu können, wurde auf Druck des Rates wieder gestrichen.[87]

## 6. Überprüfung des Gebotszonenzuschnitts

Gebotszonen sind Zonen innerhalb des europäischen Stromnetzes, in denen
identische Strompreise bestehen. Innerhalb dieser Zone wird davon ausgegangen, dass der Strom ohne Netzengpässe von jedem beliebigen Punkt an jeden
beliebigen anderen Punkt transportiert werden kann. Ist dies tatsächlich nicht
der Fall und kommt es zu Netzengpässen, so werden diese durch Redispatch-
maßnahmen auf Kosten der Netznutzer beseitigt. Mit der Aufteilung einer
Gebotszone in mehrere Zonen mit unterschiedlichen Preisen können durch
Preissignale Anreize gesetzt werden, Stromflüsse, die zu Netzengpässen führen, zu vermeiden. In Deutschland kommt es infolge des starken Zubaus der erneuerbaren Energien und des Abschaltens der Atomkraftwerke regelmäßig zu
Netzengpässen, insbesondere und vereinfachend gesagt, zwischen dem Norden
und dem Süden. Teilte man Deutschland in mehrere Gebotszonen auf, könnten zwar die von den Netznutzern zu tragenden Kosten für Redispatchmaßnahmen sinken. Dies würde jedoch voraussichtlich zu höheren Strompreisen
im Süden führen, welche zu Lasten der dort ansässigen Industrie gingen. Der
Gebotszonenzuschnitt hat daher eine hohe industriepolitische Bedeutung.[88]

Bislang werden die Gebotszonen gemäß Art. 32 der CACM-Verordnung[89]
auf Antrag von ACER, einem Mitgliedstaat, nationaler Regulierungsbehörden
oder mehrerer Übertragungsnetzbetreiber überprüft. Die Methode und die An-

---

[85] Art. 6 Abs. 8 der VO (EU) 2019/942 des EP und des Rates v. 5.6.2019 zur Gründung
einer Agentur der Europäischen Union für die Zusammenarbeit der Energieregulierungsbehörden (Neufassung), ABl. EU 2019 L 158/22.

[86] Art. 6 Nr. 8 COM(2016) 863 final.

[87] Art. 14 COM(2016) 863 final.

[88] Wie sensibel das Thema ist, zeigt die scharfe Kritik des Bundestages an der im ursprünglichen Vorschlag der Kommission vorgesehenen Ausweitung ihrer Kompetenzen beim
Gebotszonenzuschnitt („nicht mit den Grundsätzen der Subsidiarität und der Verhältnismäßigkeit vereinbar"), BT-Drucks. 18/11777, S. 3.

[89] VO (EU) 2015/1222 der Kommission v. 24.7.2015 zur Festlegung einer Leitlinie für die
Kapazitätsvergabe und das Engpassmanagement, ABl. EU 2015 L 197/24.

nahmen der Überprüfung werden von den Übertragungsnetzbetreibern entwickelt und von den relevanten nationalen Regulierungsbehörden genehmigt.[90] Sodann führen die Übertragungsnetzbetreiber die Prüfung durch und empfehlen die Änderung oder Beibehaltung der Gebotszonen.[91] Auf Grundlage dieses Vorschlags müssen die relevanten Mitgliedstaaten oder (wenn die Mitgliedstaaten dies bestimmt haben) die nationalen Regulierungsbehörden sich auf die Beibehaltung oder Änderung des Gebotszonenzuschnitts einigen.[92] Die Gestaltung der Gebotszonen liegt also in der Hand nationaler Akteure.

Art. 14 Abs. 3 der Neufassung der Elektrizitätsbinnenmarktverordnung sieht eine Überprüfung des bestehenden Gebotszonenzuschnitts vor und erklärt dabei das in Art. 32 ff. der CACM-Verordnung geregelte Verfahren mit einigen Abweichungen für anwendbar. Demnach genehmigt ACER anstelle der zuständigen nationalen Regulierungsbehörden die Methode und die Annahmen der Überprüfung, dies jedoch nur, wenn diese sich nicht innerhalb einer Frist von drei Monaten darauf einigen können.[93] Die Entscheidung über den Gebotszonenzuschnitt treffen auch weiterhin die Mitgliedstaaten. Neu ist, dass die Kommission entscheidet, wenn diese sich nicht einigen können.[94] Damit ist es einzelnen Mitgliedstaaten nicht mehr ohne Weiteres möglich, die Anpassung des Gebotszonenzuschnitts zu blockieren. Jeder Mitgliedstaat kann jedoch eine Änderung des Gebotszonenzuschnitts auf seinem Hoheitsgebiet abwenden, indem er zur Beseitigung der festgestellten Netzengpässe einen Aktionsplan erstellt und umsetzt.[95]

Der ursprüngliche Kommissionsvorschlag sah vor, dass ACER und die Kommission originär über die Methoden und Annahmen der Überprüfung bzw. die Änderung des Gebotszonenzuschnitts – ohne Abwendungsmöglichkeit durch einen Aktionsplan – entscheiden.[96]

## 7. Änderung der Mehrheitserfordernisse bei ACER

Entgegen dem ursprünglichen Vorschlag der Kommission werden Entscheidungen im Verwaltungs- und Regulierungsrat von ACER auch in Zukunft

---

[90] Art. 32 Nr. 4 a) der VO (EU) 2015/1222 der Kommission v. 24.7.2015 zur Festlegung einer Leitlinie für die Kapazitätsvergabe und das Engpassmanagement, ABl. EU 2015 L 197/24.

[91] Art. 32 Nr. 4 b) der VO (EU) 2015/1222 der Kommission v. 24.7.2015 zur Festlegung einer Leitlinie für die Kapazitätsvergabe und das Engpassmanagement, ABl. EU 2015 L 197/24.

[92] Art. 32 Nr. 4 c) der VO (EU) 2015/1222 der Kommission v. 24.7.2015 zur Festlegung einer Leitlinie für die Kapazitätsvergabe und das Engpassmanagement, ABl. EU 2015 L 197/24.

[93] Art. 14 Abs. 5 der VO (EU) 2019/943 des EP und des Rates v. 5.6.2019 über den Elektrizitätsbinnenmarkt (Neufassung), ABl. EU 2019 L 158/54.

[94] Art. 14 Abs. 8 der VO (EU) 2019/943 des EP und des Rates v. 5.6.2019 über den Elektrizitätsbinnenmarkt (Neufassung), ABl. EU 2019 L 158/54.

[95] Art. 14 Abs. 7 und Art. 15 der VO (EU) 2019/943 des EP und des Rates v. 5.6.2019 über den Elektrizitätsbinnenmarkt (Neufassung), ABl. EU 2019 L 158/54.

[96] Art. 13 Abs. 3 und 4 COM(2016) 861 final/2.

grundsätzlich mit Zwei-Drittel-Mehrheit getroffen.[97] Der ursprüngliche Kommissionsvorschlag hatte hier eine einfache Mehrheit vorgesehen.[98] Im Verwaltungsrat entscheiden jeweils zwei Vertreter der Kommission und des Europäischen Parlaments und fünf Vertreter des Rates der Europäischen Union über die Besetzung interner Gremien und die allgemeine Ausrichtung von ACER. Im Regulierungsrat entscheiden Vertreter aller Mitgliedstaaten über die Sachentscheidungen, die ACER zu treffen hat. Bei einer Beschlussfassung mit einfacher Mehrheit wäre der Einfluss einzelner Mitgliedstaaten in diesen Gremien gesunken.

## IV. Fazit

Mit dem vierten Binnenmarktpaket wird die europäische Regulierungsverwaltung evolutionär weiterentwickelt. Entgegen den ursprünglichen Plänen der Kommission und der Befürchtung einiger Mitgliedstaaten bleibt es jedoch bei einer weitgehend beratenden, koordinierenden und analysierenden Rolle der europäischen Institutionen. Die Entscheidungsbefugnisse verbleiben weitgehend auf nationaler Ebene. Nur in bestimmten Spezialfällen sind subsidiäre Entscheidungen auf europäischer Ebene vorgesehen.

---

[97] Art. 18 Abs. 5, Art. 22 Abs. 1 der VO (EU) 2019/942 des EP und des Rates v. 5.6.2019 zur Gründung einer Agentur der Europäischen Union für die Zusammenarbeit der Energieregulierungsbehörden (Neufassung), ABl. EU 2019 L 158/22.
[98] Art. 19 Abs. 5 und 23 Abs. 1 COM(2016) 863 final.

# Die Neuordnung des grenzüberschreitenden Stromhandels

*Nils Teipel/Frank-Peter Hansen*

## I. Einleitung

Der Ausbau eines einheitlichen Binnenmarkts für Waren und Dienstleistungen ist seit jeher ein zentrales Anliegen der Europäischen Union. Dies umfasst auch den Energiemarkt. Bereits seit 1996 arbeiten EU-Institutionen daher aktiv an der Verwirklichung eines einheitlichen europäischen Binnenmarktes für Strom und Gas. Der europaweite Strommarkt soll diskriminierungsfrei sein, Kundenorientierung fördern und mehr Flexibilität bieten als bisherige nationale Märkte. Die hieraus hervorgehende Förderung von grenzüberschreitendem Handel stellt auf drei Kernziele ab: Die Stromversorgung in der EU sicherer, preisgünstiger und nachhaltiger zu gestalten. Um diese Ziele zu erreichen, wurden rechtliche und regulatorische Schritte wie etwa die Entflechtung von Netz und Vertrieb, die Liberalisierung der Märkte und die Schaffung von nationalen und europäischen Regulierungsbehörden unternommen.[1] Doch trotz der Fortschritte in Marktliberalisierung und europäischer Zusammenarbeit ist ein gut funktionierender EU Strommarkt auch nach über 20 Jahren Entwicklungszeit noch keine Realität. Einer der immer wieder genannten Gründe hierfür ist die ungenügende Bereitstellung von Handelskapazitäten.[2] In ihrem umfassenden Vorschlag zur Reform des europäischen Energierechts von Ende 2016 („Clean Energy for all Europeans"[3]), welcher 2019 unter anderem in eine neue Verordnung über den Elektrizitätsbinnenmarkt[4] mündete, adressiert die Europäische Kommission daher auch, wie zukünftig grenzüberschreitender Stromhandel funktionieren soll. Der vorliegende Text konzentriert sich auf die Frage, wie grenzüberschreitender Stromhandel auf bestehenden Interkonnektoren konkret abgewickelt wird. Es geht daher nicht um die Schaffung neuer Kapazitäten durch den Bau neuer Interkonnektoren.[5] Dieser Aspekt wird auch im Vorschlag der Kommission kaum erwähnt. Vielmehr soll diskutiert werden, welche Konsequenzen sich aus dem neuen Energierechtspaket ergeben könnten. Um die Auswirkungen der neuen Gesetzeslage, basierend auf den Vorschlägen der EU Kommission, einordnen zu können, muss zunächst auf einige Rahmenbedingungen eingegangen werden, die für den Stromhandel von Bedeutung sind. Hier zu nennen sind als Ausgangspunkt der Diskussion das derzeitige Marktdesign, der zu beobachtende Wandel der Erzeugerlandschaft, die sich hieraus ergebende aktuelle Lastsituation im Übertragungsnetz sowie die Rolle der Übertragungsnetzbetreiber in der Kapazitätsberechnung.

## II. Marktmodelle für grenzüberschreitenden Stromhandel

Die Wahl des Marktmodells und dessen konsequente Umsetzung durch das passende regulatorisch festgelegte Marktdesign stellt einen entscheidenden Faktor für die Bereitstellung von ausreichenden Übertragungskapazitäten für den grenzüberschreitenden Handel dar. Im Allgemeinen werden hier zwei verschiedene Ansätze zur Preisbildung diskutiert: das zonale und das nodale Marktmodell. Die beiden Ansätze berücksichtigen bei der Preisbildung in un-

---

[1] Vgl. *Ortlieb*, Europäischer Energiebinnenmarkt – Rückblick und Ausblick, EWeRK 3/2016, 2016, S. 198–209.

[2] Vgl. Mitteilung der Europäischen Kommission „Fortschritte auf dem Weg zur Vollendung des Energiebinnenmarktes", COM (2014) 634 final v. 13.10.2014, S. 7 ff.

[3] Mitteilung der Europäischen Kommission „Saubere Energie für alle Europäer", COM(2016) 860 final v. 30.11.2016, und die darin referenzierten Dokumente.

[4] Vgl. VO (EU) 2019/943 des EP und des Rates v. 5.6.2019 über den Elektrizitätsbinnenmarkt (Neufassung), ABl. EU 2019 L 158/54.

[5] Vgl. hierzu *Germelmann*, Energieunion und europäische Energienetze – auf dem Weg zu einem wirklichen Zusammenwachsen des Binnenmarktes?, in: Gundel/Lange (Hrsg.), Energieversorgung zwischen Energiewende und Energieunion, 2017, S. 27–54.

terschiedlicher Art und Weise die Faktoren Angebot, Nachfrage und verfügbare Netzkapazitäten. Das grundsätzliche Ziel beider Modelle ist jedoch identisch: Das Maximieren der Wohlfahrt.

## 1. Das zonale Marktmodell

Der aktuelle europäische Rechtsrahmen sieht für den europäischen Strombinnenmarkt ein zonales Marktmodell in Verbindung mit Day-ahead und Intraday Marktkopplung vor.[6] Bei diesem Modell wird der Gesamtmarkt in Gebotszonen unterteilt. Für jede der Gebotszonen wird, basierend auf Angebot und Nachfrage, ein einheitlicher Großhandelspreis für Strom ermittelt. Innerhalb einer Gebotszone kann Elektrizität ohne jegliche Beschränkung unbegrenzt gehandelt werden. Bei dieser Art der Preisermittlung spielen innerhalb einer Gebotszone weder der Standort der Stromerzeugung noch der Ort der Stromnutzung eine Rolle.

Der Zuschnitt der einzelnen Gebotszonen soll sich daher an den direkt umliegenden und konstant auftretenden strukturellen und dauerhaften Netzengpässen orientieren, welche die Grenzen einer Zone zu den benachbarten Zonen markieren. Diese strukturellen und dauerhaften Netzengpässe stellen somit die Außengrenzen der Gebotszonen dar, während innerhalb der Zonen keine dauerhaften Engpässe existieren sollen. Dies bedeutet, dass auch das Marktdesign keinerlei Handelseinschränkungen durch eventuell auftretende Netzengpässe innerhalb einer Gebotszone vorsieht. Dementsprechend wird jede Nachfrage an den Strombörsen ohne Beschränkungen dem entsprechenden Angebot in der gleichen Gebotszone zugeordnet.[7]

Tatsächlich sind die Gebotszonen in den meisten Fällen identisch mit den Staatsgrenzen zwischen verschiedenen Ländern. Dies dürfte auch überwiegend mit den vorliegenden Engpässen korrespondieren, weil die Höchstspannungsnetze innerhalb eines Staatsgebiets historisch bedingt besser vermascht sind als grenzüberschreitend. D. h. an den Staatsgrenzen existieren strukturelle und dauerhafte Engpässe, die Nachfrage nach Handelskapazität ist dauerhaft höher als das Angebot an Übertragungskapazität. In diesem Fall fließt der Strom nur in Ausnahmen ungehindert von der niedrigpreisigen zur hochpreisigen Gebotszone, so dass sich ein identischer Preis an allen Strombörsen des gesamten Marktes ergibt. Diese Ausnahmen sind beispielsweise Zeiten geringer Nachfrage, so dass die vorhandene grenzüberschreitende Handelskapazität ausreicht, den gesamten Bedarf zu decken.

---

[6] Art. 7–14 der VO (EU) 2019/943 des EP und des Rates v. 5.6.2019 über den Elektrizitätsbinnenmarkt (Neufassung), ABl. EU 2019 L 158/54.
[7] Vgl. *Grimm/Zöttl/Rückel/Sölch*, Regionale Preiskomponenten im Strommarkt, 2015, S. 11–18.

In aller Regel kommt es jedoch zu Netzengpässen an den Gebotszonengrenzen. D. h. der grenzüberschreitende Handel wird – im Gegensatz zum ge-
botszonen-internen Handel – durch die vorab berechneten maximalen Übertragungskapazitäten an den Grenzen beschränkt. Netzengpässe für den Markt
entstehen demnach, sobald die angefragten Handelsvolumina die Grenzkapazitäten, welche durch die Übertragungsnetzbetreiber berechnet wurden, über-
schreiten. In diesem Fall ergeben sich Preisunterschiede zwischen den Gebotszonen. Es entsteht ein Anreiz, in der Gebotszone mit relativ niedrigem Preis
Strom zu kaufen und ihn in der Zone oder den Zonen mit relativ hohen Preisen
zu verkaufen. Diese Preisdifferenzen geben Hinweise auf möglicherweise unzureichende Netzinfrastruktur, auf resultierende Wohlfahrtsverluste und somit
auf den erzielbaren Nutzen bei Behebung der Engpässe. Denn ein dauerhaft hoher Preisunterschied zwischen den Preiszonen behindert den grenzüberschreitenden Handel in einem Maße, der durch Ausbau der grenzüberschreitenden
Kapazität dann effizient behoben werden kann, wenn der Netzausbau geringere
Kosten verursacht als die Preisdifferenz. Die Preisdifferenz wird nach den geltenden europäischen Regeln von den Übertragungsnetzbetreibern als Erlös aus
dem Verkauf der knappen Engpasskapazitäten abgeschöpft. Die Netzbetreiber
wiederum sind verpflichtet, diese Erlöse vorrangig in den Netzausbau zu in-
vestieren.[8] Für ein gut funktionierendes zonales Modell ist ein Gebotszonenzuschnitt, der die strukturellen und dauerhaften Netzengpässe zutreffend abbildet, von größter Relevanz, um diese Netzengpässe effektiv bewirtschaften zu
können. Denn wenn dies nicht der Fall ist, erhalten Erzeugung und Verbrauch
von Elektrizität nicht die richtigen Anreize, sich am wirtschaftlich effizientes-
ten Standort im Netz anzusiedeln.

## 2. Das nodale Marktmodell

Im Gegensatz dazu wird der Markt im nodalen Marktmodell nicht in Zonen
unterteilt. Vielmehr definiert das nodale Modell jeden Netzknoten im Gesamt-
netz des Marktes als eigenständige Gebotszone. Hierdurch wird nicht länger
in grenzüberschreitenden Handel und den Handel innerhalb einer Gebotszone
unterteilt. Alle Handelsaktivitäten unterliegen den Limitierungen und Möglichkeiten als Resultat der physikalischen Netzkapazitätsberechnungen jedes
Knotens. Gebotszonengrenzen spielen keine Rolle mehr. Vielmehr bestimmen
die konkreten Standorte von Einspeisung und Erzeugung, ob es an einem
Netzknoten einen Engpass und damit Einspeise- oder Entnahmebeschränkun-
gen gibt.
    Für jeden Knotenpunkt wird also basierend auf Angebot, Nachfrage und der
vorliegenden lokalen Netzsituation ein eigener Marktpreis errechnet. Durch die

---

[8] Vgl. Art. 18–19 der VO (EU) 2019/943 des EP und des Rates v. 5.6.2019 über den Elektrizitätsbinnenmarkt (Neufassung), ABl. EU 2019 L 158/54.

Preisbildung auf Knotenebene und die nicht pauschal vorgenommene Angleichung des Marktpreises über eine größere Zone hinweg werden die individuellen Standorte der Erzeuger und Verbraucher bei der Bepreisung berücksichtigt. Somit ist das nodale Modell in der Lage auch Standortvor- und -nachteile von Erzeugern und Verbrauchern im Netz konkret durch höhere oder niedrigere Preise je nach Vorliegen von Netzengpässen abzubilden.[9] Die Preisdifferenzen zwischen den Knoten generieren so präzise und lokal begrenzte Informationen über die Existenz von Übertragungsengpässen und über den Wohlfahrtsnutzen bei Beseitigung dieser Engpässe. Die Preisdifferenzen erzeugen wiederum, wie im zonalen Modell, Engpasseinnahmen für Übertragungsnetzbetreiber, mit denen die Beseitigung der Engpässe durch den Bau von Infrastruktur finanziert werden kann. Im Gegensatz zum zonalen System werden jedoch nun alle Netzengpässe zwischen allen Knotenpunkten erfasst und nicht nur Engpässe an den Außengrenzen der vordefinierten Gebotszonen. Es findet also keine zonale Verschleierung der exakten Standortkosten und Netzengpässe statt. Sofern keine Engpässe zwischen den Knoten vorliegen, bildet sich marktübergreifend wiederum ein einheitlicher Großhandelspreis für alle Marktteilnehmer.

Im Lichte dieser Vorteile des nodalen Modells stellt sich die Frage, warum dieses Modell nicht zumindest als Zielmodell im europäischen Rechtsrahmen abgebildet ist. Die starke Relevanz der lokalen Verteilung von Entnahme und Erzeugung im nodalen Modell gibt den entscheidenden Hinweis: Marktmacht und das nicht von der Hand zu weisende Risiko der missbräuchlichen Ausnutzung dieser Marktmacht stellen den zentralen Nachteil des nodalen Modells dar. Hat etwa ein überregional agierender Erzeuger wesentliche Kapazitäten an verschiedenen Knoten im Netz, kann er unter Umständen durch entsprechende Steuerung seiner Anlagen die sich ergebenden Großhandelspreise steuern, sodass dies die unternehmerischen Gewinne und nicht mehr die Wohlfahrt aller maximiert. Aufgrund der historisch bedingten monopolistischen Struktur nahezu aller Märkte in Europa sind auch alle Mitgliedstaaten der europäischen Union mit diesem Risiko konfrontiert.

### 3. Das Marktmodell des EU Strombinnenmarkts in der Praxis

Der europäische Rechtsrahmen hat sich bereits mit der ersten Binnenmarktrichtlinie am zonalen Modell orientiert.[10] Auch mit der Neufassung der Elektrizitätsbinnenmarktverordnung ist weiterhin ein zonales Marktmodell ohne marktliche Bewirtschaftung etwaiger zoneninterner Engpässe vorgesehen.

---

[9] Vgl. *Grimm/Zöttl/Rückel/Sölch*, Regionale Preiskomponenten im Strommarkt, 2015, S. 10.

[10] Vgl. VO (EG) Nr. 714/2009 des EP und des Rates v. 13.7.2009 über Netzzugangsbedingungen für den grenzüberschreitenden Stromhandel und zur Aufhebung der VO (EG) Nr. 1228/2003, ABl. EU 2009 L 211/15, Anhang 1, Ziffer 1.7.

Art. 14 Abs. 1 der Verordnung sieht auch vor, dass Gebotszonengrenzen langfristige, strukturelle Engpässe in den Übertragungsnetzen zugrunde liegen und
dass die Gebotszonen selbst keine Engpässe enthalten dürfen.[11] Somit folgt die
Gesetzgebung den theoretischen Vorstellungen des zonalen Modells. Abbildung 1 zeigt die aktuelle Gebotszonenstruktur.

*Abb. 1:* Gebotszonenzuschnitt EU Strombinnenmarkt[12].

Wie bereits erwähnt, bilden die Gebotszonen zumeist die jeweiligen Landes-
grenzen ab. Dieser Gebotszonenzuschnitt ist teilweise dem Umstand geschuldet, dass im Rahmen der Marktliberalisierung möglichst schnell national
umsetzbare Regelungen für internationalen Stromhandel gefunden werden
mussten. Ob womöglich strukturelle und dauerhafte Engpässe innerhalb der
Mitgliedstaaten vorlagen, spielte dabei zunächst keine Rolle.

## III. Das zonale Modell im energiepolitischen Wandel

Eine Reihe energiepolitischer Entwicklungen und Entscheidungen haben das
zonale Modell an seine Grenzen gebracht. Einige wesentliche Aspekte werden
in den nachfolgenden Abschnitten angesprochen. Zugleich haben die Marktak-

---

[11] VO (EU) 2019/943 des EP und des Rates v. 5.6.2019 über den Elektrizitätsbinnenmarkt
(Neufassung), ABl. EU 2019 L 158/54.
[12] S. Homepage TenneT, https://www.tennet.eu/de/strommarkt/strommarkt-in-deutsch
land/engpassmanagement/marktbasiertes-engpass-management/ (alle Online-Quellen in
diesem Beitrag wurden zuletzt abgerufen am 30.8.2019).

teure, insbesondere aber die Übertragungsnetzbetreiber Maßnahmen ergriffen, um diesen energiepolitischen Herausforderungen zu begegnen. Auch hierauf wird im Folgenden einzugehen sein. Der Fokus der Betrachtung liegt auf den Entwicklungen in Deutschland. Grund dafür ist, dass der in Deutschland besonders ausgeprägte Ausbau der Erzeugung von Elektrizität aus erneuerbaren Energien ganz besondere Herausforderungen nicht nur für das deutsche, sondern auch für das europäische Übertragungsnetz mit sich bringt.

## 1. Wandel in der europäischen Stromerzeugung

Als vielleicht wichtigste Entwicklung ist die Änderung der Erzeugungsland-schaft zu nennen. Wie bereits erwähnt, ist dieser Wandel in Deutschland besonders ausgeprägt. Abbildung 2 zeigt die Änderungen in den letzten 20 Jahren.

| Energieträger | 1997 | 2002 | 2007 | 2012 | 2017 |
|---|---|---|---|---|---|
| Steinkohlen | 143,1 | 134,6 | 142,0 | 116,4 | 94,2 |
| Braunkohlen | 141,7 | 158,0 | 155,1 | 160,7 | 148,0 |
| Mineralöl | 7,4 | 8,7 | 10,0 | 7,6 | 5,7 |
| Erdgas | 48,1 | 56,3 | 78,1 | 76,4 | 86,0 |
| Kernenergie | 170,3 | 164,8 | 140,5 | 99,5 | 75,9 |
| Windkraft | 3,0 | 15,8 | 39,7 | 50,7 | 105,5 |
| Wasserkraft | 23,5 | 28,4 | 28,1 | 27,9 | 27,8 |
| Biomasse | 0,9 | 4,5 | 19,8 | 38,2 | 45,5 |
| Photovoltaik | 0,0 | 0,2 | 3,1 | 26,4 | 39,8 |
| Sonstige | 12,9 | 13,4 | 19,6 | 19,9 | 19,8 |
| Insgesamt | 551,0 | 584,7 | 636,0 | 623,7 | 648,2 |
| Anteil Fossil | 93 % | 89 % | 83 % | 74 % | 63 % |
| Anteil EE | 5 % | 8 % | 14 % | 23 % | 34 % |

*Abb. 2:* Bruttostromerzeugung DE nach Energieträgern – in TWh[13].

Bemerkenswert ist der rasante Anstieg des Anteils an erneuerbaren Energien (EE) gepaart mit dem Rückgang der Erzeugung aus Kernkraft. Zugleich steigt der politische Druck zur Reduzierung oder gar Abschaltung von Kohlekraft-werken. Vereinfacht formuliert geht die Erzeugung aus konventionellen Energiequellen zurück, diejenige aus erneuerbaren Energien steigt. Diese Entwicklungen sind nicht nur in Deutschland zu beobachten. Jedoch ist Deutschland ein großes Land im Herzen Europas mit hoher Bedeutung für die europaweite Verteilung und Durchleitung von Strom. Somit ist die Situation nicht vergleich-bar mit kleineren Ländern wie Dänemark oder großen Ländern in Randlage

---

[13] In Anlehnung an BMWi Homepage Energiedaten, https://www.bmwi.de/Redaktion/DE/Binaer/Energiedaten/Energietraeger/energiedaten-energietraeger-08-xls.xls?__blob=publicationFile&v=17.

wie Spanien, die beide ebenfalls stark entwickelte Märkte für erneuerbare Energie haben.

Folge ist ein sehr viel volatilerer Markt als im bisherigen System. Denn der Strompreis ist nun zu einem erheblichen Teil wetterabhängig. Scheint die Sonne und/oder weht der Wind, ist die Erzeugung hoch und der Strompreis in Deutschland relativ niedrig. Bei niedriger Nachfrage, wie beispielsweise an Feiertagen, führt dies sogar zu negativen Strompreisen.[14] Ist es dunkel und/oder der Wind weht nicht, steigt der Strompreis – auch das in Abhängigkeit von der Nachfrage.

Die deutsche Energiepolitik ist in ihren wesentlichen Zügen eine nationale Energiepolitik und nicht mit den Nachbarländern abgestimmt. Ausbau und Förderrichtlinien für erneuerbare Energien sind nicht unter den Mitgliedstaaten der Europäischen Union harmonisiert. Folge sind u. a. teilweise erhebliche Preisunterschiede zwischen den Gebotszonen, d. h. wie oben aufgezeigt in der Regel zwischen den europäischen Mitgliedstaaten, weil die grenzüberschreitenden Transportkapazitäten nicht mit dem gestiegenen Bedarf angewachsen sind.

Durch die rasche Abschaltung von nah an Lastzentren gebauten konventionellen Kraftwerken muss der benötigte Strom außerdem zunehmend über weite Strecken zum Verbraucher transportiert werden. Bezogen auf Deutschland kann vereinfachend formuliert werden, dass die Erzeugung durch Windenergie an Land und in Nord- und Ostsee im Norden der Republik erfolgt, die großen Verbrauchszentren jedoch im Westen und Süden des Landes zu finden sind.[15] Folge ist erhöhter Bedarf an Netzausbau, wie er in Deutschland aus dem Netzentwicklungsplan nach §§ 12a, 12b EnWG abzulesen ist.[16] Während also die Anpassung des Netzes an den Umbau der Erzeugungslandschaft anerkannt ist, kann deren Geschwindigkeit nicht mit dem Ausbau der erneuerbaren Energien mithalten. Insbesondere die transparenten, aber auch langwierigen Genehmigungsverfahren führen zu Verzögerungen im Netzausbau.[17] Die Folge sind dann Engpässe nicht nur an den Außengrenzen, sondern auch im Inneren der (deutschen) Gebotszone.

---

[14] Vgl. illustrierend die Darstellung der EPEX Spot, https://www.epexspot.com/de/Unternehmen/grundlagen_des_stromhandels/negative_preise.

[15] Vgl. Netzentwicklungsplan 2030 (Version 2017), S. 66 ff., abrufbar unter https://www.netzentwicklungsplan.de/de/netzentwicklungsplaene/netzentwicklungsplaene-2030-2017.

[16] A. a. O. S. 161 f.

[17] Zum aktuellen Stand des Ausbaus vgl. BNetzA, Monitoringbericht 2017, S. 89 ff., abrufbar unter https://www.bundesnetzagentur.de/SharedDocs/Downloads/DE/Allgemeines/Bundesnetzagentur/Publikationen/Berichte/2017/Monitoringbericht_2017.pdf?__blob=publicationFile&v=3.

## 2. Kooperation der Übertragungsnetzbetreiber

Die Übertragungsnetzbetreiber – und auch der Gesetzgeber – haben hierauf reagiert. Die gemeinsame Ermittlung des notwendigen Netzausbaus sowie die mit Nachdruck betriebene Umsetzung der vorgesehenen Netzausbaumaßnahmen wurden bereits erwähnt. Aber auch mit vielen anderen Maßnahmen sind die Übertragungsnetzbetreiber maßgeblich daran beteiligt, auf die Änderungen der Erzeugungslandschaft zu reagieren und den grenzüberschreitenden Stromhandel zu verbessern. Hervorzuheben sind hier der Übergang zu impliziten Auktionen bei der Vergabe der grenzüberschreitenden Handelskapazität (Abschnitt III.2.a)) und die Intensivierung der Kooperation bei Aspekten, die besonders relevant sind für die Versorgungssicherheit (Abschnitt III.2.b)).

### a) Market Coupling

Mit der Einführung marktlicher Verfahren zur Vergabe der grenzüberschreitenden Handelskapazitäten wurde ein zweistufiges System etabliert. Im ersten Schritt versteigerten die auf beiden Seiten der jeweiligen Grenze betroffenen Übertragungsnetzbetreiber die vorhandenen Langzeitkapazitäten in expliziten Auktionen. Die Ermittlung der Kapazität erfolgte dabei überwiegend unter alleiniger Berücksichtigung einer spezifischen Grenze. Vorgegeben bei dieser Berechnung waren die erwarteten Handelsaktivitäten innerhalb der betroffenen Gebotszonen. Auch Erwartungen über den Handel an umliegenden Grenzen gingen in diese Berechnung ein. Händler konnten dabei in beide Richtungen Kapazitäten ersteigern. Sofern sie einen Zuschlag erhalten hatten, konnten sie dann im zweiten Schritt im Rahmen der ihnen zur Verfügung stehenden Kapazität Elektrizität handeln.

Dieses System expliziter Auktionen hat zwei wesentliche Nachteile. Der Handel an umliegenden Grenzen geht als exogene Annahme in die Analyse für eine bestimmte Grenze ein. Und Händler müssen eigene Prognosen über das Preisgefälle erstellen. Denn nur wenn sie Kapazitäten auch in der Richtung des sich tatsächlich einstellenden Preisgefälles ersteigern, können sie tatsächlich effektiv grenzüberschreitend handeln. Es besteht also das durchaus realistische Risiko, dass Händler bei den Übertragungsnetzbetreibern Kapazitäten ersteigert haben, die dann aber wegen des sich anders einstellenden Preisgefälles gar nicht nutzbar sind und somit für die allgemeine Wohlfahrt kontraproduktive Stromflüsse entstehen.

Beide Probleme haben die Übertragungsnetzbetreiber adressiert. In den modernen Verfahren des Day Ahead Market Coupling werden alle Grenzen in einer bestimmten Region gemeinsam betrachtet. Außerdem erfolgt die Bestimmung verfügbarer Kapazität und der eigentliche Handel von Elektrizität in einem Schritt. Handel in die „falsche" Richtung ist dann ausgeschlossen. Konkret bestimmen die Übertragungsnetzbetreiber die an den Gebotszonengrenzen einer Region verfügbaren Kapazitäten. Diese Information wird in einer zentralen Einheit mit den Spotmarktpreisen in den verschiedenen Gebotszonen verglichen, die von den jeweiligen Strombörsen in den Gebotszonen zur Verfügung gestellt werden. Unter Berücksichtigung der Wechselwirkungen, die Handel an der einen auf die anderen Grenzen in der jeweiligen Grenze hat, wird somit ermittelt, welche Handelsvolumina an welcher Grenze wohlfahrtsmaximierend sind. Diese Volumina werden dann von den betroffenen Stromhandelsbörsen in die jeweiligen Orderbücher eingestellt. Dieses komplexe Berechnungssystem optimiert mithin die Nutzung der vorhandenen Kapazitäten. Nicht adressiert wird der Aspekt, dass vor Ermittlung der grenzüberschreitenden Kapazitäten der Handel innerhalb einer Gebotszone Berücksichtigung findet. Energietransport innerhalb einer Gebotszone wird mithin vorrangig berücksichtigt.

Dieses System ist in den letzten 10 Jahren schrittweise in Europa eingeführt worden.[18] Die nachstehende Abbildung 3 zeigt die wesentlichen Schritte auf dem Weg zu einer nahezu europaweiten Einführung effizienter Vergabeverfahren für grenzüberschreitende Handelskapazitäten:

| *Jahr* | *Name* | *Beteiligte Länder* |
|---|---|---|
| 2007 | Trilateral Coupling | Frankreich, Belgien, Niederlande |
| 2008–2010 | CWE & Nordic Market Coupling | Frankreich, Belgien, Niederlande, Deutschland, Luxemburg, Norwegen, Dänemark, Schweden, Finnland |
| 2014 | NWE Market Coupling | Frankreich, Belgien, Niederlande, Deutschland, Luxemburg, Norwegen, Dänemark, Schweden, Finnland, Spanien, Vereinigtes Königreich |
| 2015 | MRC Market Coupling | Frankreich, Belgien, Niederlande, Deutschland, Österreich, Luxemburg, Norwegen, Dänemark, Schweden, Finnland, Spanien, Vereinigtes Königreich, Italien |

*Abb. 3:* Day Ahead Market Coupling in der historischen Entwicklung[19].

### b) Regionale Kooperation der Übertragungsnetzbetreiber

Um den neuen Herausforderungen gerecht werden zu können und die genannten komplexen Berechnungen vorzunehmen, müssen die Übertragungsnetzbetreiber deutlich intensiver als in der Vergangenheit zusammenarbeiten. Die

---

[18] Vgl. dazu *Pritzsche/Reimers*, Grenzüberschreitendes Engpassmanagement, in: Baur/Salje/Schmidt-Preuß (Hrsg.), Regulierung in der Energiewirtschaft, 2016, S. 267 (288).

[19] Eigene Darstellung, in Anlehnung an Homepage TenneT: „Market Coupling Timeline – TenneT", https://www.tennet.eu/our-key-tasks/market-facilitation/market-coupling-timeline/.

Berechnung der regional verfügbaren Handelskapazitäten bedarf einer einheitlichen Herangehensweise. Auch muss abgestimmt werden, mit welchen Maßnahmen kurzfristig auftretenden Engpässen z. B. durch plötzlich ausfallende
Erzeugungskapazitäten begegnet wird. Denn nicht in jedem Fall sind nationale
Maßnahmen die effizienteste Lösung. Grenzüberschreitende Abstimmung ist
also erforderlich.

Zu diesem Zweck haben die Übertragungsnetzbetreiber sog. Regional Security Coordinators (RSC) in den einzelnen Regionen gegründet. In diesen
Zentren arbeiten die europäischen Übertragungsnetzbetreiber in Fragen der
Netzsicherheit, Transparenz und Kapazitätsberechnung für den Markt eng zusammen. Die RSCs wurden seit 2008 von den Übertragungsnetzbetreibern zunächst auf freiwilliger Basis geschaffen.

Heute bestehen sechs RSCs aus regional verbundenen Übertragungsnetzbetreibern (siehe Abbildung 4). Sie fungieren als Plattform zur täglichen Kapazitätsberechnung und zur Koordinierung von netzstabilisierenden Maßnahmen,
wie etwa dem grenzüberschreitenden Redispatch. Durch die beschriebenen
Schwierigkeiten, das Marktergebnis auf dem bestehenden Übertragungsnetz
abzubilden, fällt den RSCs eine immer wichtigere Rolle hinsichtlich grenzüberschreitender Versorgungssicherheit und Wohlfahrtsoptimierung zu.[20]

| RSC | Gründung | Umfassende Länder |
|---|---|---|
| CORESO | 2008 | Frankreich, Belgien, Spanien, Portugal, Vereinigtes Königreich, Irland, Italien |
| TSCNET | 2008 | Deutschland, Niederlande, Schweiz, Österreich, Polen, Tschechien, Slowenien, Kroatien, Ungarn |
| SCC | 2015 | Bosnien und Herzegowina, Serbien |
| Nordic RSC | 2016 | Norwegen, Schweden, Finnland, Dänemark |
| Baltic RSC | 2016 | Litauen, Lettland, Estland |
| SEE-Thessaloniki | 2016 | Griechenland, Bulgarien, Mazedonien, Albanien |

*Abb. 4:* Regional Security Coordinators[21].

Derzeit kommen die RSC fünf konkreten Aufgaben nach, von besonderer Relevanz im hier betrachteten Rahmen ist dabei die koordinierte Kapazitätsberechnung.[22] Weitere Aufgaben für die RSC sind nunmehr in Art. 37 der Strom-

---

[20] Vgl. ENTSO-E, Regional Security Coordinators Summary Factsheet, 2017, abrufbar
unter https://docstore.entsoe.eu/Documents/SOC%20documents/rscis_short_final.pdf.
[21] *Meeus/Schnittekatte*, The EU Electricity Network Codes, 2017, S. 8, abrufbar unter
http://florenceonlineschool.eui.eu/wp-content/uploads/2016/09/FSR-NC-course-text.pdf.
[22] Konkret handelt es sich um folgende Aufgaben: 1. koordinierte Kapazitätsberechnung,
2. Sicherheitsanalysen, 3. Koordinierung von Wartungsplänen, 4. Kurz- bis mittelfristige Sys-
temangemessenheitsanalysen, 5. Implementierung des Common Grid Modells. Vgl.: https://
www.tscnet.eu/tscnet-services/.

binnenmarkt Verordnung vorgesehen.[23] Dies unterstreicht die Bedeutung der täglichen Kooperation zwischen den Übertragungsnetzbetreibern, um maximale Handelskapazitäten zu schaffen, ohne die Versorgungssicherheit zu gefährden.

### c) Das Zusammenspiel freiwilliger Schritte und rechtlicher Vorgaben

Die beiden beschriebenen Entwicklungen waren zunächst freiwillige Schritte der Übertragungsnetzbetreiber, die jedoch bereits von Anfang an eng politisch begleitet wurden.[24] Dass dieses System heute in der ganzen Europäischen Union Anwendung findet, geht letztlich auf rechtliche Vorgaben zurück. Damit haben gute Ideen der Übertragungsnetzbetreiber auch den Eingang in das europäische Energierecht gefunden.

Das Market Coupling ist heute in der Verordnung für die Kapazitätsvergabe und das Engpassmanagement verankert.[25] Seit 2017 schreibt die Verordnung zum Übertragungsnetzbetrieb eine Zugehörigkeit eines jeden Übertragungsnetzbetreibers in der Europäischen Union zu einem RSC vor.[26] Die rechtlichen Rahmenbedingungen gehen so weit, auch die Entwicklung einheitlicher Kapazitätsberechnungsmethoden, welche unter Berücksichtigung der nötigen Netzsicherheitsaspekte die maximal möglichen Kapazitäten zur Verfügung stellen sollen, vorzugeben. Abbildung 5 zeigt die wesentlichen Elemente des aktuell geltenden Rechtsrahmens.

### 3. Nächste Schritte bereits absehbar

Vielen Marktteilnehmern gehen die beschriebenen Maßnahmen nicht weit genug. Denn die bisherige Kooperation hat trotz regulatorischer Genehmigung nicht verhindern können, dass die verfügbare Menge an grenzüberschreitenden Handelskapazitäten gering ist und an vielen Grenzen auch rückläufig.[27] Gefordert werden eine Anpassung der Gebotszonengrenzen in Europa (Abschnitt III.3.a)), aber auch Lösungen für einzelne Grenzen (Abschnitt III.3.b)).

---

[23] Vgl. VO (EU) 2019/943 des EP und des Rates v. 5.6.2019 über den Elektrizitätsbinnenmarkt (Neufassung), ABl. EU 2019 L 158/54.

[24] Als Beispiel kann hierfür das Pentalaterale Energieforum genannt werden, in dem Frankreich, Deutschland, die Niederlande, Belgien und Luxemburg unter Beteiligung von Österreich in einer Reihe energiepolitischer Themen auf freiwilliger Basis eng zusammenarbeiten. Hierzu siehe auch: https://www.bmwi.de/Redaktion/DE/Downloads/P-R/penta lateral-generation-adequacy-assessment-erklaerung-der-zustaendigen-ministerien.pdf?__ blob=publicationFile&v=1.

[25] Vgl. Art. 8 der VO (EU) 2015/1222 der Kommission v. 24.7.2015 zur Festlegung einer Leitlinie für die Kapazitätsvergabe und das Engpassmanagement, ABl. EU 2015 L 197/24.

[26] Vgl. Art. 77 der VO (EU) 2017/1485 der Kommission v. 2.8.2017 zur Festlegung einer Leitlinie für den Übertragungsnetzbetrieb, ABl. EU 2017 L 220/1.

[27] Vgl. ACER/CEER, Annual Report on the Results of Monitoring the Internal Electricity and Gas Markets in 2017, veröffentlicht im Oktober 2017, S. 24 ff.

*Grundlage: Artikel 194 – Vertrag über die Arbeitsweise der Europäischen Union (AEUV)*

| | |
|---|---|
| Neufassung Strombinnenmarkt VO (Nr. 714/2009) | Neufassung RL Elektrizitätsbinnenmarkt (2009/72/EG) |
| Neufassung ACER VO (Nr. 713/2009) | Neufassung RL zur Förderung der Nutzung von EE (2009/28/EG) |
| Neue Governance-System der Energieunion VO | Risikovorsorge im Elektrizitätssektor VO (ersetzt RL 2005/89/EG) |

*Markt fokussierte Network Codes:*

| | |
|---|---|
| Forward Capacity Allocation Network Code (EU) 2016/1719 | Capacity Calculation & Congestion Management Network Code (EU) 2015/1222 |
| Electricity Balancing Network Code (EU) 2017/2195 | |

*Abb. 5:* Kern des regulatorischen Rahmens für den EU Strombinnenmarkt; eigene Darstellung.

## a) Anpassung der Gebotszonen?

Im aktuellen Rechtsrahmen ist ein Prozess angelegt, nach dem die Übertragungsnetzbetreiber in regelmäßigen Abständen überprüfen, ob der jeweils aktuelle Zuschnitt der Gebotszonen in Europa noch effizient ist.[28] Dies wäre etwa dann der Fall, wenn die geltenden Gebotszonen nicht mehr dazu geeignet sind, dauerhafte und strukturelle Engpässe abzubilden. Wenn die bestehenden Engpässe also an anderen Stellen im europäischen Übertragungsnetz liegen, ist eine Änderung durch Zusammenlegung (zu) kleiner oder Trennung (zu) großer Gebotszonen aus Effizienzgründen womöglich angezeigt.

Damit verbundene Effizienzsteigerungen gehen auf zwei mögliche Effekte zurück. Sofern es zwischen zwei Gebotszonen keine dauerhaften und strukturellen Engpässe gibt, ist die organisierte Vergabe von Kapazitäten nicht erforderlich. Unbeschränkter Handel zwischen den Gebotszonen ist möglich und muss nicht durch ein institutionalisiertes Engpassmanagement (also das oben beschriebene Verfahren beim Market Coupling) verkomplizert werden.

Sofern es innerhalb einer Gebotszone dauerhafte und strukturelle Engpässe gibt, ist die Einführung von Engpassmanagement sinnvoll. Denn die Lastflüsse zwischen den verschiedenen Bereichen eines Netzes werden so kontrollierbar. In Schweden und Norwegen ist man diesen Schritt bereits gegangen und hat das jeweilige Staatsgebiet in mehrere Gebotszonen aufgeteilt. Anders als z. B. in

---

[28] Vgl. Art. 14 der VO (EU) 2019/943 des EP und des Rates v. 5.6.2019 über den Elektrizitätsbinnenmarkt (Neufassung), ABl. EU 2019 L 158/54.

Deutschland müssen Energiehändler dort in Kauf nehmen, nicht unbeschränkt innerhalb des Staatsgebiets handeln zu können. Die innerstaatlichen Grenzen zwischen den Gebotszonen werden ebenso wie die grenzüberschreitenden Zonen im Rahmen des Market Coupling behandelt, d. h. die Verfügbarkeit auch von innerstaatlichen Handelskapazitäten ist ganz maßgeblich vom jeweiligen Preisgefälle, d. h. von Wohlfahrtsüberlegungen, geprägt.

Gegenüber Deutschland wird an verschiedenen Stellen vorgebracht, dass eine Auftrennung der bisher einheitlichen deutschen Gebotszone in zwei oder mehrere die europäische Wohlfahrt steigern würde.[29] Das Problem entsteht durch die zentral gelegene große deutsche Preiszone. Der (unbeschränkte) innerdeutsche Handel führt zu ausgeprägten Lastflüssen von Nord nach Süd, d. h. aus den windreichen Gebieten Norddeutschlands in die an (industriellen) Verbrauchern reichen Gegenden in Süddeutschland. Wie bereits diskutiert, ist das Problem in Deutschland erkannt und erheblicher Netzausbau in Transportrichtung Nord-Süd ist in Planung.[30] Derzeit ist das deutsche Übertragungsnetz jedoch mit den auftretenden Lastflüssen in vielen Fällen überfordert. Die physikalischen Gesetze führen dazu, dass sich die Energie ihren Weg um die Engpässe herum sucht, um zu den Verbrauchsstellen zu gelangen. Dies führt zu außerplanmäßigen Ringflüssen durch die Netze der deutschen Nachbarländer. In diesen Netzen stehen dann geringere Transportkapazitäten zur Verfügung. Das bedeutet auch, dass an den grenzüberschreitenden Kuppelleitungen die Kapazitäten reduziert werden müssen, um dieser Ringflüsse Herr zu werden.

Die europäischen Übertragungsnetzbetreiber haben daher eine groß angelegte Studie durchgeführt, um zu analysieren, ob eine Änderung der Gebotszonen in Europa angezeigt ist oder nicht. Im Ergebnis zeigen die Analysen der Übertragungsnetzbetreiber jedoch, dass derzeit keine Änderung der Gebotszonen vorgeschlagen werden kann.[31] Das beschriebene Problem der Ringflüsse um Deutschland herum hat offenbar noch nicht solche Ausmaße angenommen, dass eine Anpassung der Gebotszonen in Zentraleuropa unausweichlich ist.

*b) Die deutsch-dänische Grenze*

Ein besonderer Fall ist die deutsch-dänische Grenze. Hier hat die Europäische Kommission im März 2018 ein Verfahren nach Art. 102 AEUV wegen Miss-

---

[29] Vgl. CREG: Functioning and design of the Central West European day-ahead flow based market coupling for electricity: Impact of TSOs Discretionary Actions, 2017, S. 7 f.

[30] Vgl. Netzentwicklungsplan Strom 2030, 2017, S. 106 ff., https://www.netzentwicklungs plan.de/sites/default/files/paragraphs-files/NEP_2030_1_Entwurf_Teil1_0.pdf.

[31] Vgl. ENTSO-E, First edition of the bidding zone review, S. 11, https://consultations. entsoe.eu/markets/first-edition-bidding-zone-review/supporting_documents/Final%20 report%20for%20public%20consultation_090218.pdf.

brauchs einer marktbeherrschenden Stellung eingeleitet.[32] Dem deutschen Übertragungsnetzbetreiber TenneT TSO GmbH wird vorgeworfen, in missbräuchlicher Art und Weise die Kapazität an der deutsch-dänischen Grenze zu reduzieren. Diese Kapazitätsreduzierung könne zu einer Diskriminierung dänischer Erzeuger führen, die im Gegensatz zu deutschen Erzeugern nicht einspeisen könnten, weil ein Export nach Deutschland unmöglich ist. Somit seien die dänischen Erzeuger von weiten Teilen des restlichen europäischen Strombinnenmarktes abgeschnitten. Der vorläufigen Beurteilung der Kommission zufolge ist diese Verhaltensweise von TenneT geeignet, den freien Stromfluss im Binnenmarkt zu behindern.

Bemerkenswert ist in diesem Zusammenhang, dass der Übertragungsnetzbetreiber die grenzüberschreitenden Kapazitäten nach den bis dahin geltenden Regeln des Energierechts berechnete.[33] Gleichwohl hat die Europäische Kommission ein Verfahren eröffnet, weil die tatsächlich angebotenen Kapazitäten immer weiter zurückgegangen sind. In der Folge hat der betroffene Übertragungsnetzbetreiber eine Verpflichtungserklärung angeboten, mit der im Ergebnis eine Mindesthöhe für Handelskapazitäten angeboten wird. Konkret bot das Unternehmen eine Mindestkapazität an, die dem Handel in jedem Fall zur Verfügung stehen würde. Diese Verpflichtungserklärung hat die europäische Kommission – wie in diesen Verfahren vorgesehen – einem Markttest unterzogen und anschließend mit Abänderungen akzeptiert. Somit ist das Unternehmen nun verpflichtet, diese Kapazitäten täglich anzubieten.[34]

Um diesen Handel zu ermöglichen, der nach den regulatorischen Vorgaben und den physikalischen Machbarkeiten so nicht möglich gewesen wäre, muss das Unternehmen Gegenmaßnahmen ergreifen. Die beiden wesentlichen Möglichkeiten sind Countertrade und Redispatch.

Bei Countertrade führt der Netzbetreiber kurzfristige Handelsgeschäfte durch. Im Beispiel des Engpasses von Nord nach Süd müssen also Energiemengen nördlich des Engpasses vom Markt genommen werden, zum Erhalt der Energiebilanz werden entsprechend südlich des Engpasses Kapazitäten zugekauft. Nach dem gleichen Prinzip funktioniert Redispatch. Hierbei werden jedoch keine Handelsgeschäfte durchgeführt, sondern die Erzeugungseinheiten direkt vom Übertragungsnetzbetreiber angewiesen, die Produktion herauf- oder herunterzufahren, je nachdem, welche Maßnahme den Engpass entlastet. Beide Eingriffe stellen nachträgliche Korrekturen des marktlichen Ergebnisses

---

[32] Vgl. Pressemitteilung der Europäischen Kommission IP/18/2122 v. 19.3.2018.

[33] Relevant ist hier die VO (EG) Nr. 714/2009 des EP und des Rates v. 13.7.2009 über Netzzugangsbedingungen für den grenzüberschreitenden Stromhandel und zur Aufhebung der VO (EG) Nr. 1228/2003, ABl. EU 2009 L 211/15, Anhang 1, Ziffer 1.3, 1.4, 1.7.

[34] Vgl. EC DG Competition, Antritrust Procedure, Council Regulation (EC) 1/2003, Case AT.40461 – DE/DK Interconnector, abrufbar unter http://ec.europa.eu/competition/antitrust/cases/dec_docs/40461/40461_461_3.pdf.

dar und verursachen darüber hinaus auch Kosten, denn in beiden Fällen werden die betroffenen Erzeuger für ihre Leistungen bezahlt bzw. entschädigt.

## IV. Neuregelungen in der Kapazitätsberechnung

Die Europäische Union implementiert mit der neuen Verordnung über den Elektrizitätsbinnenmarkt, welche auf den Vorschlägen der EU Kommission vom Herbst 2016 beruht, umfassende Änderungen hinsichtlich der derzeitigen Kapazitätsberechnungsmethodik. Diese sollen dazu führen, die von den Übertragungsnetzbetreibern freigegebenen Kapazitäten für den grenzüberschreitenden Handel zu steigern.[35]

### 1. Änderungen aus Artikel 16 der Neufassung der Verordnung über den Elektrizitätsbinnenmarkt

Die vorgeschlagenen Änderungen orientieren sich stark an der ACER-Empfehlung: „Common capacity calculation and redispatching and countertrading cost sharing methodologies" vom 14. November 2016.[36] Diese drängte bereits darauf, weder interne Engpässe noch Ringflüsse bei der Berechnung der Kuppelkapazitäten als Faktoren zuzulassen und Redispatchmaßnahmen verbindlich zur Steigerung der Handelskapazitäten einzusetzen. ACER stützte diese Forderung auf die aus Behördensicht vorliegende Diskriminierung zwischen Gebotszonen-internem und grenzüberschreitendem Handel. In starker inhaltlicher Nähe zu dieser Empfehlung sieht Artikel 16 der Neufassung der Elektrizitätsbinnenmarktverordnung nun vor, dass:

- Übertragungsnetzbetreiber jederzeit eine Mindestkapazität von 70 % der Kapazität an allen Gebotszonengrenzen dem Markt zur Verfügung stellen müssen (Betriebssicherheitsgrenzwerte sind zu berücksichtigen);
- diese Kapazität darf hierbei weder beschränkt werden, um einen Engpass innerhalb der eigenen Gebotszone zu beheben, noch aufgrund von auftretenden Ringflüssen;
- wo dies technisch und physikalisch auf dem Netz nicht umsetzbar ist, sollen die Übertragungsnetzbetreiber mit Hilfe von Redispatch-Maßnahmen die nötigen Kapazitäten generieren;
- Ausnahmen sind nur bei akuten Netzsicherheitsbedenken möglich;

---

[35] Vgl. VO (EU) 2019/943 des EP und des Rates v. 5.6.2019 über den Elektrizitätsbinnenmarkt (Neufassung), ABl. EU 2019 L 158/54.

[36] Vgl. ACER, Recommendation of the Agency for cooperation of energy regulators on the common capacity calculation and redispatching and countertrading cost sharing methodologies v. 14.11.2016, abrufbar unter https://www.acer.europa.eu/Official_documents/ Acts_of_the_Agency/Recommendations/ACER%20Recommendation%2002-2016.pdf.

– die Bereitstellung der Mindestkapazität muss ab 31. Dezember 2025 erfolgen.[37]

Auch die letzte Stromhandelsverordnung (EG) Nr. 714/2009 gestattet Einschränkungen von Grenzkapazitäten nur aus Gründen der Betriebssicherheit, dennoch wurden Einschränkungen so lange geduldet, bis langfristige Lösungen gefunden wurden.[38] Dies ließ ausreichend Raum, den Problemen durch internen Netzausbau entgegenzutreten. Im Gegensatz hierzu erlauben die neuen Regelungen keinen realistischen zeitlichen Spielraum für die Umsetzung. Sie verweisen lediglich auf Aktionspläne, welche in maximal 4 Jahren umzusetzen sind, beziehungsweise auf den langwierigen und politisch sensiblen Prozess der Gebotszonenrekonfiguration. Das Ergebnis ist eine in sehr naher Zukunft weitgehende Öffnung der Gebotszonengrenzen für den Handel, ohne Berücksichtigung der zugrundeliegenden physikalischen Bedingungen der Netzinfrastruktur oder der Herausforderungen der Energiewende.

### 2. Zu erwartende Auswirkungen der Neuregelungen

Wie dargelegt, führt die Diskrepanz zwischen äußerst volatiler dezentraler Stromerzeugung, bestehender (unzureichender) Netzinfrastruktur und der Umsetzung des zonalen Marktmodells zu deutlichen Überlastungen des europäischen und insbesondere des deutschen Übertragungsnetzes. Hier treten bereits jetzt immer häufiger erhebliche Überlastungen zutage, wie auch der Monitoring-Bericht 2017 der Bundesnetzagentur anschaulich darstellt.[39]

Mit den Neuregelungen aus dem Clean Energy Package sind sehr deutliche negative Auswirkungen für Endkonsumenten und Systemführung zu befürchten. So kann davon ausgegangen werden, dass innerhalb der kurzen Zeit bis zur Einführung der neuen Regelungen die erforderlichen v. a. deutschen zoneninternen Netzausbaumaßnahmen noch nicht vollständig abgeschlossen sein werden. Es ist bei der Betrachtung also zunächst von der heutigen Netzinfrastruktur und weiterhin bestehenden internen Engpassproblematiken auszugehen. Wendet man nun die neue Regelung an, wird es unmittelbar zu einem Anstieg von verfügbaren Netzkapazitäten für den grenzüberschreitenden Handel kommen, zwangsläufig aber auch zu einer weiteren dramatischen Verschlechterung der Engpasssituation.

---

[37] Vgl. Art. 15 Abs. 2 der VO (EU) 2019/943 des EP und des Rates v. 5.6.2019 über den Elektrizitätsbinnenmarkt (Neufassung), ABl. EU 2019 L 158/54.

[38] Vgl. Anhang 1, Ziffer 1.7 der VO (EG) Nr. 714/2009 des EP und des Rates v. 13.7.2009 über Netzzugangsbedingungen für den grenzüberschreitenden Stromhandel und zur Aufhebung der VO (EG) Nr. 1228/2003, ABl. EU 2009 L 211/15.

[39] Vgl. BNetzA, Monitoring-Bericht 2017, S. 109, abrufbar unter https://www.bundesnetzagentur.de/SharedDocs/Downloads/DE/Allgemeines/Bundesnetzagentur/Publikationen/Berichte/2017/Monitoringbericht_2017.pdf?__blob=publicationFile&v=3.

Der Grund hierfür ist, dass Marktergebnisse in der neuen Regelung auf physikalisch nicht existierenden Kapazitäten beruhen. Ausgelöst wird dies dadurch, dass interne Engpässe und auftretende Ringflüsse bei der Berechnung von Marktkapazitäten unberücksichtigt bleiben, wenn die geforderten Mindestkapazitäten nicht erreicht werden. Somit werden Marktergebnisse auf Basis von „virtuellen" Netzkapazitäten errechnet, welche in der Realität des vermaschten europäischen Netzes nicht existieren. Dies wiederum wird einen starken Anstieg von Gegenmaßnahmen (ergo: Redispatch) nach sich ziehen, da dies die einzige Möglichkeit für Übertragungsnetzbetreiber ist, um Netzüberlastungen zu vermeiden und Versorgungssicherheit zu gewährleisten. Es müssen also alle engpassrelevanten Handelsergebnisse durch kostenintensiven Redispatch quasi rückgängig gemacht werden, um die Netzstabilität aufrecht zu erhalten.

Nun mag man argumentieren, dass dies der Preis ist, den man für nicht-diskriminierendes Verhalten der Übertragungsnetzbetreiber zahlen muss. Entsprechend argumentiert die Europäische Kommission im erwähnten Verfahren gegen einen deutschen Übertragungsnetzbetreiber. Zwei Dinge sprechen jedoch gegen dieses Argument: Erstens werden die Kosten für die korrigierenden Eingriffe des Übertragungsnetzbetreibers auf alle Netznutzer umgelegt.[40] Die Allgemeinheit trägt somit die Kosten für das Schaffen von Handelskapazitäten an Stellen, wo physikalisch keine sind. Letztlich bewirkt dies also eine wirtschaftliche Umverteilung zugunsten der an den Grenzen tätigen Händler und zulasten der Allgemeinheit. Zweitens kann in Anbetracht der bereits bestehenden Überlastungssituation für das Übertragungsnetz unter Umständen nicht sichergestellt werden, dass zu jedem Zeitpunkt hinreichend konventionelle Kraftwerke verfügbar sind, um den Bedarf an Redispatch zu decken. Konkrete Analysen hierzu sind bisher nicht öffentlich verfügbar. Aus den Analysen zum sogenannten Netzreservebedarf in Deutschland ist jedoch bereits bekannt, dass die deutschen Übertragungsnetzbetreiber in erheblichem Umfang ausländische Reservekapazitäten kontrahieren.[41] Kommt es daher aufgrund neuer europäischer Gesetzgebung zu einer deutlichen Ausweitung der Redispatch-Erfordernisse, ist nicht auszuschließen, dass nicht mehr ausreichend Kapazitäten zur Verfügung stehen. Dann wäre die Versorgungssicherheit stark gefährdet, da Abweichungen von der Bereitstellung der geforderten

---

[40] Vgl. Art. 75 Abs. 1 der VO (EU) 2015/1222 der Kommission v. 24.7.2015 zur Festlegung einer Leitlinie für die Kapazitätsvergabe und das Engpassmanagement, ABl. EU 2015 L 197/24.

[41] Vgl. BNetzA Bericht, Feststellung des Bedarfs an Netzreserve für den Winter 2018/2019 sowie das Jahr 2020/2021, Stand April 2018, S. 14, abrufbar unter https://www.bundesnetzagentur.de/SharedDocs/Downloads/DE/Sachgebiete/Energie/Unternehmen_Institutionen/Versorgungssicherheit/Berichte_Fallanalysen/Feststellung_Reservekraftwerksbedarf_2018.pdf?__blob=publicationFile&v=2.

Mindestkapazitäten für Übertragungsnetzbetreiber erst im letzten Moment möglich sind und zudem sehr erschwert werden.[42]

In den Neuregelungen sollen die Kosten für Redispatch auch weiterhin von den Netznutzern getragen werden. Mithin ist zweifelhaft, ob durch die pauschale Erhöhung der Handelskapazitäten tatsächlich Wohlfahrtsgewinne erzielt werden können. Denn der Verbesserung der Handelsaktivitäten stehen die höheren Kosten für Redispatch entgegen. Im schlimmsten Fall kann selbst ein Wohlfahrtsverlust durch steigende Netzentgelte nicht ausgeschlossen werden.

Schließlich, aber durchaus wesentlich, ist auch zu erwägen, welche Anreize zum Neubau von Interkonnektoren von den Neuregelungen zur Kapazitätsberechnung ausgehen. Da immer eine Mindestkapazität von 70 % an den Markt zu geben ist, verschärft jede neu gebaute gebotszonenüberschreitende Leitung die internen Engpässe und erhöht damit den Bedarf an Redispatch. Es ist sicherlich nicht die Absicht der Kommission, den Neubau von Interkonnektoren zu unterbinden, denn damit würde sie den an anderer Stelle stark geförderten Neubau von grenzüberschreitenden Leitungen[43] konterkarieren.

Ein Ausweg aus diesem Problem wäre allein die Verkleinerung von Gebotszonen, da hierdurch das Ausmaß an internen Engpässen reduziert wird und grenzüberschreitende Engpässe über marktliche Prozesse bewirtschaftet werden könnten, um einen weiteren ökonomisch effizienten Ausbau voranzutreiben. Allerdings führt auch bei kleinen Gebotszonen der Neubau von Leitungen in Nachbarzonen zu erhöhtem Redispatch – in der Folge also u. U. zu einer weiteren Verkleinerung der Gebotszonen. Am Ende steht das anfangs dargestellte Modell der nodalen Zonen. Man mag sich fragen, ob dies der tieferliegende Zweck der Neuregelungen des Clean Energy Package ist.

## V. Fazit

Es ist nicht zu bestreiten, dass real fehlende Grenzkuppelkapazitäten zwischen den europäischen Gebotszonen den Strombinnenmarkt in seiner Funktion einschränken. Dies behindert die Einbindung von Erneuerbaren Energien sowie die europaweite Wohlfahrtsoptimierung. Dieser Umstand ist der Tatsache geschuldet, dass der nötige Netzausbau in den letzten Jahren nicht mit dem rasanten Wandel in der Stromerzeugung Schritt halten konnte.

---

[42] Vgl. Art. 16 Abs. 2 der VO (EU) 2019/943 des EP und des Rates v. 5.6.2019 über den Elektrizitätsbinnenmarkt (Neufassung), ABl. EU 2019 L 158/54.

[43] Vgl. VO (EU) Nr. 347/2013 des EP und des Rates v. 17.4.2013 zu Leitlinien für die transeuropäische Energieinfrastruktur und zur Aufhebung der Entscheidung Nr. 1364/2006/EG und zur Änderung der Verordnungen (EG) Nr. 713/2009, (EG) Nr. 714/2009 und (EG) Nr. 715/2009, ABl. EU 2013 L 115/39.

Betrachtet man die vorliegenden Neuregelungen des Clean Energy Package zur Kapazitätsberechnung, stellt man jedoch fest, dass sie allein Symptome, nicht aber Ursachen der mangelnden Übertragungskapazitäten konkret adressieren. Es erscheint unrealistisch, dass die Schwächen in der bestehenden Netzinfrastruktur und des derzeitigen Marktdesigns durch eine Änderung in der Kapazitätsberechnungsmethodik behoben werden können. Sicher ist, dass die eigentlichen Probleme der Unverträglichkeiten zwischen derzeitigem Marktdesign, Wandel in der Stromerzeugung und bestehendem Stromnetz so nicht gelöst werden können. Vielmehr ist zu befürchten, dass die Neuregelungen zur Kapazitätsberechnung zur weiteren Verschärfung der Risiken bei der Netzsteuerung und der Versorgungssicherheit und am Ende zu Wohlfahrtsverlusten durch extreme Redispatchkosten führen. Weiterhin könnte die neue Gesetzeslage zur Abschwächung von Anreizen zum Bau weiterer Interkonnektoren führen. Dies wiederum kann bedeuten, dass auch über lange Sicht keine ausreichende Menge an Grenzkapazitäten für eine optimale europaweite Einbindung von Erneuerbaren Energien geschaffen wird. Die Idee des EU Strombinnenmarktes könnte hierdurch erheblichen Schaden nehmen.

Physikalisch fehlende Grenzkuppelkapazitäten werden also auch bei Umsetzung der Neuregelungen ein Problem für den europäischen Strombinnenmarkt bleiben. Es wird lediglich von einem Problem der Märkte zu einem technischen Problem für Übertragungsnetzbetreiber und zu einem finanziellen Problem für Netznutzer gemacht. Ob dies wohlfahrtsökonomisch optimal ist und zur Netzstabilität beiträgt, ist zumindest zweifelhaft.

# Solidarität der Mitgliedstaaten bei Versorgungskrisen im Energiebinnenmarkt

## Europäische Lösungsansätze für die Frage der Versorgungssicherheit[*]

### *Jörg Gundel*

## I. Einleitung: Energieversorgungssicherheit und Binnenmarkt

Die Versorgungssicherheit ist nicht von ungefähr stets ein zentrales Anliegen der nationalen wie europäischen Energiepolitik gewesen. Ein wesentlicher Aspekt in diesem Feld ist die anhaltend hohe Abhängigkeit der Union von Importen; nach den Eurostat-Zahlen für das Jahr 2016[1] liegt die Energieabhängig-

---

[*] Aktualisierte und mit Nachweisen versehene Fassung des am 23.3.2018 gehaltenen Vortrags; die Vortragsform wurde weitgehend beibehalten.

[1] S. https://ec.europa.eu/eurostat, Energy dependence by product, code sdg_07_50 (alle Online-Quellen in diesem Beitrag wurden zuletzt abgerufen am 30.8.2019).

keit für die EU-28 bei 53,6 %, für den Euroraum bei 61,9 %. Deutlich geworden
ist die damit einhergehende Gefährdung der Versorgung durch die mehrfachen
Versorgungskrisen der 2000er Jahre, die durch die zeitweise Unterbrechung der
Gasimporte aus Russland ausgelöst wurden[2] und die vor allem die osteuropäischen Mitgliedstaaten empfindlich getroffen haben.

Das Thema der Versorgungssicherheit verlagert sich dabei durch die Schaffung des Energiebinnenmarktes notwendig auch auf die Unionsebene: Durch die
Liberalisierung und die damit einhergehende stärkere Vernetzung der nationalen Energiemärkte bleiben auch Versorgungsengpässe nicht national begrenzt,
sondern können binnenmarktweite Konsequenzen haben; die Auswirkungen
einer auf den ersten Blick als peripher erscheinenden Einspeiseschwankung auf
dem Westbalkan sind im Frühjahr 2018 durch die Tagespresse gegangen.[3] Der
EU-Gesetzgeber hat diesen Belangen zunächst vor allem durch die Zulassung
von nationalen Sicherheitsvorbehalten bei der Liberalisierung der Energiemärkte Rechnung getragen, z. B. mit dem Vorbehalt des Einsatzes eines Anteils ein-
heimischer Energieträger in Art. 15 Abs. 4 der Strom-Richtlinie (RL 2009/72/
EG)[4]; im Anschluss ist die Gestaltung aber konsequent auf die EU-Ebene
übergegangen.

Zur Minderung der Verwundbarkeit können verschiedene Instrumente und
Strategien eingesetzt werden, die die Union nebeneinander verfolgt[5]: Dazu gehören die Bemühungen um eine Diversifizierung der Lieferquellen im Rahmen
der Energieaußenpolitik der Union[6], weiter der Ausbau der Infrastruktur inner-

---

[2] Dazu *Biava*, The Impact of the Russia-Ukraine Gas Disputes on the European Union
Gas Market: The Energy Solidarity Issue, in: Delvaux/Hunt/Talus (eds.), EU Energy Law
and Policy Issues, Vol. 2, 2010, S. 17 ff.; *Slot*, The Energy Crises, in: Blumann/Picod (éds.),
L'Union européenne et les crises, 2010, S. 87 ff.; näher Fn. 14 und 24; s. auch die Kommissionsmitteilung „Strategie für eine sichere europäische Energieversorgung", COM (2014) 330 final
v. 28.5.2014, und die Kommissionsmitteilung über die kurzfristige Krisenfestigkeit des europäischen Gassystems – Vorkehrungen für den Fall einer Unterbrechung der Gaslieferungen
aus dem Osten im Herbst und Winter 2014/2015, COM(2014) 654 final v. 16.10.2014.
[3] S. FAZ Nr. 56 v. 7.3.2018, S. 15: „In ganz Europa gehen die Uhren nach": Danach haben
minimale Spannungsschwankungen im Stromnetz, die auf die fehlende Koordination zwischen den Übertragungsnetzbetreibern Serbiens und des Kosovo zurückzuführen waren, die
Ungenauigkeit zahlreicher stromnetzgesteuerter Uhren im EU-Raum herbeigeführt.
[4] Art. 15 Abs. 4 der RL 2009/72/EG des EP und des Rates v. 13.7.2009 über gemeinsame
Vorschriften für den Elektrizitätsbinnenmarkt und zur Aufhebung der RL 2003/54/EG, ABl.
EU 2009 L 211/55, erlaubt einen solchen Vorbehalt bis zu 15 % des nationalen Elektrizitäts-
verbrauchs; zuvor ebenso Art. 11 Abs. 4 der RL 2003/54/EG des EP und des Rates v. 26.6.2003
über gemeinsame Vorschriften für den Elektrizitätsbinnenmarkt und zur Aufhebung der RL
96/92/EG, ABl. EU 2003 L 176/37; dazu EuG, 3.12.2014 Rs. T-57/11 (Castelnou Energía/
Kommission), Rn. 155; in der RL (EU) 2019/944 des EP und des Rates v. 5.6.2019 mit gemeinsamen Vorschriften für den Elektrizitätsbinnenmarkt und zur Änderung der RL 2012/27/EU,
ABl. EU 2019 L 158/125, findet sich die Regelung nicht mehr.
[5] S. die Kommissionsmitteilung „Strategie für eine sichere europäische Energieversorgung" (Fn. 2); dazu z. B. *Dyson/Konstadinides*, Enhancing Energy Security in the EU: Path-
ways to Reduce Europe's Dependence on Russian Gas Imports, 41 ELRev. (2016), 535 (543 ff.).
[6] Zu den verschiedenen Ansätzen, diese Abhängigkeit im Rahmen der europäischen Ener-

halb der EU und hinsichtlich der Verbindungen zu Drittstaaten[7], die Unterbindung von Marktspaltungen durch Anbieter unter Einsatz des EU-Wettbewerbsrechts[8], aber eben auch ein unionsweites Krisen- und Ressourcenmanagement im Fall akuter Versorgungskrisen[9]. Eine Konsequenz dieser Bemühungen ist die im Oktober 2017 erlassene neue Gassicherungsverordnung[10], die entscheidend über die Vorgängerfassung des Jahres 2010 hinausgeht; ein Gegenstück für den Stromsektor wurde im Sommer 2019 mit der Verordnung über die Risikovorsorge im Elektrizitätssektor geschaffen,[11] die die Kommission als Teil des „clean energy package"[12] vorgeschlagen hatte.

## II. Die primärrechtlichen Grundlagen

### 1. Versorgungssicherheit und Solidarität in Art. 194 AEUV

Zunächst ist der primärrechtliche Rahmen abzustecken: Eine explizite Verankerung im Primärrecht hat die europäische Energiepolitik bekanntlich erst mit

---

gieaußenpolitik zu verringern, s. *Gundel*, Möglichkeiten und Grenzen der Energie-Außenpolitik der EU, in: ders./Germelmann (Hrsg.), Die Europäisierung des Energierechts, 2017, S. 45 ff.; für einen materialreichen Überblick s. auch *Gemmer*, Die Energieaußenhandelspolitik der Europäischen Union, 2017.

[7] Zentrales Instrument hierfür sind die TEN-E-Leitlinien, s. die geltende VO (EU) Nr. 347/2013 des EP und des Rates v. 17.4.2013 zu Leitlinien für die transeuropäische Energieinfrastruktur und zur Aufhebung der Entscheidung Nr. 1364/2006/EG und zur Änderung der Verordnungen (EG) Nr. 713/2009, (EG) Nr. 714/2009 und (EG) Nr. 715/2009, ABl. EU 2013 L 115/39; dazu z. B. *Guckelberger*, Schnellerer Energienetzausbau durch Unionsrecht?, DVBl. 2014, 805 ff.; *Vogt/Maaß*, Leitlinien für die transeuropäische Energieinfrastruktur – Netzausbau die Zweite, RdE 2013, 151 ff.; zur Verbindung mit der allgemeinen Netzplanung durch ENTSO-E und ENTSO-G auf Grundlage der Binnenmarkt-Verordnungen s. die Kommissions-Empfehlung v. 24.7.2018 zu Leitlinien für die Gleichbehandlungs- und Transparenzkriterien, die gemäß Anhang III Abschnitt 2 Nr. 5 der VO (EU) Nr. 347/2013 vom ENTSO-E und vom ENTSO-G bei der Ausarbeitung ihrer Zehnjahresnetzentwicklungspläne anzuwenden sind, ABl. EU 2018 C 265/1.

[8] S. zum Ergebnis des kartellrechtlichen Vorgehens der Kommission gegen Gazprom-Weiterverkaufsverbote die Kommissionsentscheidung C(2018) 3106 final v. 24.5.2018 in einem Verfahren nach Art. 102 AEUV und Art. 54 des EWR-Abkommens – Sache AT.39816 – Vorgelagerte Gasversorgungsmärkte in Mittel- und Osteuropa (Zusammenfassung in ABl. EU 2018 C 258/6), mit der die dazu abgegebenen Verpflichtungszusagen Gazproms verbindlich gestellt werden; s. auch die Pressemitteilung IP/18/3921 v. 24.5.2018.

[9] Eine Querverbindung zum Infrastrukturausbau besteht insoweit, als die grenzüberschreitende Hilfeleistung im Krisenfall das Bestehen entsprechender Verbindungsleitungen voraussetzt; s. speziell zur Sicherung der reverse-flow-Fähigkeit von Gasleitungen u. Fn. 30.

[10] VO (EU) 2017/1938 des EP und des Rates v. 25.10.2017 über Maßnahmen zur Gewährleistung der sicheren Gasversorgung und zur Aufhebung der VO (EU) Nr. 994/2010, ABl. EU 2010 L 280/1; s. näher unter III.

[11] VO (EU) 2019/941 des EP und des Rates v. 5.6.2019 über die Risikovorsorge im Elektrizitätssektor und zur Aufhebung der RL 2005/89/EG, ABl. EU 2019 L 158/1; dazu unten IV.

[12] S. die Erläuterung des Pakets in der Kommissionsmitteilung „Saubere Energie für alle Europäer", COM (2016) 860 final v. 30.11.2016.

dem Vertrag von Lissabon in Art. 194 AEUV gefunden; mit dieser Bestimmung werden die bisher an unterschiedlichen Stellen des Vertrages verorteten Ziele der Energiepolitik zusammengeführt – das Ziel der Versorgungssicherheit wird dabei sogar erstmals explizit primärrechtlich verankert[13], während der Binnenmarkt- und der Umweltschutzaspekt schon bisher ihren Standort auf Vertragsebene – im heutigen Art. 114 AEUV und im heutigen Art. 192 AEUV – hatten. Art. 194 AEUV beschränkt sich aber nicht nur auf diese Vervollständigung, sondern enthält zugleich mit dem Einschub „im Geiste der Solidarität zwischen den Mitgliedstaaten" ein Versprechen des gegenseitigen Einstands, das in der Vorgängerbestimmung aus dem Verfassungsvertrag (Art. III-256 VVE) noch nicht enthalten war, sondern erst bei der Überführung in den Vertrag von Lissabon in Reaktion auf die Gasversorgungskrise von 2006[14] an dieser Stelle und zugleich auch – ebenfalls mit besonderem Bezug auf den Energiesektor – in Art. 122 AEUV eingefügt worden ist.

Daraus entsteht auf den ersten Blick ein Spannungsverhältnis zu den in Art. 194 AEUV zugleich enthaltenen Vorbehalten der Verfügung der Mitgliedstaaten über die eigenen natürlichen Ressourcen und über die Entscheidung über den Energiemix[15]. Beide Vorbehalte werden allerdings durch die Schaffung von Vorsorgemechanismen für Krisenzeiten nicht betroffen, selbst wenn dabei auch Solidaritätspflichten zwischen den Mitgliedstaaten etabliert werden: Eine dauerhafte Inanspruchnahme der natürlichen Ressourcen einzelner Mitgliedstaaten ist damit nicht verbunden, und auch die Wahl des Energiemix weist zwar Bezüge zur Versorgungssicherheit auf, sie wird aber durch die allgemeine Vorgabe, das eigene Versorgungssystem krisensicher zu gestalten, nicht in eine bestimmte Richtung beeinflusst;[16] wollte man schon allgemeine Einflüsse genügen lassen,

---

[13] Dazu *Hamer*, in: von der Groeben/Schwarze/Hatje (Hrsg.), EUV/AEUV, 7. A. 2015, Art. 194 AEUV Rn. 15; *Gundel*, in: Häde/Nowak/Pechstein (Hrsg.), Frankfurter Kommentar zu EUV/AEUV/GRC, 2017, Art. 194 AEUV Rn. 10.

[14] Im Winter 2005/2006 war erstmals die Lieferung von russischem Erdgas in die Ukraine unterbrochen worden, s. dazu *Götz*, Energietransit von Russland durch die Ukraine und Belarus – ein Risiko für die europäische Energiesicherheit?, SWP-Studie S 38, 2006; *Boudant*, La solidarité européenne entre dépendance énergétique et stratégies commerciales, in: Barbato/Mouton (dir.), Vers la reconnaissance de droits fondamentaux aux Etats membres de l'Union européenne?, 2010, S. 173 (183 ff.); zur folgenden Lieferunterbrechung im Winter 2009 s. u. Fn. 24.

[15] S. *Schmidt-Preuß*, Energieversorgung als Aufgabe der Außenpolitik? – Rechtliche Aspekte, RdE 2007, 281 (283 f.), der eine ausschließliche Kompetenz der Mitgliedstaaten zum Abschluss völkerrechtlicher Verträge zur Sicherung der Energieversorgung annimmt, weil hier die den Mitgliedstaaten vorbehaltene Entscheidung über den Energiemix berührt werde. Überzeugend erscheint dies nur, soweit solche Verträge unmittelbar auf bestimmte Energielieferungen abzielen; solche Verträge hat die Union aber bisher nicht geschlossen.

[16] In diese Richtung auch in Bezug auf den vergleichbaren Vorbehalt in Art. 192 Abs. 2 AEUV EuGH, 21.6.2018 Rs. C-5/16 (Polen/Rat und Parlament), EuZW 2018, 915 m. Anm. *Gundel* = NVwZ 2018, 1201 (nur LS) m. Anm. *Ehrmann*, Rn. 46: Er greift nur, wenn das mit dem Rechtsakt in erster Linie „angestrebte Ergebnis darin besteht, die Wahl eines Mit-

würde das Regel-Ausnahme-Verhältnis innerhalb der Bestimmung in sein Gegenteil verkehrt; auch wäre die Aufnahme des Ziels der Versorgungssicherheit in Art. 194 Abs. 1 AEUV letztlich funktionslos[17]. Die Gassicherungsverordnung und die Verordnung über die Risikovorsorge im Elektrizitätssektor haben damit in Art. 194 AEUV die richtige Rechtsgrundlage[18].

## 2. *Art. 36 und Art. 106 Abs. 2 AEUV als Hindernisse?*

Auf der Ebene der Grundfreiheiten findet sich ein möglicher Stolperstein in Art. 36 AEUV: Die in dieser Bestimmung aufgeführte – nationale – öffentliche Sicherheit umfasst nach der Rechtsprechung des EuGH auch die Versorgungssicherheit im Energiesektor[19] und kann ggf. auch nationale Ausfuhrverbote rechtfertigen; sie könnte damit einem europaweiten Krisenmanagement im Wege stehen. Allerdings kann die Bestimmung schon nach ihrem Wortlaut und auch nach der ständigen Rechtsprechung des EuGH[20] Sekundärrecht nicht entgegengehalten werden, weil sie nur Abweichungen von Art. 34 und 35 AEUV erlaubt.

Daneben kann Art. 106 Abs. 2 AEUV einschlägig sein, der den Mitgliedstaaten die Definition von Versorgungsaufträgen gestattet und zu ihrer Erfüllung die Abweichung von den Bestimmungen der Verträge zulässt. Diese Bestimmung kann zwar anders als Art. 36 AEUV durch den Erlass von Sekundärrecht nicht

---

gliedstaats zwischen verschiedenen Energiequellen und die allgemeine Struktur seiner Energieversorgung erheblich zu berühren". Anders *Delvaux*, EU Law and the development of a sustainable, competitive and secure energy policy, 2013, S. 352 ff., der eine sekundärrechtlich normierte Vorsorgepflicht der Mitgliedstaaten für die Gasversorgung als Eingriff in die Wahl der Energiequellen ansieht. Im Ergebnis erscheint dies nicht überzeugend, weil die Vorsorgepflicht natürlich voraussetzt, dass ein Gasnetz besteht, über das die Versorgung stattfindet; wenn diese Infrastruktur existiert und zur Versorgung genutzt wird, hat der Mitgliedstaat damit seine Wahl schon getroffen.

[17] S. parallel dazu für das Verhältnis von Art. 192 Abs. 1 und 2 AEUV und für den in Art. 191 AEUV aufgeführten Klimaschutz EuGH, 21.6.2018 Rs. C-5/16 (Polen/Rat und Parlament), EuZW 2018, 915 m. Anm. *Gundel* = NVwZ 2018, 1201 (nur LS) m. Anm. *Ehrmann*, Rn. 43 ff.

[18] Zutreffend wurde Art. 194 AEUV und nicht Art. 122 AEUV gewählt, dessen Anwendungsbereich auf akute Notmaßnahmen zu beschränken ist, während hier ein dauerhafter Vorsorgerahmen geschaffen wird; dazu *Gundel*, in: Häde/Nowak/Pechstein (Fn. 13), Art. 194 AEUV Rn. 12 f.; s. auch noch u. Fn. 27.

[19] S. für Einfuhrhindernisse durch die Festlegung von Ankaufspflichten für Erdöl bei inländischen Raffinerien EuGH, 10.7.1984 Rs. 72/83 (Campus Oil), Slg. 1984, 2727, Rn. 33 ff.; EuGH, 25.10.2001 Rs. C-398/98 (Kommission/Griechenland), Slg. 2001, I-7915, Rn. 29 ff. (dort mit dem Ergebnis einer unverhältnismäßigen Einschränkung; dazu *Rigaux*, Anm. Europe 12/2001, 17 f.).

[20] St. Rspr., s. EuGH, 5.10.1977 Rs. 5/77 (Tedeschi), Slg. 1977, 1555, Rn. 33 ff.; EuGH, 5.4.1979 Rs. 148/78 (Ratti), Slg. 1979, 1629, Rn. 36; EuGH, 8.9.1979 Rs. 251/78 (Denkavit Futtermittel), Slg. 1979, 3369, Rn. 14; EuGH, 3.10.1985 Rs. 28/84 (Kommission/Deutschland), Slg. 1985, 3097, Rn. 25; EuGH, 14.6.1988 Rs. 29/87 (Dansk Denkavit), Slg. 1988, 2965, Rn. 16; EuGH, 20.9.1994 Rs. C-249/92 (Kommission/Italien), Slg. 1994, I-4311, Rn. 27; EuGH, 25.3.1999 Rs. C-112/97 (Kommission/Italien), Slg. 1999, I-1821, Rn. 54.

einfach abgeschnitten werden[21]; allerdings wird ihr inhaltlich der Spielraum genommen, wenn das Sekundärrecht eigene Versorgungsstandards und die Instrumente zu ihrer Sicherung definiert. Weitergehende nationale Versorgungsaufträge, die zugleich die Erfüllung der gemeinsamen europäischen Basisstandards gefährden würden, lassen sich damit kaum noch als nach Art. 106 Abs. 2 AEUV erforderliche Abweichung von den Regeln der Verträge rechtfertigen.[22]

## III. Die Regelungen in der Gassicherungsverordnung 2017

### 1. Die neue Verordnung als Fortentwicklung ihrer Vorgängerregelungen

Sicherheitsanforderungen im Sinne von Vorgaben für die Vorratshaltung durch die Mitgliedstaaten kennt das EU-Recht schon seit dem Ende der 1960er Jahre; sie beschränkten sich allerdings zunächst auf die Erdölbevorratung[23]. In Bezug auf die leitungsgebundene Energieversorgung setzt diese Entwicklung deutlich später ein, und anders als in der allgemeinen Entwicklung des Energiebinnenmarktes ist hier der Gassektor der Vorreiter – was sich auch dadurch erklären lässt, dass Versorgungsengpässe bisher vor allem in der Gasversorgung aufgetreten sind[24]; entsprechend findet sich eine Verpflichtung zur regionalen Solidarität zwar in Art. 6 der Gasrichtlinie des dritten Binnenmarktpakets[25], nicht aber in der Stromrichtlinie. Mit der im Oktober 2017 erlassenen Gassicherungsverordnung gilt in diesem Feld nun die dritte Generation von Rechts-

---

[21] Dazu m. w. N. *Lecheler/Gundel*, Die Rolle von Art. 90 Abs. 2 und 3 EGV in einem liberalisierten Energiemarkt, RdE 1998, 98 ff.; *Gundel*, in: Bornkamm/Montag/Säcker (Hrsg.), Münchener Kommentar zum Europäischen und Deutschen Wettbewerbsrecht, Bd. 1, 2. A. 2014, Art. 106 AEUV Rn. 119.

[22] Art. 106 Abs. 2 AEUV verlangt bei der Prüfung der Zulässigkeit der Abweichung von den Vertragsregeln ausdrücklich auch die Berücksichtigung des Interesses der Union.

[23] S. bereits die RL 68/414/EWG des Rates v. 20.12.1968 zur Verpflichtung der Mitgliedstaaten der EWG, Mindestvorräte an Erdöl und/oder Erdölerzeugnissen zu halten, ABl. EG 1968 L 308/14; derzeit geltend die RL 2009/119/EG des Rates v. 14.9.2009 zur Verpflichtung der Mitgliedstaaten, Mindestvorräte an Erdöl und/oder Erdölerzeugnissen zu halten, ABl. EU 2009 L 265/9.

[24] Zur ersten Gasversorgungskrise s. o. Fn. 14; zum russisch-ukrainischen Gaskonflikt vom Januar 2009, der erneut zu Versorgungsunterbrechungen für die osteuropäischen EU-Mitgliedstaaten geführt hat, s. z. B. *Bettzüge/Lochner*, Der russisch-ukrainische Gaskonflikt im Januar 2009 – eine modellgestützte Analyse, et 7/2009, 26 ff.; zur rechtlichen Bewertung *Pritzkow*, Das völkerrechtliche Verhältnis zwischen der EU und Russland im Energiesektor, 2011, S. 159 ff. (freilich mit einer für eine wissenschaftliche Arbeit erstaunlich kritiklosen Übernahme der russischen Sachverhaltsdarstellung); abgewogen dagegen *Westerhof*, The Transit Conflict between Russia and Ukraine from a Legal Perspective, in: Roggenkamp/Hammer (Hrsg.), European Energy Law Report VII, 2010, S. 267 ff.; s. auch noch *Hobér*, Russian Energy Policy and Dispute Settlement – an Overview, ebd., S. 235 ff.

[25] Art. 6 RL 2009/73/EG des EP und des Rates v. 13.7.2009 über gemeinsame Vorschriften für den Erdgasbinnenmarkt und zur Aufhebung der RL 2003/55/EG, ABl. EU 2009 L 211/94.

akten nach der Gassicherungsrichtlinie aus dem Jahr 2004[26] und der Verordnung Nr. 994/2010[27].

Die drei aufeinanderfolgenden Rechtsakte weisen teils Kontinuität auf – so wurde die heute in Art. 4 der Gassicherungsverordnung geregelte Koordinierungsgruppe Erdgas, in der nun die Kommission, ENTSO-G, ACER, Vertreter der nationalen Behörden und der Erdgasindustrie- und Verbraucherverbände vertreten sind[28], schon mit der Gassicherungsrichtlinie 2004[29] eingerichtet. Sie zeigen aber auch eine sukzessive Schärfung und Verfeinerung der Instrumente; so ist mit der im Jahr 2010 erlassenen Verordnung die Verpflichtung der Fernleitungsnetzbetreiber zur Schaffung der Kapazitäten für grenzüberschreitende Lastflüsse in beide Richtungen festgeschrieben worden[30], die sich nun in Art. 5 der geltenden Gassicherungsverordnung findet; auch wurden die Mitgliedstaaten in dieser Verordnung erstmals in regionale Verbünde geordnet[31], was sich in der geltenden Verordnung verstärkt und unter der Bezeichnung „Risikogruppen" wiederfindet[32]. Einen gewissen Abschluss dürfte die Entwicklung aber mit der nun erlassenen Verordnung gefunden haben, die zwei wesentliche neue Elemente einführt: Eine unionsweite Simulation von Gefahrenszenarien durch ENTSO-G, die gemäß Art. 7 Abs. 1 der Verordnung bis zum ersten 1. November 2017 durchzuführen war, und die bereits erwähnte Solidaritätsverpflichtung.

Tatsächlich macht die von ENTSO-G im Dezember 2017 als Ergebnis vorgelegte Risikobewertung[33] das beeindruckende Potential der europäischen Solidarität deutlich: Bei einer Unterbrechung der Gaslieferungen aus Russland wären danach ohne Korrekturen in den unmittelbar betroffenen osteuropäi-

---

[26] RL 2004/67/EG des Rates v. 26.4.2004 über Maßnahmen zur Gewährleistung der sicheren Erdgasversorgung, ABl. EU 2004 L 127/92.

[27] VO (EU) Nr. 994/2010 des EP und des Rates v. 20.10.2010 über Maßnahmen zur Gewährleistung der sicheren Erdgasversorgung und zur Aufhebung der RL 2004/67/EG des Rates, ABl. EU 2010 L 295/1; dazu *Muter Goldberg*, Regulation 994/2010: a measure to improve the security of gas supply in the EU?, in: Roggenkamp/Hammer (eds.), European Energy Law Report VIII, 2011, S. 61 ff. Auch diese Verordnung war bereits auf der Grundlage von Art. 194 AEUV erlassen worden, während die RL 2004/67/EG (Fn. 26) noch auf Art. 100 EGV als Vorgängerbestimmung zu Art. 122 AEUV gestützt worden war; s. zur Frage der Rechtsgrundlage bereits o. Fn. 18.

[28] So der geltende Kommissionsbeschluss v. 11.8.2011 über die Zusammensetzung der Koordinierungsgruppe „Erdgas", zur Regelung ihrer Arbeitsweise und zur Aufhebung des Beschlusses 2006/79/EG, ABl. EU 2011 C 236/10.

[29] Art. 7 RL 2004/67/EG (Fn. 26); s. im Anschluss daran den Kommissionsbeschluss v. 7.11.2006 über die Zusammensetzung der Koordinierungsgruppe „Erdgas", ABl. EU 2006 L 319/49.

[30] Art. 6 Abs. 5 der VO (EU) Nr. 994/2010 (Fn. 27) mit dem Zieldatum des 3.12.2013.

[31] Anhang IV der VO (EU) Nr. 994/2010 (Fn. 27).

[32] Anhang I der VO (EU) 2017/1938 (Fn. 10).

[33] ENTSO-G Union-wide Security of Supply Simulation Report 2017, verfügbar unter www.entsog.eu.

schen Staaten Lieferkürzungen von 30 bis 80 % nötig; dieser Einschnitt lässt sich aber bei Einbeziehung weiterer Staaten in die Ressourcenbewirtschaftung auf eine Kürzung von durchgängig 7 % glätten[34]. Die Einschränkung des Angebots läge damit unterhalb der 10 %-Marke, mit der die angenommene Flexibilität der Nachfrage in Reaktion auf Preissignale angesetzt wird; allerdings müsste diese Verbrauchsreduktion eben auch in nicht unmittelbar betroffenen Mitgliedstaaten durchgeführt werden.

## 2. *Die Verpflichtung zu nationaler Prävention und Notfallplanung*

### a) *Die Vorgaben der Verordnung*

Die Entwicklung der Vorgaben lässt einen zweistufigen Ansatz erkennen: Am Anfang steht die nationale Verpflichtung zur Ertüchtigung der Vorsorgemaßnahmen – jeder Mitgliedstaat soll zunächst das Möglichste tun, um sich im Krisenfall selbst helfen zu können; erst aufbauend auf diese Eigenvorsorge hat die Verordnung 2017 dann Solidaritätsmechanismen vorgesehen, die zum Einsatz kommen, wenn diese zunächst nur nationalen Maßnahmen doch nicht ausreichen. In gewisser Weise kann man hier die Positionen in der Diskussion um die Schaffung der Bankenunion wiedererkennen, in der es auch darum geht, dass zunächst auf nationaler Ebene Vorsorge getroffen wird, bevor gegenseitige Einstandspflichten begründet werden können. Jenseits dieses Punktes bleiben die Bezüge zur allgemeinen Diskussion um die Solidarität als Grundsatz der Union[35], die regelmäßig auch als Umverteilungs- oder Transferdebatte geführt wird, allerdings begrenzt: In der Gassicherungsverordnung ist klar festgehalten, dass die Energie-Solidarität stets kostenpflichtig ist[36].

Im Einzelnen sieht die Verordnung vor, dass die zuständigen Behörden der Mitgliedstaaten unter Berücksichtigung der von ENTSO-G vorgelegten Risikoszenarien nationale Präventionspläne zur Vermeidung von Krisen (Art. 9 der Verordnung) und Notfallpläne zu ihrer Bewältigung (Art. 10 der Verordnung) zu erarbeiten haben[37]. Für den tatsächlichen Krisenfall sieht Art. 11 der Verordnung dann unterschiedliche Krisenstufen vor, an deren Spitze die durch den betroffenen Mitgliedstaat ausgerufene Notfallstufe steht; nach Art. 12 kann die

---

[34] ENTSO-G Union-wide Security of Supply Simulation Report 2017, S. 28.

[35] Dazu z. B. *Gussone*, Das Solidaritätsprinzip der Europäischen Union und seine Grenzen, 2006, S. 52 ff.; *Lais*, Das Solidaritätsprinzip im europäischen Verfassungsverbund, 2007, S. 91 ff., 167 ff.; s. auch die Beiträge in Hatje/Iliopoulos/Iliopoulos-Strangas/Kämmerer (Hrsg.), Verantwortung und Solidarität in der Europäischen Union, 2015.

[36] Dazu näher u. III. 3.; ebenso der Ansatz der Verordnung zum Stromsektor, u. IV. 3.

[37] Eine entsprechende Regelung sah schon Art. 4 der VO (EU) Nr. 994/2010 (Fn. 27) vor; für Deutschland s. den Notfallplan Gas für die Bundesrepublik Deutschland, Stand Dezember 2016, verfügbar unter www.bmwi.de; zur Zuständigkeitsverteilung zwischen Bundeswirtschaftsministerium und BNetzA s. § 54 a EnWG.

Kommission auf Antrag mehrerer Mitgliedstaaten eine regionale oder unionsweite Krise feststellen.

### b) Die Definition der besonders geschützten Kunden

Weiter enthält die Verordnung eine Festlegung der schutzwürdigen Kunden in einem dreistufigen Modell: Normalkunden, geschützte Kunden und „durch Solidarität geschützte" Kunden. Letzteres ist der Kreis, zu dessen Versorgung die Solidarität der anderen Mitgliedstaaten in Anspruch genommen werden darf; dazu gehören Privathaushalte, Fernwärmenetze, die Privatkunden versorgen, und bestimmte soziale Dienste[38]. Der Kreis der geschützten Kunden ist weiter gefasst und darf zudem innerhalb eines von der Verordnung vorgegebenen Korridors auch vom jeweiligen Mitgliedstaat mitbestimmt werden[39]; er kann auch die Versorgung von KMU umfassen[40]. Dieser nationale Notfallversorgungsstandard bestimmt dann den Kreis der Kunden, auf deren Versorgung die Mitgliedstaaten nach Art. 6 der Verordnung ihre jeweils eigenen Vorsorgemaßnahmen und Notfallplanungen ausrichten müssen.

### 3. Solidarität im Krisenfall

### a) Die Verpflichtung zur Hilfeleistung unter Einschränkung der eigenen Versorgung

Der Ernstfall des Solidaritätsversprechens tritt ein, wenn ein von der Krise nicht betroffener Mitgliedstaat die (Voll-)Versorgung auf seinem eigenen Territorium einschränken soll, um zur Aufrechterhaltung der Notversorgung in einem anderen Mitgliedstaat beizutragen. Exakt das ist nun erstmals in Art. 13 der Gassicherungsverordnung vorgesehen, wenn alle Maßnahmen des betroffenen Mitgliedstaats nicht ausreichen, um die Versorgung der kerngeschützten Verbraucher zu gewährleisten. Ausgelöst wird die Verpflichtung durch das Solidaritätsersuchen des betroffenen Mitgliedstaats; dieses Ersuchen muss für den ersuchenden Staat das letzte Mittel sein, d. h. er muss zuvor selbst Lieferkürzungen bei seinen nicht durch Solidarität geschützten Verbrauchern angeordnet haben.

Danach haben direkt verbundene Mitgliedstaaten[41] im Falle einer Versorgungskrise auf ein entsprechendes Solidaritätsersuchen Hilfe zu leisten, auch

---

[38] Art. 2 Nr. 6 der VO (EU) 2017/1938 (Fn. 10).

[39] Art. 2 Nr. 5 der VO (EU) 2017/1938 (Fn. 10); als Grenze setzt die Bestimmung, dass die einbezogenen Unternehmen und Dienste nicht mehr als 20 % des Gesamtjahresverbrauchs umfassen dürfen; die von den Mitgliedstaaten gewählten Definitionen und die Verbrauchsanteile waren gemäß Art. 6 Abs. 1 Satz 2 der Gassicherungsverordnung der Kommission bis zum 2.2.2018 zu übermitteln.

[40] Zu den Grenzen s. in Bezug auf die Vorgängerbestimmung in der VO (EU) Nr. 994/2010 (Fn. 27) EuGH, 20.12.2017 Rs. C-226/16 (ENI); dazu *Roset*, Anm. Europe 2/2018, 65 f.

[41] Soweit mehrere Mitgliedstaaten zur Hilfeleistung in der Lage sind, haben nach Art. 13 Abs. 4 der Verordnung alle Mitgliedstaaten Hilfsangebote zu unterbreiten, unter denen der

wenn dies bedeutet, dass sie die Versorgung auf ihrem eigenen Gebiet einschränken müssen (Art. 13 Abs. 1 der Verordnung); die Verpflichtung entfällt
nur, wenn der Solidarität leistende Mitgliedstaat die Versorgung seiner eigenen
geschützten Kunden nicht mehr gewährleisten könnte. Maßgeblich ist dabei
ebenfalls wieder die europäische „Basisdefinition" der durch Solidarität geschützten Kunden, weitergehende „Schutzaufträge" des nationalen Rechts, die
die Verordnung wie gesehen zulässt, begründen nur eine Selbstverpflichtung
des jeweiligen Mitgliedstaats, im Fall eines Hilfeersuchens kann er sie anderen
Mitgliedstaaten nicht entgegenhalten – wie gesehen, auch nicht unter Berufung
auf Art. 106 Abs. 2 AEUV[42].

Dass nun ein solches Instrument zur Verfügung steht, macht die fort-
schreitende Intensivierung der unionsrechtlichen Verpflichtungen deutlich:
Die Gassicherungsrichtlinie von 2004 hatte zwar auch schon einen „Gemeinschaftsmechanismus" im Krisenfall vorgesehen, der aber nur eine Prüfung und
Unterstützung der von den Mitgliedstaaten getroffenen Maßnahmen, jedoch
keine verbindlichen Entscheidungen auf Unionsebene vorsah[43]. Das System
wurde begrenzt fortentwickelt durch die Verordnung von 2010, wonach die
Kommission Maßnahmen der Mitgliedstaaten beanstanden konnte, die die
Lage in anderen Mitgliedstaaten gefährden könnten. Auch diese Beanstandung
war aber weich ausgestaltet: Die Mitgliedstaaten waren nicht zur Befolgung verpflichtet, mussten aber eine Abweichung begründen[44]; dabei ist es in diesem
Punkt auch in der neuen Verordnung geblieben[45].

Der neue Solidaritätsmechanismus hat im Kontrast dazu zwar tatsächlich
verbindlichen Charakter, jedoch ist er aus sich heraus noch nicht vollziehbar:
Die Verordnung deutet zwar an, wie der hilfeleistende Staat vorgehen kann –
durch Öffnung seiner strategischen Reserven, durch marktbasierte Instrumente zur Minderung der Nachfrage auf seinem Territorium und schließlich, als
letztes Mittel, auch durch hoheitlich-einseitige Anordnung der Reduktion des
heimischen Verbrauchs (Art. 13 Abs. 5 der Verordnung)[46].

Für die Einzelheiten der Abwicklung verweist die Verordnung allerdings
auf Abreden unter den miteinander verbundenen Mitgliedstaaten, die bis zum
1.10.2018 bzw. spätestens bis zum 1.12.2018 geschlossen werden sollten (Art. 13
Abs. 13 der Verordnung). Als Anleitung für diese Vereinbarungen sieht die
Verordnung den Erlass von nicht bindenden Leitlinien durch die Kommission

---

ersuchende Staat das effektivste Angebot auswählt; dabei wird man ihm angesichts der komplexen Maßstäbe einen Beurteilungsspielraum zubilligen müssen.

[42] S. o. bei Fn. 22.

[43] Art. 9 der RL (Fn. 26).

[44] Art. 11 Abs. 6 der VO (EU) Nr. 994/2010 (Fn. 27).

[45] Art. 12 Abs. 6 der VO (EU) 2017/1938 (Fn. 10).

[46] Zum Vorrang der marktbasierten Instrumente s. u. a. Art. 13 Abs. 4 und 5 der Verordnung sowie die Erwägungsgründe 33, 34 und 41.

vor[47], die sie inzwischen auch in Form einer Empfehlung vorgelegt hat[48]. Auch die Gassicherungsverordnung gehört damit zu den in jüngerer Zeit verbreiteten „hinkenden" oder unvollständigen EU-Verordnungen[49], die nach dem Muster der Richtlinien zumindest in Teilbereichen auf eine Umsetzung durch die Mitgliedstaaten angewiesen sind[50]; auch das Funktionieren des Mechanismus liegt letztlich in der (gemeinsamen) Verantwortung der Mitgliedstaaten: Der Kommission sind insoweit keine Entscheidungszuständigkeiten zugewiesen[51].

## b) Die Frage der Entschädigung

Nach Art. 13 Abs. 8 der Gassicherungsverordnung muss der ersuchende Staat sich zur Entschädigung für sämtliche Kosten verpflichten, die dem Solidarität leistenden Mitgliedstaat z. B. durch Entschädigungszahlungen für Versorgungsunterbrechungen entstehen. Dass um diese Fragen der Entschädigungspflichten hart gerungen wurde[52], lässt die Ausweitung des schließlich erlassenen Textes gegenüber dem Kommissionsvorschlag erkennen, der die Frage nur kursorisch behandelt hatte[53].

Ob und unter welchen Voraussetzungen solche Ansprüche von Unternehmen aus dem Solidarität leistenden Mitgliedstaat entstehen, regelt die Verordnung trotzdem nicht konkret; die Antwort auf diese Frage richtet sich danach prima facie nach dem nationalen Recht des um Hilfe ersuchten Staates[54], sie kann sich

---

[47] S. auch Erwägungsgrund 41 der VO (EU) 2017/1938 (Fn. 10): „durch diese Verordnung werden nicht alle Aspekte angemessener Entschädigung harmonisiert".

[48] Empfehlung (EU) 2018/177 der Kommission v. 2.2.2018 zu den in die technischen, rechtlichen und finanziellen Regelungen zwischen den Mitgliedstaaten für die Anwendung des Solidaritätsmechanismus gemäß Art. 13 der VO (EU) 2017/1938 [...] aufzunehmenden Elementen, ABl. EU 2018 L 32/52.

[49] Dazu *Gundel*, in: Häde/Nowak/Pechstein (Fn. 13), Art. 288 AEUV Rn. 16; s. auch EuGH, 12.4.2018 Rs. C-541/16 (Kommission/Dänemark), EuZW 2018, 735 m. Anm. *Gundel*.

[50] Punkt 1.5. der Kommissionsempfehlung (Fn. 48) hält fest, dass die Mitgliedstaaten rechtlich verbindliche Abreden treffen müssen; bloße bilaterale Absichtserklärungen wären eine unzureichende Umsetzung von Art. 13 der Verordnung.

[51] So der berechtigte Hinweis in Punkt 1.4. der Kommissionsempfehlung (Fn. 48).

[52] Tatsächlich hinterlässt die schließlich beschlossene Regelung den Eindruck, dass hier sehr verschiedene nationale Erfahrungen und Erwartungen in Bezug auf die Sicherheit der Energieversorgung aufeinandergetroffen sind: In Mitgliedstaaten, in denen Versorgungsunterbrechungen häufiger eintreten, wird man dieses Geschehen eher dem allgemeinen Lebensrisiko zuordnen als in Staaten, deren Systeme grundsätzlich eine unterbrechungsfreie Versorgung gewährleisten; in diesen Staaten wird der extern induzierte Verzicht auf den etablierten Standard tendenziell als Sonderopfer empfunden werden.

[53] Der Kommissionsvorschlag für die Verordnung, COM (2016) 52 final v. 16.2.2016, enthielt überraschenderweise keine Regelung dazu, obwohl schon die Erdgassicherungs-Richtlinie aus dem Jahr 2004 (Fn. 26) in ihrem Art. 9 Abs. 6 für den damals noch „zahnlosen" Gemeinschaftsmechanismus (Fn. 43) festgehalten hatte, dass „eine gerechte und billige Entschädigung der Unternehmen, die von den zu ergreifenden Maßnahmen betroffen sind", durch das Unionsrecht sichergestellt werden müsse.

[54] S. für Deutschland die noch aus der Zeit der Ölkrise stammenden Bestimmungen des

aber auch aus EU-Recht ergeben: Jedenfalls existiert ein Präjudiz des EuGH aus dem Jahr 2016, das aus der Eigentumsgarantie des Art. 17 GRC eine Verpflichtung der Mitgliedstaaten zu Ausgleichsmaßnahmen bei durch Unionsrecht vorgegebenen nationalen Maßnahmen ableitet, die bei den Betroffenen zu Sonderopfern führt.[55] Art. 13 Abs. 8 Unterabs. 2 der Verordnung scheint auf diese Konstellation anzuspielen, wenn er festhält, dass die Solidarität leistenden Mitgliedstaaten möglicherweise zu einer „Entschädigung aufgrund der durch das Unionsrecht garantierten Grundrechte" verpflichtet wären, und dass diese Kosten ebenso wie Leistungen nach nationalen Entschädigungsregeln durch den ersuchenden Staat zu erstatten sind; sicher ist auch zutreffend, dass die Versorgungsbeschränkungen durch die Mitgliedstaaten in Vollzug der Verordnung und damit im Anwendungsbereich des Unionsrechts erfolgen würden, womit die EU-Grundrechte anwendbar sind[56]. Die Frage, welche Entschädigungszahlungen des solidarischen Mitgliedstaats tatsächlich geschuldet und damit durch den ersuchenden Staat zu erstatten sind, wäre damit auf elegante Weise an die Gerichte und letztlich an den EuGH delegiert, wenn im ersuchten Staat keine (oder eine unzureichende) Regelung besteht[57] und keine Vereinbarung zwischen den Mitgliedstaaten getroffen wurde; allerdings werden die Beteiligten dann auch die von der EuGH-Rechtsprechung gegebenen Antworten hinnehmen müssen.

Im übrigen ist aber auch die Frage der Entschädigungsmaßstäbe wieder den Verhandlungen zwischen den jeweils miteinander verbundenen Mitgliedstaaten übertragen worden, die wie erwähnt bis spätestens zum 1. Dezember 2018 abgeschlossen werden sollten. Auch insoweit formuliert die Verordnung vage, dass zu den in den Verhandlungen festzulegenden Kategorien von Kosten, für die Entschädigung zu leisten ist, „auch Schadenersatz für von Lieferkürzungen betroffene Wirtschaftszweige gehören" *kann*; entsprechend wird auch in den Erwägungsgründen der Verordnung festgehalten, dass mit ihr „nicht alle Aspekte angemessener Entschädigung" harmonisiert[58] werden.

---

Gesetzes zur Sicherung der Energieversorgung v. 20.12.1974, BGBl. I S. 3681; s. auch noch u. Fn. 60.

[55] EuGH, 9.6.2016 verb. Rs. C-78/16 u. a. (Giovanni Pesce u. a.), RIDPC 2016, 1640 m. Anm. *Monica*, Rn. 85 ff.; dazu *Roset*, Anm. Europe 8/2016, 36; kritisch zur sehr apodiktischen Begründung der Entscheidung *Germelmann/Gundel*, Die Entwicklung der EuGH-Rechtsprechung zum europäischen Verfassungs- und Verwaltungsrecht im Jahr 2016, BayVBl. 2017, 649 (653 f.). Die Entscheidung betraf allerdings unmittelbare Eingriffe in das Eigentum; die Frage einer unionsrechtlichen Sonderopfer-Entschädigungspflicht z. B. für Betriebsunterbrechungen wird durch sie nicht entschieden.

[56] Zur Rechtweite der Bindung der Mitgliedstaaten an die EU-Grundrechte gemäß Art. 51 Abs. 1 GRC s. insbes. EuGH, 26.3.2013 Rs. C-617/10 (Fransson), EuZW 2013, 302 = EuR 2013, 446 m. Anm. *Kingreen* = NVwZ 2013, 561 m. Anm. *Gooren*.

[57] Im nationalen Recht des hilfeleistenden Staats tatsächlich vorgesehene „angemessene" Entschädigungen hat der ersuchte Staat gemäß Art. 13 Abs. 8 Unterabs. 2 der Verordnung in jedem Fall zu erstatten.

[58] Erwägungsgrund 42 Satz 3 der Gassicherungsverordnung.

Auch ein Scheitern oder eine Verzögerung dieser Verhandlungen wird von der Verordnung einkalkuliert: Wenn bei Eintritt der Krise keine Vereinbarung besteht, so gilt nach Art. 13 Abs. 14 der Verordnung der Solidaritätsmechanismus dieses Artikels dennoch, die betroffenen Mitgliedstaaten müssen sich dann auf notwendige ad-hoc-Maßnahmen einigen; der ersuchende Mitgliedstaat muss zudem die Bereitschaft zur Tragung der Kosten erklären[59].

### c) Entschädigung nur bei grenzüberschreitender Solidarität?

Im Ergebnis ist die Solidarität zwischen den Mitgliedstaaten stets entschädigungspflichtig, über die Einbeziehung von Schadenersatz für Lieferkürzungen ist aber noch nicht abschließend entschieden. Auch die Kommissionsleitlinien dazu sind nicht ganz widerspruchsfrei: Sie gehen einerseits davon aus, dass die Mitgliedstaaten bei national beschränkt bleibenden Notstandsfällen weiter frei nach nationalem Recht entscheiden können, ob eine Entschädigung gewährt wird[60]. Die nationalen Entschädigungsregeln sollen dann auch im Fall der Lieferkürzung wegen grenzüberschreitender Solidarität angewandt werden, was bedeuten müsste, dass ein hilfeleistender Staat keine Kürzungsentschädigung in Rechnung stellen kann, wenn er selbst sie in innerstaatlichen Fällen nicht gewährt. Auf der anderen Seite führen die Leitlinien aber auch aus, dass die Entschädigungszahlung des ersuchenden Staats auch in einen Solidaritätsfonds des hilfeleistenden Staat einfließen könne, aus dem dann auch Kunden entschädigt werden könnten, deren Belieferung aus innerstaatlichen Gründen gekürzt wurde und die nach nationalem Recht keinen Entschädigungsanspruch hätten; dadurch könnte die unterschiedliche Behandlung von Verbrauchergruppen in einem Mitgliedstaat vermieden werden[61].

Diese Unterscheidung von nationalen und solidaritätsbedingten Lieferkürzungen wäre allerdings hinfällig, wenn sich die Andeutung in der Verordnung bewahrheiten sollte, dass die EU-Grundrechte die Entschädigungspflicht vorgeben: Denn diese Grundrechte wären auch auf innerstaatliche Lieferkürzungen anwendbar, wenn diese in Vollzug der von der Verordnung vorgesehenen nationalen Notfallpläne und damit im Anwendungsbereich des EU-Rechts erfolgen[62].

---

[59] Streitigkeiten zwischen den Mitgliedstaaten wären dann ggf. im Wege des Vertragsverletzungsverfahrens gemäß Art. 259 AEUV zu klären.

[60] Punkt 2.2. der Empfehlung (Fn. 48). Die deutsche Regelung im Gesetz zur Sicherung der Energieversorgung (Fn. 54) ist hier sehr lakonisch: Nach § 11 erfolgt eine Entschädigung in Geld, wenn der Eingriff eine Enteignung darstellt; im Übrigen sieht § 12 einen Härteausgleich für einen Betroffenen vor, „soweit seine wirtschaftliche Existenz durch unabwendbare Schäden gefährdet oder vernichtet ist oder die Entschädigung zur Abwendung oder zum Ausgleich ähnlicher unbilliger Härten geboten ist." Zur Reichweite der Regelungen s. *Bews*, Bewirtschaftungsrecht, 2017, S. 212 ff., der von der Verfassungswidrigkeit von § 11 EnSiG ausgeht.

[61] Ebenfalls Punkt 2.2. der Empfehlung (Fn. 48).

[62] S. o. bei Fn. 56.

# IV. Risikovorsorge und Solidarität im Stromsektor

## 1. Die Verordnung über die Risikovorsorge im Elektrizitätssektor

Als Gegenstück zur Gassicherungsverordnung fungiert die schließlich im Sommer 2019 erlassene Verordnung über die Risikovorsorge im Elektrizitätssektor[63]; den entsprechenden Vorschlag hatte die Kommission im November 2016 als Teil des „clean energy package" vorgelegt[64]. Mit dieser Verordnung sollen Stromversorgungskrisen verhütet bzw. bewältigt werden, die über das hinausgehen, was durch technische Regelungen wie die inzwischen erlassene Leitlinie für den Übertragungsnetzbetrieb[65] und den Netzkodex über den Notzustand und den Wiederaufbauzustand des Übertragungsnetzes[66] beherrscht werden kann; daneben enthält das clean energy package allerdings auch in der neu gefassten Elektrizitätsbinnenmarktverordnung[67] wesentliche Neuregelungen zum Schutz der Stromversorgungssicherheit in Form der Rahmenbestimmungen für nationale Kapazitätsmechanismen[68].

Mit der Verordnung über die Risikovorsorge im Elektrizitätssektor werden für den Strombereich Strukturen übernommen, die bisher nur im Gassektor existierten. Zwar war parallel zum Erlass der Gassicherungsrichlinie im Jahr 2004[69] auch die RL 2005/89/EG[70] über Maßnahmen zur Gewährleistung der Elektrizitätsversorgung erlassen worden, die sich aber vor allem mit der

---

[63] VO (EU) 2019/941 des EP und des Rates v. 5.6.2019 über die Risikovorsorge im Elektrizitätssektor und zur Aufhebung der RL 2005/89/EG, ABl. EU 2019 L 158/1.

[64] S. o. Fn. 11.

[65] VO (EU) 2017/1485 der Kommission v. 2.8.2017 zur Festlegung einer Leitlinie für den Übertragungsnetzbetrieb, ABl. EU 2017 L 220/1.

[66] VO (EU) 2017/2196 der Kommission v. 24.11.2017 zur Festlegung eines Netzkodex über den Notzustand und den Netzwiederaufbau des Übertragungsnetzes, ABl. EU 2017 L 312/54.

[67] VO (EU) 2019/943 des EP und des Rates v. 5.6.2019 über den Elektrizitätsbinnenmarkt, ABl. EU 2019 L 158/54.

[68] Art. 21 ff. der VO (EU) 2019/943 (Fn. 67); zur vorangehenden Diskussion s. *Pompl*, Kapazitätssicherung im europäisierten Stromwirtschaftsrecht, 2019; *Preuß*, Die Vereinbarkeit von Kapazitätsmechanismen mit der Warenverkehrsfreiheit, dem europäischen Beihilferecht und dem Energiebinnenmarkt, 2017; *Riewe*, Versorgungssicherheit durch Kapazitätsmechanismen, 2016, sowie die Beiträge in Hancher/de Hauteclocque/Sadowska (eds.), Capacity Mechanism in the EU Energy Market, 2015; s. auch den Abschlussbericht der Kommission zur Sektoruntersuchung über Kapazitätsmechanismen, COM (2016) 752 final v. 30.11.2016 und dazu *Anstey/Christian*, When Sisyphus Gave Up: Capacity Markets and State Aid in the EU, EStAL 2017, 46 ff.; *Klausbruckner/Volgger*, Energiepolitik: Die Sektoruntersuchung der Kommission zu Kapazitätsmechanismen, in: Jaeger/Haslinger (Hrsg.), Beihilferecht-Jahrbuch 2016, S. 329 ff.; *Wieckowski*, The state aid sector inquiry on electricity capacity mechanisms, EuZW 2015, 859 ff.

[69] S. o. Fn. 26.

[70] RL 2005/89/EG des EP und des Rates v. 18.1.2006 „über Maßnahmen zur Gewährleistung der Elektrizitätsversorgung und von Infrastrukturinvestitionen", ABl. EU 2006 L 33/22; zu ihr z. B. *Bjørnebye*, The Security of electricity supply directive – the right aims but the

Netzinfrastruktur befasst hat; auch die Koordinierungsgruppe Strom, der in der Verordnung verschiedene Aufgaben zugewiesen werden, war erst im Jahr 2012 – und damit wesentlich später als die entsprechende Struktur im Gassektor – durch Kommissionsbeschluss eingerichtet worden[71].

## 2. Nationale Vorsorgeverpflichtungen

Die Verordnung enthält ebenfalls zunächst die Verpflichtung von ENTSO-E zur Entwicklung von Krisenszenarien auf regionaler Ebene (Art. 5–6 der Verordnung), weiter auf dieser Grundlage die Verpflichtung der mitgliedstaatlichen Behörden zur Erstellung von nationalen Risikovorsorgeplänen (Art. 10–11), die marktbasierte und nicht-marktbasierte Maßnahmen zur Krisenbewältigung bis hin zu einem Rahmen für den manuellen Lastabwurf enthalten müssen.[72] Diese Risikovorsorgepläne sind nach Art. 10 Abs. 8 der Verordnung erstmals bis Januar 2022 vorzulegen.

## 3. Solidaritätsmechanismus

Der Kommissionsvorschlag für die Verordnung sah erstmals auch in diesem Bereich gegenseitige Hilfsmaßnahmen der Mitgliedstaaten vor, die bei Versorgungskrisen greifen sollen, die von den Netzbetreibern mit den ihnen unionsrechtlich zur Verfügung stehenden Instrumenten[73] nicht bewältigt werden können. Der Vorschlag blieb in der von der Kommission vorgelegten Fassung des heutigen Art. 15 („Zusammenarbeit und Unterstützung") freilich noch sehr vage und sah nur allgemein eine Verpflichtung zur solidarischen Zusammenarbeit der Mitgliedstaaten im Fall von Stromversorgungskrisen vor; sie sollten einander Unterstützung anbieten und im Fall der Inanspruchnahme dafür eine Gegenleistung erhalten[74].

In der schließlich beschlossenen Fassung ist dieser Artikel von 2 auf 9 Absätze angewachsen; die Bestimmung setzt in dieser Fassung nun ebenso wie die Gassicherungsverordnung auf Rahmenabreden zwischen den Mitgliedstaaten, die entweder im Rahmen der Regionalgruppe oder bilateral verhandelt werden sollen (Art. 12 Abs. 1, 15 Abs. 2 der Verordnung); auch hier sollen die-

---

wrong means?, in: Delvaux/Hunt/Talus (Hrsg.), EU Energy Law and Policy Issues, 2008, S. 173 ff.

[71] Kommissionsbeschluss v. 15.11.2012 zur Einsetzung der Koordinierungsgruppe „Strom", ABl. EU 2012 C 353/2.

[72] Im Vergleich zur Gassicherungsverordnung fällt dabei insbesondere das Fehlen quantifizierbarer Anforderungen an eine Mindestversorgung auf; besonders geschützte Kundengruppen werden nicht definiert.

[73] S. o. Fn. 64 f.

[74] Art. 14 des Vorschlags für eine Verordnung des EP und des Rates über die Risikovorsorge im Elektrizitätssektor und zur Aufhebung der RL 2005/89/EG, COM(2016) 862 final v. 30.11.2016.

se Abreden durch nicht bindende Leitlinien der Kommission vorstrukturiert werden (Art. 15 Abs. 7 der Verordnung). Anders als im Gassektor wird den Mitgliedstaaten für den Abschluss dieser Vereinbarungen keine eigenständige Frist gesetzt; sie ergibt sich aber indirekt daraus, dass diese Abreden gemäß Art. 12 Abs. 1 der Verordnung in die Risikovorsorgepläne aufzunehmen sind, die die Mitgliedstaaten erstmals im Januar 2022 veröffentlichen müssen[75]. In der schließlich verabschiedeten Fassung ist nun ebenfalls vorgesehen, dass die Mitgliedstaaten sich auf ad hoc-Maßnahmen zur Anwendung der Bestimmung einigen sollen, wenn bei Ausbruch einer Krise über den Rahmen noch keine Rahmen-Einigung erzielt wurde (Art. 15 Abs. 8 der Verordnung). In jedem Fall ist der ersuchende Mitgliedstaat zur Zahlung einer angemessenen Kompensation verpflichtet (Art. 15 Abs. 6, Abs. 8 Satz 2 der Verordnung). Zugleich finden sich hier nun auch Formulierungen zur Definition der ersatzfähigen Aufwendungen des ersuchten Mitgliedstaats, die an die Gassicherungsverordnung angelehnt sind; auch hier findet sich nun der Verweis auf unionsgrundrechtlich geschuldete Entschädigungszahlungen durch den hilfeleistenden Staat, die der empfangende Staat im Rahmen der Kompensation erstatten müsse[76].

# V. Ergebnisse

Ein europaweiter Krisenmechanismus gehört als Notfallstruktur zu einem vollständigen Energiebinnenmarkt, der sich im Krisenfall nicht wieder in nationale Parzellen auflösen kann; insoweit sind der Solidaritätsmechanismus der Gassicherungsverordnung und die Aufnahme einer entsprechenden Struktur für den Stromsektor in das Regelungspaket des clean energy package folgerichtige Schritte. Die Schwierigkeiten und negativen Reflexe, die dabei zu überwinden sind, zeigt die auch im Fall der Gassicherungsverordnung noch nicht abgeschlossene Diskussion über die Entschädigungsmaßstäbe. Auf der anderen Seite machen gerade die erwähnten Risikosimulationen von ENTSO-G das beeindruckende Potential des Energiebinnenmarktes für eine Verbesserung der Versorgungssicherheit der Mitgliedstaaten deutlich. Im Interesse einer störungsfreien Energieversorgung wird man allerdings darauf hoffen, dass sich in nächster Zeit kein Anlass ergibt, die noch offenen Fragen des Notversorgungsregimes gerichtlich zu klären.

---

[75] S. o. bei Fn. 72; gemäß Art. 12 Abs. 2 der Verordnung haben die Mitgliedstaaten 8 Monate vor Ablauf der Frist für die Veröffentlichung des Risikovorsorgeplans der Koordinierungsgruppe Strom über die getroffenen Vereinbarungen Bericht zu erstatten.
[76] Art. 15 Abs. 5 der Verordnung; daneben sollen aber auch „weitere vertretbare Kosten, die durch Kompensationsleistungen nach Maßgabe nationaler Kompensationsvorschriften entstehen", ersatzfähig sein.

# Investitionsschutz im Energiebinnenmarkt

## Die Zukunft des Energiecharta-Vertrages*

### Claas Friedrich Germelmann

* Elemente des Vortrags sind vorveröffentlicht in dem Aufsatz „Die Zukunft des Investitionsschutzes im europäischen Energierecht" in: RdE 2018, 229 ff.

## I. Einführung: Die Bedeutung von Investitionen für den europäischen Energiebinnenmarkt

Der rechtliche Rahmen für Investitionen im EU-Binnenmarkt betrifft die unterschiedlichsten Rechtsbereiche. Abseits von der primär zivilrechtlichen Ausgestaltung der Umsetzung von Investitionen, ihrer versicherungstechnischen Absicherung und den kapitalmarktrechtlichen Rahmenbedingungen für die Aufbringung finanzieller Mittel kann das Recht Grundvoraussetzungen schaffen, welche entweder vorteilhafte Anreize setzen oder aber verhindernd auf Investitionen wirken. Diese positiven oder negativen Anreize hängen im Regelfall von politischen Grundentscheidungen ab, was in struktureller Hinsicht keineswegs eine Besonderheit des Energiesektors darstellt. Gleichwohl fällt auf, dass die Rahmenbedingungen für Investitionen im Energiebereich nicht im Fokus der aktuellen Diskussion um die Neuausrichtung der Energieversorgung in der Europäischen Union stehen. Dies ist insofern bemerkenswert, als gerade der Schutz von privaten Investitionen sowohl für den Binnenmarkt als auch für das Gelingen einer Umgestaltung der Energiewirtschaft eine erhebliche Bedeutung besitzt. Denn das finanzielle Engagement privater Investoren ist für den Erzeugungssektor unverzichtbar, wie das Beispiel des Ausbaus erneuerbarer Energien zeigt. Auf der nationalen Ebene, die nach der Struktur des europäischen Energierechts hier nach wie vor maßgeblich ist[1], zeigt sich nicht nur in den jüngsten Entwicklungen in der deutschen Energiewirtschaft, dass die Rahmenbedingungen für private Investitionen die Zielerreichung für den Ausbau wesentlich beeinflussen[2].

---

[1] Vgl. die Grundentscheidung des Art. 194 Abs. 2 Unterabs. 2 AEUV, die zwar Maßnahmen der Union in diesem Bereich nicht a priori ausschließt, aber vor rechtlich wie politisch hohe Hürden stellt. S. dazu beispielhaft m. w. N. *Germelmann*, Entwicklungen des Rechts des Klimaschutzes, in: FS Danner, 2019, S. 469 (478 f.) [i. E.]; eingehend zur Reichweite der Norm *Gundel*, in: Danner/Theobald (Hrsg.), Energierecht, Loseblatt (Stand 100. EL 2018), EuEnR Rn. 23 ff.

[2] Vgl. jüngst den Bericht „Nord- und Ostsee: Ausbau der Windenergie nähert sich Ober-

Entsprechendes gilt für den Bereich des Netzausbaus; denn hier besteht die zentrale Förderstrategie der Union darin, durch entsprechende rechtliche Rahmenbedingungen sowie die Bereitstellung begrenzter öffentlicher Fördermittel private Investitionen anzulocken, um die gewaltigen Summen, die für den bedarfsgerechten Netzausbau erforderlich sind, zu generieren[3]. Allein mit öffentlichen Mitteln ist der Finanzbedarf nicht zu decken. Dies gilt in gleicher Weise für die Fazilität „Connecting Europe" (CEF)[4] wie auch für die Europäischen Struktur- und Investitionsfonds (ESIF)[5], die allenfalls begrenzte Mittel für Investitionen im Energiesektor bereitstellen. Der Notwendigkeit, hier in hinreichendem Umfang private Investitionen für die jeweiligen Vorhaben sicherzustellen, steht die Sicherheitsrelevanz der Übertragungsnetze und der wirtschaftlichen Kontrolle über sie gegenüber und begrenzt die Zahl potenzieller Investoren[6]. Vor diesen verschiedenen Hintergründen hat das Recht des Investitionsschutzes eine für die Versorgungssicherheit des Binnenmarktes, aber auch für die Erreichung der Klimaschutzziele nicht unwesentliche Bedeutung.

Gleichwohl behandeln die Rechtsakte des jüngst verkündeten Pakets zur Energieunion den Bereich kaum; es finden sich allenfalls einzelne punktuelle Bestimmungen in der Erneuerbare-Energien-Richtlinie[7] sowie die bereits im

---

grenze", www.faz.net v. 17.7.2019 (alle Online-Quellen in diesem Beitrag wurden zuletzt abgerufen am 30.8.2019).

[3] Vgl. dazu schon *Germelmann*, Energieunion und europäische Energienetze – auf dem Weg zu einem wirklichen Zusammenwachsen des Binnenmarktes?, in: Gundel/Lange (Hrsg.), Energieversorgung zwischen Energiewende und Energieunion, 2017, S. 27 (44 ff.) m. w. N.

[4] VO (EU) Nr. 1316/2013 des EP und des Rates v. 11.12.2013 zur Schaffung der Fazilität „Connecting Europe", zur Änderung der VO (EU) Nr. 913/2010 und zur Aufhebung der Verordnungen (EG) Nr. 680/2007 und (EG) Nr. 67/2010, ABl. EU 2013 L 348/129, mit späteren Änderungen.

[5] Vgl. VO (EU) Nr. 1303/2013 des EP und des Rates v. 17.12.2013 mit gemeinsamen Bestimmungen über den Europäischen Fonds für regionale Entwicklung, den Europäischen Sozialfonds, den Kohäsionsfonds, den Europäischen Landwirtschaftsfonds für die Entwicklung des ländlichen Raums und den Europäischen Meeres- und Fischereifonds sowie mit allgemeinen Bestimmungen über den Europäischen Fonds für regionale Entwicklung, den Europäischen Sozialfonds, den Kohäsionsfonds und den Europäischen Meeres- und Fischereifonds und zur Aufhebung der VO (EG) Nr. 1083/2006 des Rates, ABl. EU 2013 L 347/320 mit späteren Änderungen.

[6] Vgl. dazu allgemein *Lecheler/Germelmann*, Zugangsbeschränkungen für Investitionen aus Drittstaaten im deutschen und europäischen Energierecht, 2010, S. 10 ff. Vgl. auch die politische Kontroverse um die Verhinderung der Investition des chinesischen Staatskonzerns State Grid Corporation of China (SGCC) beim Übertragungsnetzbetreiber 50Hertz; dazu Antworten der Bundesregierung auf die Kleine Anfrage der Fraktion der FDP „Einstieg der KfW beim Stromnetzbetreiber 50Hertz", BT-Drs. 19/4195 v. 10.9.2018, und auf die Kleine Anfrage der Fraktion Bündnis 90/Die Grünen „Übernahme von Anteilen des Übertragungsnetzbetreibers 50Hertz durch die KfW und Rolle der KfW bei der Finanzierung von fossilen Kraftwerksprojekten", BT-Drs. 19/4382 v. 18.9.2019.

[7] S. Art. 6 „Stabilität der finanziellen Förderung" der RL (EU) 2018/2001 des EP und des Rates v. 11.12.2018 zur Förderung der Nutzung von Energie aus erneuerbaren Quellen, ABl. EU 2018 L 328/82.

Dritten Binnenmarktpaket enthaltenen[8] Vorschriften über die Begrenzungs-
möglichkeiten ausländischer Direktinvestitionen in Übertragungs- und Fernleitungsnetzbetreiber[9].

## II. Internationaler Investitionsschutz im Energierecht: Der Energiecharta-Vertrag

Abseits aller spezifischen positiven Anreize für oder gegen private Investitionen ist eines ihrer zentralen Grundbedürfnisse die Rechtssicherheit bezogen
auf den Schutz des eingesetzten Kapitals[10].

### 1. Grenzen des unionsrechtlichen Investitionsschutzes im Primärrecht

Die rechtliche Absicherung von privaten Investitionen erfolgt im europäischen
Unionsrecht in erster Linie durch das allgemeine Binnenmarktrecht, d. h. die
Grundfreiheiten, namentlich die Kapitalverkehrsfreiheit nach Art. 63 AEUV[11]
sowie die Niederlassungsfreiheit gemäß Art. 49 AEUV. Auf grundrechtlicher
Ebene schützen die Berufs- und Unternehmerfreiheit sowie das Eigentums-
recht den privaten Investor[12]; diese Garantien finden sich in den Art. 15 ff. GRC.
Diese Vorschriften geben von sich aus ein adäquates Schutzniveau auch für Investitionen aus Drittstaaten, wenngleich Differenzierungen zwischen ihnen
und dem Schutz von Investitionen aus der Union selbst bestehen. So schützen
die grundrechtlichen Garantien zwar Unionsbürger ebenso wie Drittstaats-
angehörige[13]. Unterschiede bestehen indes im Bereich des Schutzes durch die

---

[8] Art. 11 der Strombinnenmarkt-Richtlinie, RL 2009/72/EG des EP und des Rates
v. 13.7.2009 über gemeinsame Vorschriften für den Elektrizitätsbinnenmarkt und zur Aufhebung der RL 2003/54/EG, ABl. EU 2009 L 211/55, und Art. 11 der Gasbinnenmarkt-Richt-
linie, RL 2009/73/EG des EP und des Rates v. 13.7.2009 über gemeinsame Vorschriften für
den Erdgasbinnenmarkt und zur Aufhebung der RL 2003/55/EG, ABl. EU 2009 L 211/94.
Dazu *Lecheler/Germelmann*, Zugangsbeschränkungen für Investitionen aus Drittstaaten im
deutschen und europäischen Energierecht, 2010, S. 165 ff.

[9] Art. 53 der RL (EU) 2019/944 des EP und des Rates v. 5.6.2019 mit gemeinsamen Vorschriften für den Elektrizitätsbinnenmarkt und zur Änderung der RL 2012/27/EU, ABl. EU
2019 L 158/125; Art. 11 der Erdgasbinnenmarkt-Richtlinie i. d. F. der RL (EU) 2019/692 des
EP und des Rates v. 17.4.2019 zur Änderung der RL 2009/73/EG über gemeinsame Vorschriften für den Erdgasbinnenmarkt, ABl. EU 2019 L 117/1.

[10] Ausführlich zu den Risiken internationaler Investitionen *Sornarajah*, The International Law on Foreign Investment, 4. A. 2017, S. 87 ff.

[11] Aus der Rechtsprechung EuGH, 21.5.2019 Rs. C-235/17 (Kommission/Ungarn).

[12] Zu letzterem vgl. EuGH, 21.5.2019 Rs. C-235/17 (Kommission/Ungarn). S. aber auch
EuGH (GK), 20.9.2016 verb. Rs. C-8/15 P bis C-10/15 P (Ledra Advertising u. a./Kommis-
sion und EZB); EuG, 13.7.2018 Rs. T-786/14 (Bourdouvali u. a./Rat u. a.); EuG, 13.7.2018 Rs.
T-680/13 (Chrysostomides u. a./Rat u.a); EuG, 23.5.2019 Rs. T-107/17 (Steinhoff u. a./EZB),
Rn. 99 ff.

[13] Zur Begrenzung in Art. 15 Abs. 3 GRC *Ruffert*, in: Calliess/ders., EUV/AEUV, 5.
A. 2016, Art. 15 GRC Rn. 9.

Grundfreiheiten. Hier hat die Rechtsprechung den Schutz für die Investitionen aus Drittstaaten im Wesentlichen auf Portfolioinvestitionen verengt[14]. Denn nur bei diesen greift der Schutz der Kapitalverkehrsfreiheit als neben dem Binnenmarktbezug auch drittstaatsbezogener Grundfreiheit letztlich durch. Direktinvestitionen, die für Investoren aus Drittstaaten natürlich in besonderem Maße bedeutsam, aber auch risikoreich sind, werden nach der Rechtsprechung allein von der Niederlassungsfreiheit erfasst[15], die Drittstaatsinvestoren nicht berechtigt[16]. In binnenmarktrechtlicher Hinsicht besteht so also eine Schutzlücke, die aber vornehmlich die Vornahme der Investition erfasst; der Bestand an Investitionen wird durch den grundrechtlichen Schutz in materieller Hinsicht abgesichert und unterliegt lediglich den Schrankenanforderungen des Art. 52 Abs. 1 GRC sowie im Falle von Eigentumsentziehungen der Entschädigungspflicht des Art. 17 Abs. 1 Satz 2 GRC. Wenngleich daher der materielle Schutz innerhalb des Unionsrechts wie auch im Verhältnis gegenüber Drittstaaten im Ergebnis gewährleistet ist, muss Gleiches doch nicht zwingend auch für die prozessuale Durchsetzung gelten. Denn diese obliegt den nationalen Gerichten der Mitgliedstaaten, welche zwar alle in gleicher Weise an die Rechtsschutzgarantien des Art. 47 GRC einschließlich des Gebots der Wahrung angemessener Entscheidungsfristen (Satz 2 a. E.) gebunden sind, für deren Einhaltung die Union freilich keine tatsächlich in jedem Falle wirksame Garantie übernehmen kann[17]. Gerade in jüngerer Zeit sind nicht selten Zweifel an einer korrekten Umsetzung der unionsrechtlichen Anforderungen und Standards aufgebracht worden[18].

## 2. *Die völkerrechtliche Ebene des Energiecharta-Vertrages*

Daher steht neben den unionsrechtlichen Garantien das internationale Investitionsschutzrecht, welches auf völkerrechtlicher Ebene Ersatzansprüche privater Investoren gegen die Staaten wegen einer Beeinträchtigung oder Entziehung von Vermögenswerten begründet. Die völkervertraglichen Schutzbestimmungen, die meist auf bilateralen Vereinbarungen beruhen[19], treten nach

---

[14] Ausführlich *Lecheler/Germelmann*, Zugangsbeschränkungen für Investitionen aus Drittstaaten im deutschen und europäischen Energierecht, 2010, S. 114 ff. m. w. N.

[15] Vgl. aus der Rechtsprechung EuGH, 13.4.2000 Rs. C-251/98, Slg. 2000, I-2787 (Baars); EuGH, 5.11.2002 Rs. C-208/00, Slg. 2002, I-9919 (Überseering).

[16] Vgl. EuGH, 3.10.2006 Rs. C-452/04, Slg. 2006, I-9521 (Fidium Finanz); EuGH, 17.7.2008 Rs. C-207/07, Slg. 2008, I-111* (abgek. Veröff.) – Kommission/Spanien; EuGH, 24.5.2007 Rs. C-157/05, Slg. 2007, I-4051 (Holböck).

[17] Anders sieht dies offenbar die Kommission in ihrer Mitteilung „Schutz EU-interner Investitionen", COM(2018) 547 final v. 19.7.2018, S. 5 ff.

[18] S. allgemein zur ambivalenten aktuellen Rechtsprechung in diesem Zusammenhang *Germelmann/Gundel*, Die Entwicklung der EuGH-Rechtsprechung zum europäischen Verfassungs- und Verwaltungsrecht im Jahr 2018, BayVBl. 2019, 613 (621) m. w. N. Ferner etwa *Classen*, Der EuGH und die Schiedsgerichtsbarkeit in Investitionsschutzabkommen, EuR 2012, 611 (625 ff.).

[19] Allgemein *Sornarajah*, The International Law on Foreign Investment, 4. A. 2017, S. 204 ff.

der vertraglichen Konzeption eigenständig neben diejenigen aus dem Unions-
primärrecht und sind von diesen unabhängig. Derartige völkerrechtliche Inves-
titionsschutzgarantien kommen in gleicher Weise Investoren aus der Union wie
auch aus den Drittstaaten, die Partei des jeweiligen Abkommens sind, zugute,
was rechtliche Konflikte im Unionsrecht erzeugen kann. Daher sind die Investitionsschutzverträge der Mitgliedstaaten mit dritten Ländern in der jüngeren
Entwicklung Angriffen seitens der Unionsorgane, insbesondere der Kommission ausgesetzt[20], was in Teilen auch durch die Rechtsprechung des EuGH be-
fördert wird[21].

Im Energierecht nimmt der Energiecharta-Vertrag von 1994[22] eine besondere Rolle ein[23]. Er besitzt einen Investitionsschutzteil, geht allerdings in seinen
Regelungsinhalten darüber hinaus[24]. Zudem ist er ein multilaterales Abkommen und wurde seitens der Union und ihrer Mitgliedstaaten als Gemischtes
Abkommen abgeschlossen[25]. Sein Anwendungsbereich liegt im Schwerpunkt
auf der europäischen und der eurasischen Region. Seine Zielsetzung bestand
darin, nach der Öffnung des Eisernen Vorhangs und der Umstrukturierung der
energiebezogenen Industrien der ehemaligen Ostblockstaaten die Grundlage
für eine Kooperation mit westlichen Staaten insbesondere im Bereich energie-
bezogener Investitionen zu schaffen und dabei einerseits die Versorgungssicherheit durch eine Absicherung der Lieferbeziehungen zu fördern[26], andererseits
westlichen Investitionen eine stabile Grundlage zu verschaffen[27].

Die politische Zukunft des Energiecharta-Vertrages ist indes nicht eindeutig. Zwar existiert der Vertrag trotz des grundlegenden Wandels der politischen
Landschaft und des Verhältnisses zwischen den westlichen Staaten und denen
des ehemaligen Ostblocks nach wie vor, jedoch hat sich die Zahl seiner Mit-

---

[20] Vgl. etwa die Mitteilung der Kommission „Schutz EU-interner Investitionen",
COM(2018) 547 final v. 19.7.2018.

[21] Dazu noch näher unten III.2.

[22] Vertrag über die Energiecharta, ABl. EG 1998 L 69/26.

[23] Zusammenfassend in jüngerer Zeit *Coop*, 20 Years of the Energy Charter Treaty, ICSID
Rev. 29 (2014), 515.

[24] Eingehend *Germelmann*, in: Danner/Theobald (Hrsg.), Energierecht, Loseblatt (Stand:
100. EL 2018), EnCharta Rn. 4 ff., 164 ff.; *Gundel*, Regionales Wirtschaftsvölkerrecht in der
Entwicklung: Das Beispiel des Energiecharta-Vertrages, AVR 42 (2004), 157 ff.

[25] 98/181/EG, EGKS, Euratom: Beschluß des Rates und der Kommission v. 23.9.1997
über den Abschluß des Vertrags über die Energiecharta und des Energiechartaprotokolls über
Energieeffizienz und damit verbundene Umweltaspekte durch die Europäischen Gemeinschaften, ABl. EG 1998 L 69/1.

[26] Vgl. zu dieser Zielrichtung im Energiehandel heute *Leal-Arcas*, How Governing International Trade in Energy Can Enhance EU Energy Security, RELP 2015, 202.

[27] Ausführlich *Germelmann*, in: Danner/Theobald (Hrsg.), Energierecht, Loseblatt
(Stand: 100. EL 2018), EnCharta Rn. 12 ff. m. w. N. Vgl. auch *Liesen*, Der Vertrag über die
Energiecharta, Diss. Bochum 2004, S. 5 ff.; *Salacuse*, The Energy Charter Treaty and Bilateral
Investment Treaty Regimes, in: Wälde (Hrsg.), The Energy Charter Treaty – An East-West
Gateway for Investment and Trade, 1996, S. 321 (328 ff.).

gliedstaaten zwischenzeitlich verringert. Dies betrifft in erster Linie Russland, welches den Vertrag zwar unterzeichnet, nicht aber ratifiziert hatte. Mit der endgültigen Notifikation, keine Ratifikation mehr zu beabsichtigen, ist im Jahr 2009 auch die vorläufige Anwendung des Abkommens gegenüber diesem Staat beendet worden[28], was freilich nicht diejenigen Investitionsschutzfälle berührt, die bereits vor diesem Zeitpunkt eingetreten waren[29]. Auch Italien ist zwischenzeitlich vom Energiecharta-Vertrag zurückgetreten[30], wobei sich der Rücktritt freilich nur auf denjenigen Teil beziehen kann, der nicht ohnedies den Unionskompetenzen unterliegt[31].

## 3. Die investitionsschutzrechtliche Praxis nach dem Energiecharta-Vertrag

Die aktuelle schiedsgerichtliche Rechtsprechung nach dem Energiecharta-Vertrag ist rege[32]. Aufsehenerregend sind Einzelfälle wie etwa das *Yukos*-Verfahren gegen Russland, aber auch das *Vattenfall*-Verfahren gegen Deutschland. Sie beförderten nicht selten außer der rechtlichen Kontroverse auch politische Debatten um die Sachgerechtigkeit der Investitionsschutzschiedsgerichtsbarkeit[33] und ihr Verhältnis zur politischen Entscheidungsfreiheit der Staaten hinsichtlich der Ausgestaltung ihres jeweiligen Energiesektors. Abseits von diesen großen Schiedsverfahren hat die Schiedsgerichtsbarkeit aber auch zu zahlreichen weiteren Entscheidungen gegen verschiedene Staaten in unterschiedlichen Sektoren des Energierechts geführt; weitere sind weiterhin anhängig bzw. werden anhängig gemacht[34].

## a) Hochpolitische Schiedsverfahren: Yukos-Verfahren und Vattenfall-Verfahren

Die Streitigkeiten um die Zerschlagung des Unternehmens *Yukos* durch den russischen Staat haben für besondere politische Aufmerksamkeit gesorgt. Sie

---

[28] Vgl. *Cameron*, International Energy Investment Law, 2010, Rn. 7.24.

[29] Näher *Germelmann*, in: Danner/Theobald (Hrsg.), Energierecht, Loseblatt (Stand: 100. EL 2018), EnCharta Rn. 41 ff.

[30] Vgl. *Faccio*, The Italian Energy Reform as a Source of International Investment Disputes, Riv. dir. int. priv. e proc. 2016, 460 (462).

[31] S. dazu *Germelmann*, in: Danner/Theobald (Hrsg.), Energierecht, Loseblatt (Stand: 100. EL 2018), EnCharta Rn. 48 f.

[32] Die Entscheidungen der Schiedsgerichte sind, sofern sie veröffentlicht worden sind, abrufbar unter www.italaw.com und https://energycharter.org.

[33] Zusammenfassend m. w. N. etwa *Classen*, Die Unterwerfung demokratischer Hoheitsgewalt unter eine Schiedsgerichtsbarkeit, EuZW 2014, 611; *Gundel*, Völkerrechtliche Rahmenbedingungen der Energiewende – Der Energiecharta-Vertrag und das Vattenfall-Verfahren vor dem ICSID-Schiedsgericht, EnWZ 2016, 243 (248 ff.). Allgemein auch *Collins*, An Introduction to International Investment Law, 2017, S. 23 ff.

[34] Vgl. die vom Energiecharta-Sekretariat geführte Liste unter https://energycharter.org/what-we-do/dispute-settlement/all-investment-dispute-settlement-cases/.

verbinden die hochpolitische Bedeutung des Vorgangs, seine allgemeinen menschenrechtlichen und rechtsstaatlichen Implikationen und seine wirtschaftliche Dimension mit der rechtlichen Sonderproblematik der vorläufigen Anwendbarkeit des Energiecharta-Vertrages im Verhältnis zu Russland[35]. Diese stellte schon im Schiedsverfahren eine zentrale Frage bei der Begründung der Zuständigkeit der Schiedsgerichte gegenüber Russland dar. Die schiedsgerichtlichen Entscheidungen bejahten die Zuständigkeit trotz des Einwandes, dass die vorläufige Anwendbarkeit mit russischem Verfassungsrecht nicht in Einklang zu bringen sei und daher von Russland nicht hatte akzeptiert werden können[36]. Sie sprachen in der Konsequenz den Klägern eine Rekordentschädigung von rund 50 Mrd. US-Dollar zu[37]. Russland hat die Schiedssprüche indes angefochten[38], so dass ihre Vollstreckung weiterhin Hürden begegnet[39]. Hinzu kommt, dass Staaten wie Frankreich oder Belgien die nationalen Voraussetzungen für Vollstreckungen gegenüber Staaten und ihren Einrichtungen in jüngerer Zeit verschärft haben[40].

In Deutschland ist das *Vattenfall*-Verfahren[41] nicht nur rechtlich, sondern auch politisch nachdrücklich diskutiert worden[42]. Der Umstand, dass es in der

---

[35] Näher *Germelmann*, in: Danner/Theobald (Hrsg.), Energierecht, Loseblatt (Stand: 100. EL 2018), EnCharta Rn. 119 m. w. N. Weitere Verfahren sind anhängig (z. B. Luxtona v. Russia, PCA Case No. NN; Yukos Capital SARL v. Russia, PCA Case No. NN).

[36] Hulley Enterprises (Cyprus) v. Russia, 30.11.2009, Interim Award on Jurisdiction and Admissibility, PCA Case No. AA 226, Rn. 301 ff.; Yukos Universal (Isle of Man) v. Russia, 30.11.2009, Interim Award on Jurisdiction and Admissibility, PCA Case No. AA 227, Rn. 301 ff.; Veteran Petroleum (Cyprus) v. Russia, 30.11.2009, Interim Award on Jurisdiction and Admissibility, PCA Case No. AA 228, Rn. 301 ff.

[37] Hulley Enterprises (Cyprus) v. Russia, Award, 18.7.2014, PCA Case No. AA 226; Yukos Universal (Isle of Man) v. Russia, Award, 18.7.2014, PCA Case No. AA 227; Veteran Petroleum (Cyprus) v. Russia, Award, 18.7.2014, PCA Case No. AA 228.

[38] Dazu *Moench/Lennartz*, Der Energiecharta-Vertrag im Geflecht des internationalen Investitionsschutzes, RdE 2015, 153 (155).

[39] Die Rechtbank Den Haag, 20.4.2016, C/09/477160/HA ZA 15–1 (english translation, ECLI:NL:RBDHA:2016:4230, abrufbar unter https://uitspraken.rechtspraak.nl/), hob die Schiedssprüche auf, da die vorläufige Anwendbarkeit des EnCV deren Zuständigkeit nicht erfasse. Ein Rechtsmittel ist noch immer anhängig.

[40] In Frankreich durch Neufassung der Art. 111-1-1 ff. Code des procédures civiles d'exécution mit Loi n° 2016–1691 du 9 décembre 2016 relative à la transparence, à la lutte contre la corruption et à la modernisation de la vie économique (Loi Sapin 2), JORF n°0287, 10.12.2016. S. auch Cass. 1ʳᵉ civ., 10.1.2018, n° 16–22.494, n° 3 P + B + I (ECLI:FR:CCASS:2018:C100003).

[41] Vattenfall v. Germany, ICSID Case No. ARB/12/12.

[42] Dazu z. B. *Buntenbroich/Kaul*, Transparenz in Investitionsschiedsverfahren – Der Fall Vattenfall und die UNCITRAL-Transparenzregeln, SchiedsVZ 2014, 1; *Gundel*, Völkerrechtliche Rahmenbedingungen der Energiewende – Der Energiecharta-Vertrag und das Vattenfall-Verfahren vor dem ICSID-Schiedsgericht, EnWZ 2016, 243; *Krajewski*, Umweltschutz und internationales Investitionsschutzrecht am Beispiel der Vattenfall-Klagen und des Transatlantischen Handels- und Investitionsabkommens (TTIP), ZUR 2014, 396 (399 f.); *Ludwigs*, Der Atomausstieg und die Folgen: Fordert der Paradigmenwechsel in der Energiepolitik einen Paradigmenwechsel beim Eigentumsschutz?, NVwZ 2016, 1.

Sache den Atomausstieg und damit eine energiepolitische Grundsatzentscheidung betraf, hat zu einer besonderen Aufmerksamkeit geführt, die auch die Frage nach den Grenzen schiedsgerichtlicher Entscheidungsbefugnisse aufwarf. In der Sache sind hier zumindest zwei Problemkreise klar auseinanderzuhalten: Die Frage nach der Rechtswidrigkeit des staatlichen Handelns, also letztlich der Legitimität der politischen Grundentscheidung und ihrer Umsetzung, ist von der Frage nach der Höhe etwaiger Schadensersatzforderungen, die in einem schiedsgerichtlichen Verfahren zugesprochen werden können, zu trennen. Bezüglich der rechtlichen Beurteilung der staatlichen Maßnahmen hat das Bundesverfassungsgericht in seiner Entscheidung vom Dezember 2016[43] über die parallel erhobenen Verfassungsbeschwerden die Regelungen des Atomrechtsänderungsgesetzes von 2011 zwar nicht als Enteignung im Sinne des Art. 14 Abs. 3 GG, wohl aber als ausgleichspflichtige Inhalts- und Schrankenbestimmung des Eigentums angesehen, weil sie eine Nutzung erheblicher Reststrommengen unmöglich machte und im Vertrauen hierauf getätigte Investitionen entwertete[44]. Im Kern der verfassungsrechtlichen Argumentation steht hierbei der Schutz des Vertrauens „in den Bestand der Rechtslage als Grundlage von Investitionen in das Eigentum und seine Nutzbarkeit"[45], den das Gericht ausdrücklich als verfassungsrechtliches Schutzgut des Art. 14 Abs. 1 GG ansieht. Dass für die Verletzung der Eigentumsrechte der Investoren eine Entschädigungsregelung geschaffen werden muss, ist damit klar. Hinsichtlich der konkreten Höhe des Ausgleichs hat das Bundesverfassungsgericht hingegen dem Gesetzgeber eine Entscheidungsfreiheit belassen, wobei es eine Frist bis zur Jahresmitte 2018 setzte[46]. Zwischenzeitlich ist eine entsprechende Gesetzesänderung verabschiedet worden[47]. Hier kann ein potenzieller Konflikt mit der weiterhin ausstehenden schiedsgerichtlichen Entscheidung bestehen; denn im Schiedsverfahren waren als Entschädigungsforderung für die Verletzung der Rechtspositionen des Energieversorgungsunternehmens aus dem Energiecharta-Vertrag rund

---

[43] BVerfG, 6.12.2016, 1 BvR 2821/11, 1 BvR 1456/12, 1 BvR 321/12, BVerfGE 143, 246; dazu *Börner*, Was bedeutet das Urteil des BVerfG vom 6.12.2016 in Sachen Atomausstieg für den Investitionsschutz?, RdE 2017, 119; *Shirvani*, Atomausstieg und mäandernde Gesetzgebung – Zum Atomausstiegsurteil des Bundesverfassungsgerichts, DÖV 2017, 281; *Büdenbender*, Rechtliche Bilanz der Energiewende 2011 im Hinblick auf den Ausstieg aus der Kernenergie, DVBl. 2017, 1449.

[44] BVerfG, 6.12.2016, 1 BvR 2821/11, 1 BvR 1456/12, 1 BvR 321/12, BVerfGE 143, 246 Rn. 310 ff. (bezüglich der Reststrommengen 2002), Rn. 369 ff. (betreffend Investitionen bezüglich der Reststrommengen 2010).

[45] BVerfG, 6.12.2016, 1 BvR 2821/11, 1 BvR 1456/12, 1 BvR 321/12, BVerfGE 143, 246 Ls. 8, Rn. 371 ff.

[46] BVerfG, 6.12.2016, 1 BvR 2821/11, 1 BvR 1456/12, 1 BvR 321/12, BVerfGE 143, 246 Rn. 399.

[47] Sechzehntes Gesetz zur Änderung des Atomgesetzes (16. AtGÄndG) v. 10.7.2018, BGBl. I S. 1122.

5,7 Mrd. EUR verlangt worden[48]. Diese Summe dürfte deutlich höher liegen als die im Gesetz vorgesehene Orientierung am durchschnittlichen marktüblichen Strompreis zwischen 2011 und 2022[49].

*b) Schiedsgerichtliche Kontrolle der Reduktion der Solarförderung in Italien und Spanien*

Einen wesentlichen zahlenmäßigen Anteil an den schiedsgerichtlichen Verfahren und Entscheidungen nach dem Energiecharta-Vertrag haben indes weniger die hochpolitischen, Aufmerksamkeit erregenden Fälle, sondern Verfahren gegen einzelne EU-Mitgliedstaaten wegen der Reduzierung der Förderung erneuerbarer Energien. Betroffen sind hierbei insbesondere Italien und Spanien, aber auch Tschechien und Bulgarien[50]. Diese Verfahren sind insofern relevant, als sie zum einen die investitionsschutzrechtliche Problematik der nachträglichen Veränderung staatlicher Fördermechanismen betreffen, zum anderen aber wegen ihrer Vielzahl zur Ausgestaltung von Rechtsprechungslinien beitragen, die für die Staaten Anhaltspunkte liefern, in welchem Umfang Reduktionen von Förderungen mit dem Investitionsschutzrecht zulässig sind und in welchen Situationen der Vertrauensschutz der Investoren Vorrang beansprucht. Nicht selten finden sich auch hier parallele verfassungsrechtliche Einschätzungen der jeweils zuständigen nationalen Entscheidungsinstanzen. Aus Illustrationsgründen sollen hier nur einige der einschlägigen Schiedssprüche beispielhaft vorgestellt werden.

Im Fall *Blusun ./. Italien*[51] geht es um tarifmäßige Einspeisevergütungen für Solarenergie, die ursprünglich für 20 Jahre garantiert waren (feed-in tariff)[52]. In der Folgezeit wurden die rechtlichen Rahmenbedingungen jedoch entgegen den ursprünglichen Rahmenbedingungen verändert. Dies führte aus Sicht der Investoren zu einer Unwirtschaftlichkeit des von ihnen unter der Geltung der ursprünglichen Einspeisevergütung begonnenen Projekts. Als belgische Staatsangehörige, also solche eines anderen Vertragsstaats des Energiecharta-Vertrags, beriefen sie sich gegenüber der italienischen Maßnahme auf dessen Gewährleistungen, nämlich auf das Verbot auch indirekter Enteignungen nach Art. 13

---

[48] S. die Meldung „Vattenfall will mehr Geld", www.faz.net v. 19.5.2018.

[49] Vgl. die Begründung des Gesetzentwurfs, BT-Drs. 19/2508 v. 5.6.2018, S. 2 f.: „Die Abschätzung der tatsächlichen Haushaltsausgaben ist mit erheblichen Unsicherheiten behaftet, da der Ausgleichsanspruch erst mit Ablauf des 31. Dezember 2022 entsteht und in seiner Höhe auch abhängig ist von der Entwicklung der Strompreise, den Kosten für die Stromerzeugung in den Jahren bis Ende 2022 und etwaigen weiterhin möglichen Übertragungen von Elektrizitätsmengen. Aus heutiger Sicht erscheint ein Betrag im oberen dreistelligen Millionenbereich plausibel."

[50] S. die Liste unter https://energycharter.org/what-we-do/dispute-settlement/all-investment-dispute-settlement-cases/.

[51] Blusun e. a. v. Italy, Award, 27.12.2016, ICSID Case No. ARB/14/3.

[52] Blusun e. a. v. Italy, Award, 27.12.2016, ICSID Case No. ARB/14/3, Rn. 76 ff. Zur italienischen Rechtslage vgl. näher *Faccio*, The Italian Energy Reform as a Source of International Investment Disputes, Riv. dir. int. priv. e proc. 2016, 460.

EnCV sowie auf einen Verstoß gegen Art. 10 Abs. 1 EnCV und den darin enthaltenen Fair-and-equitable-treatment (FET)-Standard[53]. Diese Garantie ist im
Investitionsschutzrecht in verschiedenen Detailformulierungen gleichsam als
Auffangschutznorm in den meisten völkerrechtlichen Abkommen verankert[54].
Die von den Investoren gegen die italienischen Maßnahmen erhobene Klage
wies das Schiedsgericht indes mit der Begründung ab, dass die staatlichen Maßnahmen den Vertrauensschutz der Kläger nicht in unverhältnismäßiger Weise
einschränkten; eine dauerhaft gleichbleibende Förderung an sich könne nicht
der Gegenstand schutzwürdigen Vertrauens sein. Um einen hinreichenden,
durch das Investitionsschutzrecht des Energiecharta-Vertrags geschützten Ver-
trauenstatbestand zu begründen, hätte der Staat spezifische Verpflichtungen
eingehen müssen; anderenfalls seien auch nachträgliche Änderungen in den För-
derbedingungen aus fiskalischen Gründen weiterhin möglich[55]. Dieser Schiedsspruch wurde von den Antragstellern im Wege des Rechtsbehelfs nach Art. 50
ICSID-Konvention angefochten; eine Entscheidung liegt, soweit ersichtlich,
noch nicht vor.

Von Interesse ist freilich, dass die in den Schiedsverfahren streitgegenständli-
chen staatlichen Anpassungsmaßnahmen auch Gegenstand eines Verfahrens vor
der italienischen Corte Costituzionale waren, welche sie unabhängig von den
Schiedsverfahren auf ihre Vereinbarkeit mit der italienischen Verfassung über-
prüfte. Die verfassungsrechtliche Wertung kam dabei zu einem entsprechenden
Ergebnis. Die Anpassung der Fördermaßnahmen erklärt die Corte Costituzionale für verfassungsgemäß, da die im Wege des Vertrauensschutzes erworbenen
Rechtspositionen in langjährigen Rechtsbeziehungen aus sachlichen Gründen
auch eingeschränkt werden dürften. Hierzu gehöre auch die Neuausrichtung
eines Fördersystems mit Blick auf die Kostenlast der Endverbraucher[56].

---

[53] Im Wortlaut: „Each Contracting Party shall, in accordance with the provisions of this
Treaty, encourage and create stable, equitable, favourable and transparent conditions for Investors of other Contracting Parties to make Investments in its Area. Such conditions shall
include a commitment to accord at all times to Investments of Investors of other Contracting Parties fair and equitable treatment. Such Investments shall also enjoy the most constant
protection and security and no Contracting Party shall in any way impair by unreasonable
or discriminatory measures their management, maintenance, use, enjoyment or disposal. In
no case shall such Investments be accorded treatment less favourable than that required by
international law, including treaty obligations. Each Contracting Party shall observe any obligations it has entered into with an Investor or an Investment of an Investor of any other
Contracting Party.“

[54] Vgl. näher dazu *Schreuer*, Fair and equitable treatment (FET): interactions with other
standards, in: Coop/Ribeiro (Hrsg.), Investment Protection and the Energy Charter Treaty,
2008, S. 63 ff.; *Vasciannie*, The Fair and Equitable Treatment Standard in International Investment Law and Practice, BYIL 70 (1999), 99 ff.; *Germelmann*, in: Danner/Theobald (Hrsg.),
Energierecht, Loseblatt (Stand: 100. EL 2018), EnCharta Rn. 72 ff.

[55] Blusun e. a. v. Italy, Award, 27.12.2016, ICSID Case No. ARB/14/3, Rn. 319, 371 ff.

[56] Corte cost., 7.12.2016, Sentenza 16/2017 (ECLI:IT:COST:2017:16). Dazu *Salatino*,
Decision of the Italian Constitutional Court no. 16 adopted on January 24th, 2017: Article

Die Situation in den Spanien betreffenden Fällen ist im Ausgangspunkt vergleichbar. Auch in mehreren gegen diesen Staat geführten Schiedsverfahren griffen in der Regel ebenfalls Investoren aus anderen EU-Mitgliedstaaten Anpassungen des staatlichen Förderregimes für den Solarsektor an, die im Zuge der spanischen Wirtschaftskrise vorgenommen worden waren. Diese Anpassungen durch gesetzliche und untergesetzliche Bestimmungen hatten die Rahmenbedingungen einer Förderung erheblich verschlechtert und damit Einfluss auf die ursprüngliche Investitionsentscheidung genommen. So waren beispielsweise Begrenzungen für die förderfähigen Produktionsmengen, zeitliche Höchstförderdauern und neue Berechnungsmethoden eingeführt worden. Die Entscheidungen der Schiedsgerichte in den diese Maßnahmen betreffenden Verfahren *Charanne ./. Spanien*[57], *Isolux ./. Spanien*[58] und *Eiser ./. Spanien*[59] nahmen wie im Fall *Blusun ./. Italien* eine differenzierende Sichtweise ein und erkannten in der Sache die staatliche Gestaltungsfreiheit bei Regulierungsentscheidungen im Grundsatz an. Sie lehnten damit eine Versteinerung der ursprünglichen Fördermaßnahmen ab, sofern nicht über das allgemeine Förderregime hinausgehende Vertrauenstatbestände bestünden und die Änderungen nicht grundlegend, unvernünftig und ohne jede Berücksichtigung von bereits getätigten Investitionen erfolgt seien[60]. Nach der Präzisierung der Entscheidung *Eiser ./. Spanien* verpflichtet Art. 10 Abs. 1 EnCV nur dazu, eine grundsätzliche Stabilität der wesentlichen Charakteristika des rechtlichen Rahmens zu bewahren, auf den der Investor seine Investitionsentscheidung gestützt hat[61]. In diesem Fall war die schiedsgerichtliche Klage auch erfolgreich, weil nach der Ansicht des Schiedsgerichts in dem neuen Berechnungsmodell[62] eine derart drastische Umgestaltung des rechtlichen Rahmens lag, dass die Investition erheblich entwertet und so das Recht der Kläger aus Art. 10 Abs. 1 EnCV verletzt wurde[63]. Das Schiedsgericht erkannte den Klägern rund 128 Mio. EUR zu. Freilich be-

---

26 of Law Decree no. 91/2014 (remodelling feed-in tariffs for photovoltaic plants that have a nominal power exceeding 200kW) is not against the Italian Fundamental Law, RELP 2017, 31.

    [57] Charanne v. España, Laudo final, 21.1.2016, SCC Arbitraje No.: 062/2012.
    [58] Isolux v. España, Laudo, 12.7.2016, Arbitraje SCC V2013/153.
    [59] Eiser v. Spain, Award, 4.5.2017, ICSID Case No. ARB/13/36.
    [60] Vgl. Eiser v. Spain, Award, 4.5.2017, ICSID Case No. ARB/13/36, Rn. 362 ff.; Charanne v. España, Laudo final, 21.1.2016, SCC Arbitraje No.: 062/2012, Rn. 515 ff.; Masdar Solar & Wind Cooperatief U. A., Award, 16.5.2018, ICSID Case No. ARB/14/1, 485 ff.
    [61] Eiser v. Spain, Award, 4.5.2017, ICSID Case No. ARB/13/36, Rn. 382.
    [62] S. zu der Berechnung über eine hypothetische effiziente Standardanlage ohne Berücksichtigung tatsächlicher finanzieller und betrieblicher Charakteristika der bestehenden Anlagen Eiser v. Spain, Award, 4.5.2017, ICSID Case No. ARB/13/36, Rn. 392 ff.
    [63] Eiser v. Spain, Award, 4.5.2017, ICSID Case No. ARB/13/36, Rn. 387 ff., 409 ff., in ausdrücklicher Abgrenzung (Rn. 367) zum Fall Charanne v. España, Laudo final, 21.1.2016, SCC Arbitraje No.: 062/2012. Vgl. auch Novenergia II – Energy & Environment (SCA) (Grand Duchy of Luxembourg), SICAR v. Spain, Final Arbitral Award, 15.2.2018, SCC Arbitration (2015/063).

gegnet auch hier die Vollstreckung Schwierigkeiten: Gegen die Anerkennung und Vollstreckung des Schiedsspruchs in den Vereinigten Staaten wehrt sich Spanien derzeit[64]. Die EU-Kommission stuft die Vollstreckung der Entscheidung als staatliche Beihilfe ein[65] und hat sich zugleich als amicus curiae in das Verfahren vor den US-Gerichten eingebracht[66].

Andere schiedsgerichtliche Verfahren führten ebenfalls zu Schadensersatzverurteilungen des spanischen Staates[67]; wieder andere hatten Klageabweisungen zur Folge, wie dies in den Fällen *Charanne ./. Spanien* und *Isolux ./. Spanien* der Fall war. Das spanische Verfassungsgericht hat die Änderungen der Förderrahmen ebenfalls als verhältnismäßig gebilligt[68].

## III. Intra-EU-Streitigkeiten als unionsrechtliche Problematik des Energiecharta-Vertrags

Auch wenn das Investitionsschutzrecht des Energiecharta-Vertrags einen Beitrag dazu leistet, Lücken im Schutzniveau für private Investoren zu schließen, ist es doch innerhalb des Unionsrechts Kritik ausgesetzt. Diese beruht auf dem Umstand, dass es sich bei den meisten Streitigkeiten um Intra-EU-Streitigkeiten handelt, in denen also ein Investor aus einem EU-Mitgliedstaat gegen einen anderen EU-Mitgliedstaat klagt. Dieser Vorwurf trifft den Energiecharta-Vertrag in gleicher Weise wie die zahlreichen bilateralen Investitionsschutzverträge (bilateral investment treaties – BITs) zwischen EU-Mitgliedstaaten, die in Zeiten vor dem EU-Beitritt beider Vertragspartner geschlossen worden waren[69]. Der insofern regelmäßig vom beklagten Mitgliedstaat, unterstützt durch die Europäische Kommission als amicus curiae, erhobene Einwand war vor den Schiedsgerichten im Fall des Energiecharta-Vertrages bislang nicht erfolgreich. Zumeist zogen sie sich auf fehlende vertragliche Regelungen zum Verhältnis

---

[64] S. die Meldung „Spain Moves To Vacate Judgment Confirming $146M ICSID Award", 29.6.2017, www.lexislegalnews.com/articles/18575.

[65] S. noch näher sogleich unten III.1.

[66] Vgl. US District Court for the District of Columbia, Eiser Infrastructure Ltd. and Energie Solar Luxembourg S. a. r. l. v. Kingdom of Spain, Civil Action No. 1:18-cv-1686, Proposed Brief of the European Commission on behalf of the European Union as Amicus Curiae in Support of the Kingdom of Spain, 13.3.2019.

[67] So z. B. Novenergia II – Energy & Environment (SCA) (Grand Duchy of Luxembourg), SICAR v. Spain, Final Arbitral Award, 15.2.2018, SCC Arbitration (2015/063). Hier sprach das Schiedsgericht wegen der „radikalen Veränderungen" einen Schadensersatz in Höhe von 53,3 Mio. EUR zu. Ferner Masdar Solar & Wind Cooperatief U. A., Award, 16.5.2018, ICSID Case No. ARB/14/1. Hier wurde ein Schadensersatz in Höhe von 64,5 Mio. EUR zugesprochen.

[68] Tribunal Constitucional, 17.12.2015, Sentencia 270/2015, BOE-A-2016–631.

[69] Vgl. dazu die Mitteilung der Kommission „Schutz EU-interner Investitionen", COM(2018) 547 final v. 19.7.2018.

von Unionsrecht und Investor-Staat-Schiedsverfahren zurück[70]. In einer politischen Erklärung haben die Mitgliedstaaten – wenig überraschend – ihre Sichtweise im Gefolge der *Achmea*-Entscheidung des EuGH[71] noch einmal bestätigt und dabei zumindest mehrheitlich[72] den Energiecharta-Vertrag in die Kritik der Unionsrechtswidrigkeit explizit einbezogen[73]; neue rechtliche Argumentationsansätze finden sich hier freilich nicht. In dem plurilateralen Abkommen zur Beendigung der Intra-EU-BITs, welches die Mitgliedstaaten im Oktober 2019 auf den Weg gebracht haben, ist der Energiecharta-Vertrag denn auch noch nicht berücksichtigt.

## 1. *Unionsrechtliche Einwände gegen die Zulässigkeit von Intra-EU-Streitigkeiten*

Die Problematik ist indes vielschichtig. Eine ausdrückliche Ausschlussklausel für Intra-EU-Streitigkeiten sieht der Energiecharta-Vertrag in der Tat nicht vor; sie lässt sich auch nicht implizit aus ihm entnehmen[74]. Die Einwände gegen eine Zuständigkeit der Schiedsgerichte in Intra-EU-Streitigkeiten, welche insbesondere die Kommission vorbringt, setzen auf mehreren Ebenen an. Erstens hält sie eine Schiedsgerichtsbarkeit zwischen den Mitgliedstaaten für unzulässig, da sie im Widerspruch zu Art. 344 AEUV und dem Grundsatz gegenseitigen Vertrauens stehe. Dies ist für Schiedsverfahren zwischen zwei Mitgliedstaaten zutreffend[75], so dass hier Art. 27 EnCV entsprechend zu reduzieren ist und es den Mitgliedstaaten unionsrechtlich untersagt ist, gegeneinander Schiedsverfahren zu initiieren. Auf Rechtsbehelfe von Individuen gegenüber einem anderen Mit-

---

[70] Vgl. Eiser v. Spain, Award, 4.5.2017, ICSID Case No. ARB/13/36, Rn. 181 ff. Ebenso Vattenfall v. Germany, Decision on the Achmea Issue, 31.8.2018, ICSID Case No. ARB/12/12; Masdar Solar & Wind Cooperatief U. A., Award, 16.5.2018, ICSID Case No. ARB/14/1, Rn. 312 ff.

[71] Dazu eingehend unten 2.b).

[72] Abweichende Erklärungen haben Finnland, Luxemburg, Malta, Slowenien und Schweden sowie Ungarn abgegeben; s. Declaration of the Representatives of the Governments of the Member States, of 16 January 2019, on the Legal Consequences of the Judgment of the Court of Justice in *Achmea* and in Investment Protection Within the European Union, sowie Declaration of the Representative of the Government of Hungary, of 16 January 2019, on the Legal Consequences of the Judgment of the Court of Justice in *Achmea* and in Investment Protection Within the European Union.

[73] Declaration of the Representatives of the Governments of the Member States, of 15 January 2019, on the Legal Consequences of the Judgment of the Court of Justice in *Achmea* and in Investment Protection Within the European Union.

[74] So zu Recht Eiser v. Spain, Award, 4.5.2017, ICSID Case No. ARB/13/36, Rn. 186 ff.; Charanne v. España, Laudo final, 21.1.2016, SCC Arbitraje No.: 062/2012, Rn. 433 ff.; Isolux v. España, Laudo, 12.7.2016, Arbitraje SCC V2013/153, Rn. 630 ff.; Blusun e. a. v. Italy, Award, 27.12.2016, ICSID Case No. ARB/14/3, Rn. 279 ff.

[75] Allgemein für Streitbeilegungsverfahren EuGH (GK), 30.5.2006 Rs. C-459/03, Slg. 2006, I-4635 – Kommission/Irland (MOX Plant); EuGH, 8.3.2011 GA 1/09, Slg. 2011, I-1137, Rn. 63 (Patentübereinkommen).

gliedstaat nach Art. 26 EnCV hat die Bestimmung jedoch schon von ihrem Wortlaut her keine Auswirkung[76]. Auch ist hier eine teleologische Reduktion nicht möglich, weil dadurch ohne Anhaltspunkt im Wortlaut völkerrechtlich ausdrücklich gewährleistete Rechtspositionen Dritter beeinträchtigt würden. Wenig überzeugend ist es auch, die rechtliche Stellung der Unionsmitgliedstaaten derart zu vermengen, dass sie als Einheit betrachtet werden könnten. Richtigerweise ist die gemeinsame Vertragsmitgliedschaft von dem jeweils eigenständigen Handeln zu trennen, sofern jedenfalls kein einheitliches Unionsrecht durchgeführt wird[77]; letztlich hat die Union durch ihre Mitgliedschaft in dem Gemischten Abkommen diese Konsequenzen mit dem Vertragsschluss auch akzeptiert. Als völkerrechtlicher Vertrag auch der Union ist der Energiecharta-Vertrag integrierender Bestandteil der Unionsrechtsordnung[78]. Art. 16 EnCV stellt den internationalen Investitionsschutz ausdrücklich neben interne Garantien der Vertragsparteien[79].

Zweitens bewegt sich die Argumentation auf der Ebene des materiellen Unionsrechts. So äußert die Kommission Sorge wegen möglicher Verstöße der Schiedssprüche gegen insbesondere den Gleichbehandlungsgrundsatz und die Grundfreiheiten. Eine generelle Unzulässigkeit von Investor-Staats-Schiedsverfahren lässt sich auch hieraus nicht herleiten; denn die betreffenden materiellen Bestimmungen weisen der Union keine ausschließliche Zuständigkeit zur Regelung des Investitionsschutzes im Binnenmarkt zu. Die ausschließliche Zuständigkeit für Direktinvestitionen im Bereich der Gemeinsamen Handelspolitik nach Art. 207 Abs. 1 AEUV bezieht sich lediglich auf Drittstaatenfälle[80]. Im Binnenmarkt bleiben Spielräume der Mitgliedstaaten bestehen, die im Anwendungsbereich der grundfreiheitlichen Garantien[81] freilich rechtfertigungsbedürftig sind. Anders verhält es sich mit dem Beihilferecht, weswegen es konsequent ist, dass die Kommission eine staatliche Ausgleichsleistung im Verfahren *Eiser ./. Spanien* einem Beihilfenprüfverfahren unterwerfen würde[82].

---

[76] Grundlegend nach wie vor Electrabel v. Hungary, Decision on Jurisdiction, Applicable Law and Liability, 30.11.2012, ICSID Case No. ARB/07/19, Rn. 1.151. So zu Recht die schiedsgerichtliche Praxis; s. Charanne v. España, Laudo final, 21.1.2016, SCC Arbitraje No.: 062/2012, Rn. 444; Eiser v. Spain, Award, 4.5.2017, ICSID Case No. ARB/13/36, Rn. 204 ff.; Blusun e. a. v. Italy, Award, 27.12.2016, ICSID Case No. ARB/14/3, Rn. 289.

[77] Vgl. Charanne v. España, Laudo final, 21.1.2016, SCC Arbitraje No.: 062/2012, Rn. 427 ff.; Eiser v. Spain, Award, 4.5.2017, ICSID Case No. ARB/13/36, Rn. 193 ff.

[78] Vgl. statt vieler nur EuGH (GK), 30.5.2006 Rs. C-459/03, Slg. 2006, I-4635 – Kommission/Irland (MOX Plant), Rn. 83; EuGH, 18.12.2014 GA 2/13 (EMRK-Beitritt), Rn. 180.

[79] Vgl. zu Recht Eiser v. Spain, Award, 4.5.2017, ICSID Case No. ARB/13/36, Rn. 201 f.

[80] Vgl. etwa EuGH, 16.5.2017 GA 2/15 (Singapur-Abkommen), Rn. 233 ff.; *Gundel*, Völkerrechtliche Rahmenbedingungen der Energiewende – Der Energiecharta-Vertrag und das Vattenfall-Verfahren vor dem ICSID-Schiedsgericht, EnWZ 2016, 243 (247).

[81] Dazu oben II.1.

[82] C(2017) 7384 final v. 10.11.2017: State aid SA.40348 (2015/NN) – Spain. Support for electricity generation from renewable energy sources, cogeneration and waste, Rn. 165. Vgl.

Eine ähnliche Situation besteht im Fall *Novenergia II ./. Spanien*[83] sowie im
Fall *Masdar ./. Spanien*[84]. Dies beruht jedoch auf einer besonderen Situation,
die nicht in allen Intra-EU-Schiedsverfahren gegeben sein muss: Während das
neue, streitbefangene Fördersystem für erneuerbare Energien in Spanien zwischenzeitlich durch die Kommission genehmigt worden ist, war dies für das
ältere, investorenfreundlichere offenbar nicht der Fall. Vergünstigungen für
Altinvestoren nach dem neuen System, die auch aus der das alte System gleichsam perpetuierenden schiedsgerichtlichen Entscheidung resultieren, müssen
daher einer Beihilfenprüfung unterworfen werden, welche die Grundrechte
der Betroffenen berücksichtigen, nicht zwingend aber in gleicher Weise wie
das Schiedsgericht gewichten muss. Insbesondere in Bezug auf den Vertrauensschutz im Beihilferecht liegen abweichende Bewertungen nahe.

Besonderes Gewicht hat der dritte Einwand, nach dem das Schiedsgericht
die Einheit des Unionsrechts beeinträchtigen könnte, wenn es zu seiner Anwendung verpflichtet sei, ohne gleichzeitig das Vorabentscheidungsverfahren
nach Art. 267 AEUV durchführen und damit die Letztentscheidungsbefugnis des EuGH sicherstellen zu können. Hier liegt die zentrale, grundsätzliche
Problematik des Intra-EU-Investitionsschutzes, die auch derartige Schiedsverfahren nach dem Energiecharta-Vertrag betrifft und gerade im Lichte der neuen
EuGH-Rechtsprechung ihre Zukunft in Frage stellt. In der Tat sahen sich einige Schiedsgerichte in der Vergangenheit nicht gehindert, in Intra-EU-Streitigkeiten Unionsrecht als zwischen den Mitgliedstaaten geltendes „internationales
Recht" im Sinne des Art. 26 Abs. 6 EnCV anzuwenden[85].

## 2. *Klarstellungen durch neuere Rechtsprechungsentwicklungen*

Die rechtliche Zukunft des Investitionsschutzes im Energierecht ist durch eine
Reihe jüngerer Entscheidungen des EuGH in verschiedener Hinsicht vor Herausforderungen gestellt worden. Dies betrifft sowohl die das gesamte Investitionsschutzrecht durchziehende Frage, wie die Zuständigkeiten zwischen der
EU und ihren Mitgliedstaaten in diesem Feld verteilt sind, als auch die konkrete
Zukunft von Investor-Staat-Streitigkeiten nicht nur im Bereich bilateraler Investitionsschutzabkommen, sondern auch bezüglich des multilateralen Energiecharta-Vertrags.

---

auch die Situation in Electrabel v. Hungary, Decision on Jurisdiction, Applicable Law and
Liability, 30.11.2012, ICSID Case No. ARB/07/19, Rn. 4.142, 4.159 ff.

[83] Novenergia II – Energy & Environment (SCA) (Grand Duchy of Luxembourg), SI-
CAR v. Spain, Final Arbitral Award, 15.2.2018, SCC Arbitration (2015/063).

[84] Masdar Solar & Wind Cooperatief U. A., Award, 16.5.2018, ICSID Case No. ARB/14/1.

[85] So insbesondere Electrabel v. Hungary, Decision on Jurisdiction, Applicable Law and
Liability, 30.11.2012, ICSID Case No. ARB/07/19, Rn. 4.111 ff., 4.195. Im Ergebnis wohl auch
Isolux v. España, Laudo, 12.7.2016, Arbitraje SCC V2013/153, Rn. 644, 654. Nicht auf Art. 26
Abs. 6 EnCV, sondern auf eine ordre-public-Grenze stellt Charanne v. España, Laudo final,
21.1.2016, SCC Arbitraje No.: 062/2012, Rn. 443, 449, ab.

## a) Die Kompetenzverteilung zwischen EU und Mitgliedstaaten im Recht des Investitionsschutzes: Das Singapur-Gutachten des EuGH

Das Gutachten des EuGH zum Freihandelsabkommen zwischen der Union und Singapur[86] hat zu einer Klarstellung hinsichtlich der Kompetenzverteilung im Investitionsschutz geführt. War nach der Erweiterung der ausschließlichen Unionszuständigkeit in Art. 207 AEUV auf ausländische Direktinvestitionen durch den Vertrag von Lissabon verschiedentlich erwartet worden, dass der Unionsbinnenzuständigkeit im Bereich der Kapitalverkehrsfreiheit auch eine ausschließliche Unionsaußenzuständigkeit für alle sonstigen Arten von Investitionen folge, hat der Gerichtshof diese Frage anders entschieden. Nach seiner Auslegung erfasst Art. 207 AEUV zwar den Schutz von Direktinvestitionen in vollem Umfange[87]. Sonstige Investitionen wie Portfolioinvestitionen unterliegen jedoch keinen sekundärrechtlichen Binnenrechtsakten, die das Abkommen im Sinne der in Art. 216 Abs. 1 a. E. AEUV in den Vertragstext übernommenen AETR-Rechtsprechung beeinträchtigen könnte[88]. Damit bleibt nach dem *Singapur*-Gutachten des EuGH für diese Fallgruppe die geteilte Zuständigkeit der Mitgliedstaaten bestehen[89]. Gleiches gilt für die Vereinbarung einer Investitionsschutzschiedsgerichtsbarkeit[90]. In der Sache führt dies dazu, dass umfassende Investitionsschutzverträge künftig stets als Gemischte Abkommen abgeschlossen werden müssen[91]. Dies hat Auswirkungen auf den Energiecharta-Vertrag. Denn angesichts der Kompetenzlage könnten damit heute weder Union noch Mitgliedstaaten alleine Vertragspartner einer Neuauflage des Energiecharta-Vertrages werden, was eine Neuauflage dieses weiterhin für das Investitionsklima wichtigen Vertrages erschweren kann. Die Sondervorschrift für Altverträge der Mitgliedstaaten in Art. 351 AEUV, die – sofern möglich – eine

---

[86] EuGH, 16.5.2017 GA 2/15 (Singapur-Abkommen); dazu beispielsweise *Hervé*, L'avis 2/15 de la Cour de justice – et maintenant, que faire du partage des compétences entre l'Union et ses États?, CDE 2017, 693; *Dony*, L'avis 2/15 de la Cour de justice: un „jugement de Salomon"?, RTDE 2017, 525; *Hainbach*, The CJEU's *Opinion 2/15* and the Future of EU Investment Policy and Law-Making, LIEI 45 (2018), 199; *Kleimann/Kübek*, The Signing, Provisional Application, and Conclusion of Trade and Investment Agreements in the EU: The Case of CETA and Opinion 2/15, LIEI 45 (2018), 13; *Brauneck*, Keine ausschließliche Zuständigkeit der EU bei allen Investitionsabkommen mit Drittstaaten?, DÖV 2018, 22; *Simon*, L'avis 2/15 sur l'accord de libre-échange entre l'Union et Singapour: un apport majeur pour les modalités de conclusion des accords ultérieurs „de nouvelle génération" (CETA, TAFTA, nouveau „partenariat" avec le Royaume-Uni), Europe 7/2017, 6.

[87] EuGH, 16.5.2017 GA 2/15 (Singapur-Abkommen), Rn. 78 ff.

[88] Vgl. zu dieser Fallgruppe EuGH, 31.3.1971 Rs. 22/70, Slg. 1971, 263, Rn. 16 ff. – Kommission/Rat (AETR); EuGH, 5.11.2002 Rs. C-476/98, Slg. 2002, I-9855, Rn. 103 – Kommission/Deutschland (Open Skies).

[89] EuGH, 16.5.2017 GA 2/15 (Singapur-Abkommen), Rn. 226 ff.

[90] EuGH, 16.5.2017 GA 2/15 (Singapur-Abkommen), Rn. 285 ff.

[91] *Gundel*, Frischer Wind für den Investitionsschutz nach dem Energiecharta-Vertrag?, EnWZ 2018, 1. Die Zuständigkeit für den Schutz von Nicht-Direktinvestitionen verbleibt bei den Mitgliedstaaten.

Anpassung an das Unionsrecht im Wege völkerrechtlicher Änderungen oder
Kündigungen verlangt und eine gewisse Stabilität der internationalen Rechtsbeziehungen der Mitgliedstaaten gewährleisten soll[92], gilt nur für Verträge mit
Drittstaaten. Auf den Energiecharta-Vertrag, an dem die Union selbst beteiligt
ist, kann sie direkt nicht angewandt werden; inwieweit eine analoge Anwendung in Betracht kommt[93], ist bislang nicht entschieden.

*b) Investitionsschiedsgerichtsbarkeit und Einheit des Unionsrechts:*
*Das Achmea-Urteil der Großen Kammer des EuGH*

Die Entscheidung der Großen Kammer des EuGH in der Rechtssache *Achmea*[94]
ist im Kontext des Investitionsschutzrechts deshalb von so erheblicher Bedeutung, weil sie durchaus grundlegende und apodiktische Aussagen zur Unionsrechtskonformität internationaler Investitionsschutzabkommen macht[95].

---

[92] Näher *Schmalenbach*, in: Calliess/Ruffert (Hrsg.), EUV/AEUV, 5. A. 2016, Art. 351
AEUV Rn. 1.
[93] Dafür etwa *Lavranos*, in: von der Groeben/Schwarze/Hatje, Europäisches Unionsrecht, 7. A. 2015, Art. 351 AEUV Rn. 6. Auch die VO (EU) Nr. 1219/2012 v. 12.12.2012 zur
Einführung einer Übergangsregelung für bilaterale Investitionsschutzabkommen zwischen
den Mitgliedstaaten und Drittländern, ABl. EU 2012 L 351/40, erfasst den EnCV nicht.
[94] EuGH (GK), 6.3.2018 Rs. C-284/16 (Slowakei/Achmea) = EuZW 2018, 239 m. Anm.
*Scholtka* = NJW 2018, 1663 m. Anm. *Wernicke* S. 1644 = NVwZ 2018, 723 m. Anm. *Gundel*
= RIW 2018, 200 m. Anm. *Müller* = JDI 2018, 903 m. Anm. *Nouvel* = JZ 2018, 511 m. Anm.
*Ohler* = RCDIP 2018, 616 m. Anm. *Gaillard*; aus der Literatur beispielhaft ferner *Arp*, Slowa-
kische Republik (Slovak Republic) v. Achmea B. V. Case C-284–16, 112 AJIL (2018), 466; *Bon-
neville/Broussy/Cassanabère/Gänser*, Chronique de jurisprudence de la CJUE, AJDA 2018,
1026; *Cazala*, L'incompatibilité avec le droit de l'Union européenne du système d'arbitrage
investisseur-État contenu dans un traité bilatéral d'investissement intra-UE, RTDE 2018, 597;
*Classen*, Autonomie des Unionsrechts als Festungsring?, EuR 2018, 361; *Contartese/Andenas*,
EU autonomy and investor-state dispute settlement under *inter se* agreements between EU
Member States: *Achmea*, 56 CMLRev. (2019), 157; *Fumagalli*, Meccanismi ISDS negli intra-
EU BIT's: la Corte di giustizia pone fine a un lungo dibattito. E ora?, Riv. dir. int. 2018,
896; *Germelmann*, Die Zukunft des Investitionsschutzes im europäischen Energierecht, RdE
2018, 229 (233 ff.); *Gundel*, Investitionsschutz-Schiedsgerichtsbarkeit und Unionsrecht nach
dem Achmea-Urteil des EuGH, EWS 2018, 124; *Hervé*, Coup de tonnerre sur le droit des investissements étrangers, en attendant le séisme?, RTDE 2018, 649; *Korom*, Jurisprudence *Achmea*: la fin de l'arbitrage d'investissement au sein de l'Union européenne?, Rec. Dalloz 2018,
2005; *Lang*, Die Autonomie des Unionsrechts und die Zukunft der Investor-Staat-Streitbei-
legung in Europa nach *Achmea*. Zugleich ein Beitrag zur Dogmatik des Art. 351 AEUV, EuR
2018, 525; *Lanotte*, Arrêt „Achmea": une décision de principe?, JDE 2018, 266; *Miller*, Autonomie des Unionsrechts versus Schiedsgerichtsbarkeit – Zur Bedeutung des EuGH-Urteils
in der Rs. Achmea für die Entwicklung der Europäischen Union als Rechtsgemeinschaft,
EuZW 2018, 357; *Simon*, L'arbitrage en matière d'investissement remis en cause par la Cour
de justice?, Europe 5/2018, 5.
[95] In der allgemeinen Tagespresse und -politik ist sie daher als Grundsatzkritik an der Investitionsschiedsgerichtsbarkeit aufgefasst worden; s. die Meldung „Europäischer Gerichtshof entmachtet Schiedsgerichte", FAZ v. 6.3.2018 (www.faz.net). S. auch Kleine Anfrage der
Fraktion Bündnis 90/Die Grünen, BT-Drs. 19/1625 v. 12.4.2018. Aus der Entscheidungs-
begründung lässt sich das freilich nicht ableiten.

Dabei betrifft sie streng genommen nur den Sonderfall bilateraler Intra-EU-Investitionsschutzverträge. Für multilaterale Verträge hat jüngst das *CETA*-Gutachten Ergänzungen vorgenommen, die sich an die *Achmea*-Rechtsprechung anlehnen, gleichzeitig aber weitere Differenzierungen vornehmen[96]. Gleichwohl bleibt auch nach diesem Gutachten die Frage offen, welche Bedeutung der *Achmea*-Entscheidung für den Energiecharta-Vertrag beizumessen ist.

In ihr hatte der Gerichtshof auf Vorlage des Bundesgerichtshofs[97] über ein bilaterales Investitionsschutzabkommen zwischen den Niederlanden und der CSFR aus dem Jahr 1991 zu befinden. Im Kern der Entscheidung, die den privaten Krankenversicherungsmarkt betraf, ging es um die Vereinbarkeit der Schiedsklausel des BIT mit dem Unionsrecht. Entsprechend den Vorlagefragen des BGH hielt der EuGH insbesondere zwei Kernaussagen fest, die Bedeutung über den entschiedenen Fall hinaus entfalten.

## *aa) Autonomie des Rechtssystems der Union*

Im Vordergrund seiner Aussagen steht das Prinzip der „Autonomie des Rechtssystems der Union", welches er schon zuvor in seinem viel beachteten, zugleich aber auch kritisierten *EMRK*-Gutachten von 2014[98] in das Zentrum seiner Argumentation gestellt hatte und an dem schließlich das Beitrittsabkommen scheiterte. Die Konturen und die genauen Anforderungen dieses Autonomiegrundsatzes sind in der Rechtsprechung bislang nicht mit letzter Klarheit herausgearbeitet worden, was sie zu einem gewissen Grade unvorhersehbar macht. Jedoch betrifft das Prinzip in seinem Kern die zentrale Stellung des EuGH in der Unionsrechtsordnung, wie sie von Art. 19 EUV vorausgesetzt, aber ebenfalls nicht abschließend beschrieben wird. Dies zeigt die Bedeutung des Autonomiegrundsatzes in der Verfassungsordnung der Union, was die Unbestimmtheit umso problematischer erscheinen lässt. Der Gerichtshof leitet aus seiner Position im Rechtsschutzsystem jedenfalls mehrere Kriterien ab, die

---

[96] EuGH, 30.4.2019 GA 1/17 (CETA).

[97] BGH, 3.3.2016 I ZB 2/15, EuZW 2016, 512, m. Anm. *Kottmann*. S. auch die Abschlussentscheidung BGH, 31.10.2018 I ZB 2/15, RIW 2019, 81.

[98] EuGH, 18.12.2014 GA 2/13 (EMRK-Beitritt), Rn. 174 ff. Dazu aus der Literatur beispielhaft *Jacqué*, CJUE – CEDH: 2–0, RTDE 2014, 823; *Benoît-Rohmer*, L'adhésion à la Convention européenne des droits de l'homme, un travail de Pénélope?, RTDE 2015, 593; *Gaudin*, Si proches, si lointaines ..., AJDA 2015, 1079; *Breuer*, „Wasch mir den Pelz, aber mach mich nicht nass!" Das zweite Gutachten des EuGH zum EMRK-Beitritt der Europäischen Union, EuR 2015, 330; *Tomuschat*, Der Streit um die Auslegungshoheit: Die Autonomie der EU als Heiliger Gral, EuGRZ 2015, 133; *Thym*, Das EMRK-Gutachten des EuGH, EuZW 2015, 180; *Spaventa*, A Very Fearful Court?: The Protection of Fundamental Rights in the European Union after Opinion 2/13, MJ 2015, 35; *De Witte/Imamović*, Opinion 2/13 on Accession to the ECHR: Defending the EU Legal Order against a Foreign Human Rights Court, ELRev. 2015, 683; *Labayle/Sudre*, L'avis 2/13 de la Cour de justice sur l'adhésion de l'Union européenne à la Convention européenne des droits de l'homme: pavane pour une adhésion défunte?, RFDA 2015, 3.

freilich nicht abschließend formuliert sind. Eines davon besteht darin, dass die Auslegung und Anwendung des Unionsrechts seiner eigenen Letztentscheidungsbefugnis unterliegen. Dieses Erfordernis wird im Wesentlichen über das Vorabentscheidungsverfahren des Art. 267 AEUV abgesichert und garantiert den besonderen Charakter des Unionsrechts; für Streitigkeiten zwischen den Mitgliedstaaten kommt als Spezialbestimmung Art. 344 AEUV hinzu[99]. Diese spielte im *EMRK*-Gutachten von 2014 wie nun auch im Fall *Achmea* eine zentrale Rolle. Sobald die Anwendung von Unionsrecht durch ein Schiedsgericht ermöglicht wird, was bei dem betreffenden BIT der Fall war, verlangt der Gerichtshof aus Gründen der Autonomie des Unionsrechts zwingend seine Befassung für Auslegungsfragen in letzter Instanz.

### bb) Die fehlende Vorlageberechtigung von Schiedsgerichten

Den Weg über das Vorabentscheidungsverfahren des Art. 267 AEUV sah er hingegen im Fall *Achmea* als versperrt an, da er das Schiedsgericht, welches dem nationalen Gerichtssystem nach seiner Einschätzung nicht hinreichend verbunden sei, nicht als vorlageberechtigtes Gericht im Sinne des Art. 267 AEUV betrachtete[100]. Der Generalanwalt hatte dies in seinen Schlussanträgen noch anders bewertet[101]. Damit kam für die Anwendung des Vorabentscheidungsverfahrens nur die Überprüfung durch die nationalen Gerichte des Schiedsorts in Betracht. Weil diese aber inhaltlich begrenzt ist, erschien auch diese dem Gerichtshof nicht hinreichend, um der Vorlagemöglichkeit nach Art. 267 AEUV zu einer effektiven Geltung zu verhelfen. In der Anwendung des Schiedsverfahrens sah der Gerichtshof – freilich ohne weitere Begründung – in der Konsequenz einen Verstoß gegen das Gebot loyaler Zusammenarbeit durch die Mitgliedstaaten[102]. Auch hier hatte der Generalanwalt noch die gegenteilige Ansicht vertreten[103].

### 3. Bewertung und Konsequenzen der Rechtsprechung für Schiedsgerichtsverfahren nach dem Energiecharta-Vertrag

In dogmatischer Hinsicht ist die Begründung des Gerichtshofs wenig überzeugend und weist etliche Schwächen auf. Freilich ist die politische Grundzielrichtung weitgehend klar und fügt sich in die Linie der Rechtsprechung nach dem *EMRK*-Gutachten von 2014 ein, die erhebliche Mühen unternimmt, um

---

[99] Vgl. EuGH (GK), 6.3.2018 Rs. C-284/16 (Slowakei/Achmea), Rn. 33 ff.

[100] EuGH (GK), 6.3.2018 Rs. C-284/16 (Slowakei/Achmea), Rn. 45 ff.

[101] Schlussanträge des GA *Wathelet* v. 19.9.2017, Rs. C-284/16 (Slowakei/Achmea), Rn. 84 ff.

[102] EuGH (GK), 6.3.2018 Rs. C-284/16 (Slowakei/Achmea), Rn. 58.

[103] Vgl. Schlussanträge des GA *Wathelet* v. 19.9.2017, Rs. C-284/16 (Slowakei/Achmea), Rn. 229 ff.

die zentrale Stellung des Gerichtshofs gegen offenbar als Angriffe wahrgenommene, aber im Völkerrecht durchaus etablierte Streitbeilegungsinstrumente zu verteidigen.

*a) Schiedsgerichte in innerunionalen bilateralen Investitionsschutzverträgen*

Betrachtet man die Begründung des EuGH in der *Achmea*-Entscheidung näher, so bleibt unklar, aus welchem Grunde der Gerichtshof das im Falle eines Intra-EU-BITs unproblematisch anwendbare Vorrangprinzip nicht heranzog; denn normenhierarchisch handelt es sich bei einem völkerrechtlichen Vertrag zwischen zwei Mitgliedstaaten um nationales Recht. Das Vorrangprinzip hätte eine Durchsetzung der Letztentscheidungsbefugnis des EuGH auf den regulären Wegen des Vorabentscheidungsverfahrens erlaubt, ohne die Schiedsklausel insgesamt in Frage zu stellen. Auch Konflikte mit einem Drittstaat, die aus einer Einbindung des EuGH entstehen könnten, drohen bei Intra-EU-BITs gerade nicht. Im entschiedenen Fall hätte im Wege unionsrechtskonformer Auslegung das Schiedsgericht nach dem bilateralen Investitionsschutzvertrag als nationales Gericht im Sinne des Art. 267 Abs. 1 AEUV betrachtet werden können. Die vom EuGH in diesem Falle verneinte Frage einer hinreichenden Verbindung zum nationalen Gerichtssystem ist niemals rein objektiv festzustellen, sondern beruht stets auf Wertungen. Dies ist letztlich schon durch die unterschiedliche Ausgestaltung der mitgliedstaatlichen Justizsysteme bedingt, welche der Vertrag ausweislich des Art. 19 Abs. 1 EUV ausdrücklich anerkennt. Im Falle von Investitionsschutzverträgen kann die völkerrechtliche Vereinbarung einer Schiedsklausel durch die beteiligten Staaten die Schiedsgerichte – anders als im Falle privatrechtlich vereinbarter Schiedsklauseln – durchaus dem hoheitlich vorgesehenen Rechtsprechungsinstrumentarium hinzufügen; denn auf hoheitlichem Wege wird so eine Sonderzuständigkeit begründet. Die Rechtsprechung hätte hier auf bestehende Grundlinien aus dem Bereich der Handelsschiedsgerichtsbarkeit aufbauen können[104].

So bleibt die vom Gerichtshof selbst betonte[105] Abgrenzung zu seiner Rechtsprechung zur privaten Handelsschiedsgerichtsbarkeit unklar[106], deren rechtskräftige Entscheidungen er aus Rechtssicherheitsgründen auch dann toleriert, wenn sie unionsrechtswidrig sind. Letztlich verlangt er unter Berufung auf Art. 19 Abs. 1 Unterabs. 2 EUV gerade diejenige Einbindung der Investitionsschutzschiedsgerichtsbarkeit in das staatliche Gerichtssystem, die er durch seine enge und keineswegs zwingende Auslegung des Gerichtsbegriffs nach Art. 267

---

[104] Vgl. etwa EuGH, 23.3.1982 Rs. 102/81, Slg. 1982, 1095 (Nordsee); insbesondere auch EuGH, 1.6.1999 Rs. C-126/97, Slg. 1999, I-3055 (Eco Swiss).

[105] EuGH (GK), 6.3.2018 Rs. C-284/16 (Slowakei/Achmea), Rn. 57 mit Verweis auf die Gutachten EuGH, 14.12.1991 GA 1/91, Slg. 1991, I-6079 (EWR-Abkommen I) sowie EuGH, 8.3.2011 GA 1/09, Slg. 2011, I-1137 (Patentübereinkommen).

[106] EuGH, 1.6.1999 Rs. C-126/97, Slg. 1999, I-3055 (Eco Swiss).

AEUV unmöglich macht. Dass nur staatliche Gerichte im klassischen Instanzenzug eines Gerichtssystems vorlageberechtigt wären, ist eine unzutreffende Grundannahme[107], die auch der grundsätzlichen Organisationsautonomie der Mitgliedstaaten, die sich aus den Art. 4 und 19 Abs. 1 EUV ergibt, kaum entspricht. Letztlich werden hier also im Wege der Auslegung zwei in Art. 19 EUV verankerte Grundprinzipien der Union miteinander in Konkurrenz gestellt, ohne dass dem Ergebnis eine inhaltliche Begründung vorausgegangen wäre.

### b) Die Unterschiede zum Energiecharta-Vertrag als Gemischtem Abkommen

Der Energiecharta-Vertrag unterscheidet sich vom Ausgangsfall der Entscheidung *Achmea* nicht nur in Bezug auf den Sachbereich. Der entscheidende Unterschied liegt darin, dass er kein Intra-EU-BIT, sondern ein Gemischtes Abkommen ist, welches die Union und ihre Mitgliedstaaten mit Drittstaaten abgeschlossen haben.

Mit Blick auf das *Singapur*-Gutachten ist die Kompetenzfrage klar zu bestimmen. Der Abschluss als Gemischtes Abkommen führt dazu, dass dieses bezogen auf den der EU-Kompetenz unterliegenden Teil zu einem integrierenden Bestandteil des EU-Rechts mit Rang zwischen Primär- und Sekundärrecht wird und damit selbst der Auslegungsbefugnis des EuGH unterworfen ist[108]. Allerdings ist der Energiecharta-Vertrag von der Union und den Mitgliedstaaten noch unter der Geltung des alten Art. 113 EGV[109], also des Vorläufers des Art. 207 AEUV abgeschlossen worden, welcher eine ausschließliche Unionskompetenz für Direktinvestitionen noch nicht vorsah. Gleichwohl wird die Änderung in der primärrechtlichen Kompetenzgrundlage keine praktischen Auswirkungen auf die Geltung des Vertrages entfalten. Eine bereichsbezogene interne Kompetenzverschiebung bei Gemischten Abkommen ist möglich und entfaltet keine Außenwirkung. Damit ist der Übergang der Zuständigkeit für den Schutz von Direktinvestitionen in die Unionszuständigkeit allenfalls mit einer Überführung in unionsrechtliche Geltung verbunden. Die Zuständigkeit für den Schutz von sonstigen Investitionen verbleibt nach dem *Singapur*-Gutachten bei den Mitgliedstaaten, wie dies unter der Geltung des Art. 113 EGV a. F. ebenso der Fall gewesen war. Auch der derzeit hypothetische Fall einer Änderung des Energiecharta-Vertrages ist nach der neueren Rechtsprechung kompetenzmäßig eindeutig[110]: Der Vertrag müsste nicht zuletzt wegen seines Investitionsteils er-

---

[107] Sie berücksichtigt insbesondere nicht die im nationalen Recht zwingend vorgesehenen Schiedsgerichte; s. dazu etwa EuGH, 17.10.1989 Rs. 109/88, Slg. 1989, 3199 (Danfoss).

[108] Vgl. nur EuGH, 30.9.1987 Rs. 12/86, Slg. 1987, 3719 (Demirel).

[109] 98/181/EG, EGKS, Euratom: Beschluß des Rates und der Kommission v. 23.9.1997 über den Abschluß des Vertrags über die Energiecharta und des Energiechartaprotokolls über Energieeffizienz und damit verbundene Umweltaspekte durch die Europäischen Gemeinschaften, ABl. EG 1998 L 69/1.

[110] S. bereits oben 2.a).

neut als Gemischtes Abkommen abgeschlossen werden, sofern er seine inhaltliche Reichweite beibehalten soll.

Dieser normenhierarchische und kompetenzmäßige Unterschied führt mit Blick auf die aktuelle Rechtsprechung zu zwei nach wie vor offenen Fragen, die sich aus dem abstrakten, aber weithin offenen Prüfungsmaßstab des EuGH nicht eindeutig beantworten lassen.

*aa) Die Einheit des Unionsrechts und die Letztentscheidungsbefugnis des EuGH*

Betroffen ist zum einen die Grenze der Autonomie und Einheit des Unionsrechts in Bezug auf die Investitionsschiedsgerichtsbarkeit, was vornehmlich an dem nach wie vor unklaren Prüfungsmaßstab liegt. Insofern ist eine differenzierende Betrachtung erforderlich, die die einzelnen Aussagen des EuGH präzise begrenzt und unpassende Verallgemeinerungen vermeidet.

Aus der jüngsten Entscheidung des EuGH in der Rechtssache *Achmea* wie auch aus dem *EMRK*-Gutachten von 2014 lässt sich einerseits das Erfordernis ableiten, dass der Gerichtshof bei der Auslegung von Unionsrecht die unabdingbare Letztentscheidungsbefugnis beansprucht, die zudem verfahrensmäßig abgesichert sein muss. Andererseits betont er ebenfalls in der *Achmea*-Entscheidung und unter Rückgriff auf sein *EWR*-Gutachten von 1991[111] sowie sein Patentgerichtsgutachten von 2011[112], dass es der Union weiterhin freisteht, internationale Abkommen abzuschließen, die ein eigenes völkerrechtliches Streitbeilegungsverfahren besitzen. Diesen Grundsatz hat er in seinem *CETA*-Gutachten von 2019 auch nochmals betont[113]. Die Streitbeilegungsorgane, die im Rahmen der internationalen Abkommen vorgesehen sind, dürfen im Grundsatz auch bindend für die Union über die aus dem Abkommen folgenden Verpflichtungen entscheiden[114]. Hieraus lässt sich die Folgerung ableiten, dass im Gegensatz zu Investitionsschutzabkommen der Mitgliedstaaten, in denen das Unionsrecht der Auslegung der Schiedsgerichte unterliegt, wenn es von dem Investitionsschutzvertrag zum im Schiedsverfahren anwendbaren Recht erklärt worden ist[115], völkerrechtliche Verträge unter Beteiligung der Union weiterhin grundsätzlich eigene Streitbeilegungsmechanismen beinhalten dürfen. Die verbleibende Unsicherheit besteht in dem Umstand, dass der Gerichtshof auch in diesen Fällen eine Grenze dort zieht, wo der Streitbeilegungsmechanismus die

---

[111] EuGH, 14.12.1991 GA 1/91, Slg. 1991, I-6079 (EWR-Abkommen I).
[112] EuGH, 8.3.2011 GA 1/09, Slg. 2011, I-1137 (Patentübereinkommen).
[113] EuGH, 30.4.2019 GA 1/17 (CETA), Rn. 106ff.
[114] EuGH (GK), 6.3.2018 Rs. C-284/16 (Slowakei/Achmea), Rn. 57.
[115] Vgl. in diesem Sinne EuGH (GK), 6.3.2018 Rs. C-284/16 (Slowakei/Achmea), Rn. 58. Allgemein zu dieser Problematik vgl. *Jacob*, La place des normes externes dans le contentieux de l'investissement, in: Robert-Cuendet (dir.), Droit des investissements internationaux, 2017, S. 607ff.

Gefahr begründet, dass „die Autonomie der Union und ihrer Rechtsordnung [nicht] gewahrt bleibt"[116], ohne zu präzisieren, welche Art von Gefahr hiermit gemeint ist.

Allein die Auslegungszuständigkeit der völkerrechtlichen Instanz für das Abkommen, das durch seine Ratifikation seitens der Union zu Unionsrecht wird[117], kann nach der Logik der Entscheidungen nicht ausreichen. Weitgehend unproblematisch möglich bleiben danach Staat-Staat-Schiedsverfahren mit Drittstaaten, deren Prüfungsmaßstab allein der völkerrechtliche Vertragstext ist. Moderne Schiedsverfahren im Staat-Bürger-Verhältnis können hingegen anders zu beurteilen sein, sofern dort neben den völkerrechtlichen Normen auch Garantien des autonomen Unionsrechts, etwa der Grundfreiheiten, Anwendung finden. Dies ist wegen der Verankerung subjektiver Rechtspositionen im Unionsrecht nicht auszuschließen. Sofern dann folglich nicht nur völkerrechtliche Verpflichtungen, sondern auch unionsrechtliche Rechte entscheidungserheblich werden, lassen sich die Vorbehalte des Gerichtshofs in der *Achmea*-Entscheidung wie auch im *EMRK*-Gutachten hinsichtlich der Einheit und Autonomie des Unionsrechts auf derartige Fälle übertragen. Insofern wird der – nicht im Detail präzisierte – Maßstab, den der Gerichtshof an die Gefahr für die Einheit und Autonomie des Unionsrechts anlegt, relevant. Denn lässt man es wie der EuGH für einen Verstoß gegen die Einheit des Unionsrechts ausreichen, dass das Schiedsgericht auch materielles (autonomes) Unionsrecht anwenden kann, und verneint man mit ihm gleichzeitig die Anwendbarkeit des Art. 267 AEUV, so muss man auch dann zu einer Unzulässigkeit schiedsgerichtlicher Entscheidungen kommen, wenn es sich wie beim Energiecharta-Vertrag nicht um ein Intra-EU-BIT, sondern um ein multilaterales Gemischtes Abkommen handelt. Dies folgt zwanglos aus der Normenhierarchie. Denn die materiellen primärrechtlichen Maßstäbe, die auf das eine wie auf das andere angewendet werden müssen, bleiben gleich. Nur sofern abgesichert ist, dass im schiedsgerichtlichen Verfahren keine autonomen unionsrechtlichen Bestimmungen Anwendung finden können, dürfte eine Kollision mit dem Gebot der Einheit des Unionsrechts nicht drohen und die Streitbeilegungsvorschriften weiterhin zulässig sein. Dieser Maßstab ist freilich weitgehend und ließe eine abstrakte Möglichkeit einer Anwendung des Unionsrechts genügen. In der Sache erscheint eine derartige Deutung, die man der *Achmea*-Entscheidung entnehmen kann, jedoch kaum angemessen für eine Gemischtes Abkommen wie den Energiecharta-Vertrag, da dessen Zuständigkeitsregelungen nicht allein auf den Willen der Mitgliedstaaten zurückgehen, was der Gerichtshof in der *Achmea*-Entscheidung für problematisch gehalten hatte[118], sondern mit Zustimmung auch der Union getroffen wur-

---

[116] EuGH (GK), 6.3.2018 Rs. C-284/16 (Slowakei/Achmea), Rn. 57 a. E.

[117] Vgl. EuGH (GK), 30.5.2006 Rs. C-459/03, Slg. 2006, I-4635 – Kommission/Irland (MOX Plant), Rn. 83; EuGH, 18.12.2014 GA 2/13 (EMRK-Beitritt), Rn. 180.

[118] Vgl. EuGH (GK), 6.3.2018 Rs. C-284/16 (Slowakei/Achmea), Rn. 55.

den[119]. Dies spricht für eine engere Auslegung des Gefahrenbegriffs. Freilich kann das Handeln der Unionsorgane primärrechtliche Grundsätze nicht vollständig außer Kraft setzen.

*bb) Das anwendbare Recht nach dem Energiecharta-Vertrag in Drittstaatsfällen*

Hält man die strenge Auslegung des EuGH in der *Achmea*-Entscheidung auch für den Bereich des Energiecharta-Vertrags für maßgeblich, bedeutet dies, dass für diesen eine Differenzierung danach vorzunehmen ist, welches Recht von dem Schiedsgericht anzuwenden ist. Die Rechtswahl kann aber auch dann als relevant betrachtet werden, wenn man wegen der Beteiligung der Union an dem Gemischten Abkommen eine Gefährdung der Autonomie der Unionsrechtsordnung nur bei konkreten Anhaltspunkten annimmt.

Maßgeblich für das anwendbare Recht ist Art. 26 Abs. 6 EnCV, der auch eine besondere Rechtswahl im Sinne des Art. 42 der ICSID-Konvention darstellt. Hiernach haben die Gerichte „über die strittigen Fragen in Übereinstimmung mit diesem Vertrag und den geltenden Regeln und Grundsätzen des Völkerrechts" zu entscheiden. In Drittstaatsfällen zählt das Unionsrecht also anders als im BIT des Falles *Achmea* niemals zum anwendbaren Recht und damit auch nicht zum Prüfungsmaßstab des Schiedsgerichts. Es handelt sich hier um eine Fallgruppe, in der die Akte der Union wie auch der Mitgliedstaaten allenfalls am völkerrechtlichen Maßstab des Energiecharta-Vertrages gemessen werden, wozu sich die Union verpflichtet hat und was der EuGH auch nicht kategorisch als unzulässig ausschließt[120]. In diesem Bereich erscheinen im Ergebnis eine Fortführung der Investor-Staats-Schiedsverfahren des Energiecharta-Vertrags auch nach den Grundsätzen des *Achmea*-Urteils weiterhin möglich zu sein. Ob der Gerichtshof seine absolute Auslegungshoheit auch auf die Fälle erstrecken will, in denen eine unionsrechtliche Regelung als bloßes Faktum und nicht als Schiedsnorm in das Verfahren eingebracht wird[121], ist vom EuGH jüngst akzep-

---

[119] In diesem Sinne aber Electrabel v. Hungary, Decision on Jurisdiction, Applicable Law and Liability, 30.11.2012, ICSID Case No. ARB/07/19, Rn. 4.158, 4.164. S. auch *Gundel*, Unwirksame Schiedsklausel in unionsinternem Investitionsschutzabkommen, NVwZ 2018, 723, der bei Gemischten Abkommen andere mitgliedstaatliche Loyalitätspflichten nach Art. 4 Abs. 3 EUV annimmt.

[120] Oben aa).

[121] In diese Richtung gehen die Regelungen des anwendbaren Recht in Art. 3.13 des Entwurfs des Investitionsschutzabkommens EU-Singapur und auch die Regelung in Art. 8.31 CETA:
„Applicable law and interpretation
1. When rendering its decision, the Tribunal established under this Section shall apply this Agreement as interpreted in accordance with the Vienna Convention on the Law of Treaties, and other rules and principles of international law applicable between the Parties.
2. The Tribunal shall not have jurisdiction to determine the legality of a measure, alleged to constitute a breach of this Agreement, under the domestic law of the disputing Party. For

tiert worden[122]. Anderes ließe sich aus dem telos der Sicherung der Autonomie des Unionsrechts auch kaum ableiten.

### cc) *Intra-EU-Schiedsverfahren nach dem Energiecharta-Vertrag*

Wie die Anwendungsfälle gezeigt haben, ist es möglich, dass auch Intra-EU-Sachverhalte unter den Geltungsbereich der Investitionsschutzvorschriften des Energiecharta-Vertrages fallen. Auch hier gilt zwar Art. 26 Abs. 6 EnCV, was das anwendbare Recht angeht. Einige Schiedsgerichte betrachten dabei das autonome Unionsrecht nicht selten als zwischen den Mitgliedstaaten der Union anwendbares Völkerrecht im Sinne des Art. 26 Abs. 6 EnCV[123]. Derartige Konstellationen sind unabhängig davon, wie weit man den Tatbestand der Gefährdung der Unionsrechtsordnung auslegt, bedenklich. Denn in diesen Fällen geraten die Schiedsgerichte unweigerlich in Konflikt mit dem EuGH um die Auslegung der innerunionalen Garantien. Diese können hinsichtlich der Investition aus den Grundfreiheiten, namentlich der Kapitalverkehrsfreiheit, aber auch aus den Unionsgrundrechten folgen[124]. Hier wäre eine restriktive Auslegung des anwendbaren Rechts durch die Schiedsgerichte, die die Anwendung des Unionsrechts wie in Drittstaatsfällen ausschließt, eine kurzfristig sachgerechte Lösung[125]. In Anbetracht der Vertragstextbezogenheit der Schiedsgerichte kann für Klarheit in Intra-EU-Streitigkeiten jedoch nur eine ausdrückliche „disconnection clause" sorgen, die auf der Ebene des Vertragstextes feststellt, dass innerunionale Investor-Staat-Streitigkeiten nicht ihrer Zuständigkeit unterfallen. Anderenfalls obliegt es den nationalen Gerichten im Anerkennungs- und Vollstreckungsverfahren, die Unzuständigkeit nach dem Vorrangprinzip zu sanktionieren.

---

greater certainty, in determining the consistency of a measure with this Agreement, the Tribunal may consider, as appropriate, the domestic law of the disputing Party as a matter of fact. In doing so, the Tribunal shall follow the prevailing interpretation given to the domestic law by the courts or authorities of that Party and any meaning given to domestic law by the Tribunal shall not be binding upon the courts or the authorities of that Party."

[122] EuGH, 30.4.2019 GA 1/17 (CETA), Rn. 130 ff.

[123] Vgl. in dem Sinne Charanne v. España, Laudo final, 21.1.2016, SCC Arbitraje No.: 062/2012, Rn. 443; Isolux v. España, Laudo, 12.7.2016, Arbitraje SCC V2013/153, Rn. 654. S. auch die Kommission, C(2017) 7384 final v. 10.11.2017: State aid SA.40348 (2015/NN) – Spain. Support for electricity generation from renewable energy sources, cogeneration and waste, Rn. 164.

[124] S. oben II.1.

[125] Vgl. die Konfliktvermeidungsversuche in Charanne v. España, Laudo final, 21.1.2016, SCC Arbitraje No.: 062/2012, Rn. 439, 448 ff.; Eiser v. Spain, Award, 4.5.2017, ICSID Case No. ARB/13/36, Rn. 199 ff. Allerdings ist die derzeitige Praxis der Schiedsgerichte uneinheitlich, weil sie sich nach wie vor an das Diktum des EuGH in der für die private Handelsschiedsgerichtsbarkeit maßgeblichen Eco Swiss-Entscheidung gebunden halten, das sie zur Anwendung von Unionsrecht verpflichtete.

*c) Die ungeklärte Frage der materiellrechtlichen Kollision*
*von Schiedssprüchen mit dem Unionsrecht*

Zu der Problematik der materiellrechtlichen Kollision von Schiedssprüchen mit dem Unionsrecht hat sich der EuGH in der *Achmea*-Entscheidung nicht äußern müssen. Hier ist bislang nur das *Micula*-Verfahren, in dem es um die beihilferechtliche Bewertung eines Schiedsspruchs geht, der das Unionsrecht ausdrücklich nicht angewandt hatte[126] und damit nicht in die Gefahr einer Verletzung der Autonomie des Unionsrechts geriet, maßgeblich[127]. Jüngst hat das EuG indes die Entscheidung der Kommission für nichtig erklärt, weil sie sich auf finanzielle Leistungen bezog, deren Grundlage bereits vor dem Beitritt des Anspruchsgegners Rumänien zur Europäischen Union entstanden war und damit weder die ursprünglich staatlicherseits zugesagte Leistung noch der entsprechende Schadensersatz dem Beihilfeverbot des Vertrags unterfiel[128]. Relevanz entfalten kann in Zukunft hier freilich auch das Verfahren *Eiser ./. Spanien*[129].

Abseits von allen Sorgen um die Einheit des Unionsrechts manifestiert sich in dieser Fallgruppe gleichwohl besonders deutlich der unbefriedigende rechtliche Zustand von innerunionalen Schiedsverfahren, deren Ergebnisse rein normenhierarchisch stets unter dem Vorbehalt einer Vereinbarkeit mit höherrangigem Unionsrecht stehen. Zwar wird dieses Problem nicht bei jeder Entschädigungszahlung entstehen; doch sind die beihilferechtlichen Problemfälle in der Praxis nicht die Ausnahme. Mit seiner Andeutung der – zwar nicht klar begründeten – Unterschiedlichkeit von Investor-Staat-Streitigkeiten im Vergleich zur Handelsschiedsgerichtsbarkeit[130] hat der EuGH in seiner *Achmea*-Entscheidung erkennbar werden lassen, dass eine Toleranz gegenüber unionsrechtswidrigen Schiedssprüchen kaum zu erwarten sein dürfte. Dies dürfte nach der sonstigen Rechtsprechung in besonderem Maße für Beihilfenfälle gelten[131]. Dass aus derartigen materiellen Kollisionen automatisch stets eine Gefahr für die Autonomie des Unionsrechts im Sinne der *Achmea*-Rechtsprechung folgt, wird man jedenfalls nicht annehmen können, da die Kompetenzen der Union im Beihilfeprüfverfahren unberührt blei-

---

[126] Dies geschah ratione temporis; s. Micula e. a. v. Romania, Award, 11.12.2013, ICSID Case No. ARB/05/20, Rn. 319 ff.

[127] Zur Problematik *Saavedra Pinto*, The ‚Narrow' Meaning of the Legitimate Expectations Principle in State Aid Law Versus the Foreign Investor's Legitimate Expectations: A Hopeless Clash or an Opportunity for Convergence?, EStAL 2016, 270.

[128] EuG, 18.6.2019 Rs. T-624/15, T-694/15 und T-704/15 (Micula u. a.), Rn. 70 ff.

[129] Eiser v. Spain, Award, 4.5.2017, ICSID Case No. ARB/13/36; s. oben II.3.b).

[130] Insbesondere EuGH, 1.6.1999 Rs. C-126/97, Slg. 1999, I-3055 (Eco Swiss).

[131] Vgl. insbesondere EuGH (GK), 18.7.2007 Rs. C-119/05, Slg. 2007, I-6199 (Lucchini); EuGH, 11.11.2015 Rs. C-505/14 (Klausner Holz); näher *Gundel*, Völkerrechtliche Rahmenbedingungen der Energiewende – Der Energiecharta-Vertrag und das Vattenfall-Verfahren vor dem ICSID-Schiedsgericht, EnWZ 2016, 243 (247).

ben[132]. Aus Gründen der Rechtssicherheit zugunsten der Investitionen ist der derzeitige Rechtszustand freilich zu kritisieren und spricht für eine künftige Neuregelung unionsinterner Investitionsschutzstreitigkeiten. Auf diesem Wege könnte die Union dann auch eine ausschließliche Außenkompetenz nach Art. 216 Abs. 1 AEUV für das gesamte Investitionsschutzrecht erwerben.

## IV. Fazit: Der Energiecharta-Vertrag vor neuen rechtlichen und tatsächlichen Herausforderungen

Der Energiecharta-Vertrag und insbesondere sein Investitionsschutzkapitel stehen nach allem weiterhin vor erheblichen Herausforderungen. In rechtlicher Hinsicht dürften die jüngeren Entscheidungen des EuGH für Zuständigkeitsverschiebungen sorgen. Letzte Klarheit hat auch das Gutachten des EuGH zur Frage der Unionsrechtskonformität des Investitionsschutzkapitels des Freihandelsabkommens CETA, welches die EU und ihre Mitgliedstaaten als Gemischtes Abkommen mit Kanada abgeschlossen haben, nicht gebracht[133], wenngleich es u. a. auch der Rechtsprechung zur Autonomie des Unionsrechts weitere Facetten hinzugefügt hat.

### 1. Die fortbestehende Notwendigkeit eines funktionsfähigen Investitionsschutzrechts als Grenze staatlicher Maßnahmen

Wenn die bei oberflächlicher Betrachtung investitionsschutzkritisch klingenden Ergebnisse der *Achmea*-Entscheidung in einer ohnehin schwierigen politischen Debatte um Investitionsschutzverträge und Freihandelsabkommen von sachbezogener Argumentation ablenken sollten, wäre das nicht wünschenswert. Eine präzise Auseinandersetzung mit dieser Rechtsprechung würde eine solche Sichtweise auch nicht stützen.

Die jüngeren schiedsgerichtlichen Entscheidungen zum Energiecharta-Vertrag zeigen im Gegenteil, dass das Investitionsschutzrecht eine nicht unwesentliche Rolle im Gesamtkonzept des europäischen Energierechts spielt. Die Entwicklungen haben die Durchsetzungs- und Steuerungskraft des Energiecharta-Vertrags unter Beweis gestellt und sind zwischenzeitlich auch vom Unionsgesetzgeber aufgenommen worden. So sieht die Neufassung der Erneuerbaren-Richtlinie vor, dass rückwirkende Veränderungen der Fördermodalitäten unzulässig sind, wenn sie nicht im System der Förderung angelegt sind,

---

[132] Vgl. zutr. die Schlussanträge des GA *Wathelet* v. 19.9.2017, Rs. C-284/16 (Slowakei/Achmea), Rn. 255 ff.

[133] EuGH, 30.4.2019 GA 1/17 (CETA). Es erging auf Antrag Belgiens. Der Hintergrund war ein Kompromiss der Zentralregierung mit der wallonischen Regionalregierung, die das Abkommen politisch ablehnt.

sondern erworbene Rechtspositionen beeinträchtigen[134]. Auf diese Weise wird ein Element des Vertrauensschutzes in das Sekundärrecht integriert, welches einen Rückgriff auf das Investitionsschutzrecht de facto unnötig machen soll. Ob dies gelingt und ob das Sekundärrecht einen Präzisionsgewinn gegenüber der schiedsgerichtlichen Rechtsprechung aufweist, muss sich in der Praxis erweisen. Der Ansatz der Aufnahme in die Regulierungsvorgaben gegenüber den Mitgliedstaaten und die Integration prozeduraler Elemente ist jedenfalls sachgerecht.

In jedem Falle führt die schiedsgerichtliche Rechtsprechung zum Energiecharta-Vertrag zu einer Präzisierung des Verhältnisses zwischen staatlicher Regulierungsfreiheit und dem Vertrauensschutz der Investoren. Sie bezieht dabei Schiedsgerichtsrechtsprechung aus anderen Vertragswerken mit ein, was ihre Vorhersehbarkeit und Belastbarkeit erhöht[135]. Dies führt zu einer Präzisierung der rechtlichen Bestimmungen des Vertragswerks und fördert die Berechenbarkeit für die Zulässigkeit staatlicher Maßnahmen mit Auswirkungen auf private Investitionen. Zwar zeigen die Entscheidungen, dass die Schiedsgerichte bislang keine endgültige gemeinsame, subsumtionsfähige Definition entwickelt haben,

---

[134] Im Wortlaut:
„Artikel 6 – Stabilität der finanziellen Förderung
(1) Unbeschadet der zur Einhaltung der Artikel 107 und 108 AEUV erforderlichen Anpassungen stellen die Mitgliedstaaten sicher, dass die Höhe der für Projekte im Bereich erneuerbare Energie gewährten Förderung sowie die damit verknüpften Bedingungen nicht in einer Weise überarbeitet werden, die sich negativ auf die daraus erwachsenden Rechte auswirkt und die Rentabilität von Projekten, denen bereits Förderung zugute kommt, infrage stellt.
(2) Die Mitgliedstaaten können die Höhe der Förderung nach objektiven Kriterien anpassen, sofern die betreffenden Kriterien in der Förderregelung von Anbeginn festgelegt waren.
(3) Die Mitgliedstaaten veröffentlichen als Referenzdokument einen mindestens auf die nächsten fünf oder – im Falle von Haushaltsplanungszwängen – drei Jahre ausgelegten langfristigen Zeitplan mit der voraussichtlichen Zuteilung von Fördermitteln, der, soweit angebracht, auch Richtwerte zu den Fristen und Angaben zur Häufigkeit von Ausschreibungsverfahren, zur voraussichtlichen Kapazität und zum voraussichtlichen Budget bzw. zum Höchstbetrag der voraussichtlich gewährten individuellen Förderung und gegebenenfalls zu den voraussichtlich förderfähigen Technologien enthält. Dieser Zeitplan wird jährlich oder immer dann aktualisiert, wenn es nötig ist, um den jüngsten Marktentwicklungen oder der voraussichtlichen Zuteilung von Fördermitteln Rechnung zu tragen.
(4) Die Mitgliedstaaten bewerten mindestens alle fünf Jahre die Wirksamkeit ihrer Förderregelungen für Elektrizität aus erneuerbaren Quellen und deren wichtigste Verteilungseffekte in Bezug auf unterschiedliche Verbrauchergruppen und auf Investitionen. Dabei gehen sie auch auf die Auswirkungen möglicher Änderungen der Förderregelungen ein. Den Ergebnissen dieser Bewertung wird bei der indikativen langfristigen Planung der Entscheidungen über die Förderung und die Gestaltung neuer Förderung Rechnung getragen. Die Mitgliedstaaten nehmen diese Bewertung in die entsprechenden aktualisierten Fassungen ihrer integrierten nationalen Energie- und Klimaschutzpläne und ihrer Fortschrittsberichte gemäß der Verordnung (EU) 2018/1999 auf."
[135] Vgl. zum Phänomen monographisch in jüngerer Zeit *Kadelbach*, Regimeübergreifende Konkretisierung im internationalen Investitionsrecht, 2014.

wenn es um zentrale Standards wie das „fair and equitable treatment" geht[136]. Der Schiedsspruch in der Sache *Blusun ./. Italien* wandte eine eher summarische Verhältnismäßigkeitsprüfung an[137], während die Schiedsgerichte in den Verfahren *Eiser ./. Spanien*[138] und *Charanne ./. Spanien*[139] die Wirkungen der staatlichen Regulierung einer strengeren Überprüfung unterzogen. Dennoch kann festgehalten werden, dass ein Vergleich zwischen dogmatischer Begründung und Ergebnis in Bezug auf den Vertrauensschutz keineswegs weit entfernt von den verfassungsrechtlichen Erwägungen der ebenfalls befassten nationalen Verfassungsgerichte ist[140]. Ein grundlegender Unterschied zu dem durch die öffentliche Debatte oftmals unterschwellig bemühten „Rechtsempfinden" besteht also nicht; unterschiedliche Bewertungen einzelner Betroffenheiten wie in den spanischen Fällen[141] stellen dies nicht grundsätzlich in Frage. Dass es nicht jenseits jeder rechtlichen Vorstellungskraft liegt, in bestimmten, durchaus auf legitimen politischen Erwägungen beruhenden staatlichen Regulierungsentscheidungen dennoch eine Verletzung von Rechtspositionen von Investoren zu sehen, hat nicht zuletzt das Beispiel der *Vattenfall*-Rechtsprechung des Bundesverfassungsgerichts[142] deutlich herausgestellt. Unbefriedigend bleibt freilich die fortbestehende Parallelität der Rechtswege und die damit einhergehende Unterschiedlichkeit der Haftungsumfänge.

## 2. Die unionsrechtlichen Grenzen des Investitionsschutzes durch Schiedsgerichte

In Bezug auf die unionsrechtlichen Rahmenbedingungen der Investitionsschiedsgerichtsbarkeit fügen sich die Aussagen des Gerichtshofs in der *Achmea*-Entscheidung klarstellend in seine auf die Aufrechterhaltung und Abschirmung der eigenen Entscheidungskompetenzen bedachte Rechtsprechung ein. Diese kann man rechtspolitisch durchaus kritisieren, zumal sie – jedenfalls im Falle der *Achmea*-Entscheidung – auch rechtsdogmatisch wenig Überzeugungskraft entfaltet. Wenngleich Handlungsmöglichkeiten der Europäischen Union im Bereich des Investitionsschutzes bestehen bleiben, so verringert der durch die jüngere Rechtsprechung insbesondere des *Singapur*-Gutachtens gesetzte Rahmen doch deren Flexibilität. Gleichzeitig scheint die *Achmea*-Rechtsprechung die mitgliedstaatlichen Handlungsmöglichkeiten zu beschneiden. Beides ist mit Blick auf die gegenwärtige Situation des internationalen Wirtschaftsrechts rechtspolitisch zumindest fragwürdig, zumal die Investitionsschiedsverfahren

---

[136] Eine Enteignung nach Art. 13 EnCV lehnten die meisten Schiedsgerichte ab.
[137] Blusun e. a. v. Italy, Award, 27.12.2016, ICSID Case No. ARB/14/3, Rn. 318 f.
[138] Eiser v. Spain, Award, 4.5.2017, ICSID Case No. ARB/13/36, Rn. 362 ff.
[139] Charanne v. España, Laudo final, 21.1.2016, SCC Arbitraje No.: 062/2012, Rn. 515 ff.
[140] Vgl. oben II.3.
[141] Vgl. oben bei Fn. 67, 68.
[142] Oben Fn. 43.

durchaus als Seismograph für notwendige Anpassungen der Schutzinstrumente des nationalen oder des Unionsrechts verstanden werden können. Eine Akzeptanz findet der Gerichtshof denn auch bei den Schiedsgerichten ersichtlich nicht. Die Zuständigkeitseinwände, die seitens der Mitgliedstaaten aus der *Achmea*-Entscheidung gezogen und vorgetragen werden, sind typischerweise bislang von den Schiedsgerichten zurückgewiesen worden[143].

Rechtlich gefährdet ist das Investitionsschutzkapitel des Energiecharta-Vertrages damit nicht; das wäre bei diesem für das Investitionsklima wichtigen Vertrag auch nicht wünschenswert, zumal zweifelhaft ist, ob in Anbetracht der jüngeren politischen Entwicklungen in den westlichen wie den östlichen Staaten, ihrem Verhältnis zueinander, der verbreiteten Skepsis gegenüber multilateralen Abkommen im Bereich des Handels- und des Investitionsschutzrechts in bestimmten Kreisen der Bevölkerung sowie der gegenwärtigen politischen Krise des internationalen Wirtschaftsrechts der Vertrag heute noch einmal in vergleichbarer Weise würde geschlossen werden können. Rechtlich relevante Fortentwicklungen des Energiecharta-Vertrags selbst blieben in den vergangenen Jahren begrenzt. Eine echte Revision ist bislang nicht in Sicht; die Revisionskonferenz 2019 hat aber turnusgemäß stattgefunden und einen Reformprozess angestoßen[144]. Die Charta-Konferenz betont zwar weiterhin regelmäßig die Bedeutung des Investitionsschutzes, kann derzeit allerdings insofern vornehmlich auf die Intensivierung rechtlich unverbindlicher friedlicher Streitbeilegungsmechanismen wie Mediation hinwirken[145].

### 3. Der Fortbestand des Energiecharta-Prozesses

Abgesehen von den investitionsrechtlichen Fragestellungen, bleibt der Energiecharta-Prozess als eine politische Entwicklung relevant. Die Internationale Energiecharta aus dem Jahr 2015, welche die Europäische Energiecharta, die historische politische Basis des Energiecharta-Vertrags, räumlich erweitert und globale wie regionale Kooperationen im Energiebereich fördern soll, ist von zahlreichen Staaten und internationalen Organisationen gezeichnet worden[146]. Allerdings bleibt dieses Dokument als politische Erklärung rechtlich unver-

---

[143] So etwa das Schiedsgericht im Verfahren Vattenfall v. Germany, Decision on the Achmea Issue, 31.8.2018, ICSID Case No. ARB/12/12. Es stellte maßgeblich auf Art. 16 EnCV ab, aufgrund der es den Energiecharta-Vertrag als lex specialis ansieht.

[144] Vgl. Decision of the Energy Charter Conference v. 6.11.2019, Dok. Nr. CCDEC 2019 10 STR; ferner auch bereits Ashgabat Energy Charter Declaration v. 29.11.2017.

[145] Decision of the Energy Charter Conference „Approval of the conclusions of the Review under 34(7) ECT" v. 20.11.2014, sub 5. Ob eine unverbindliche Mediation, wie sie die Kommission im Bereich der Intra-EU-BITs beabsichtigt (s. Daily News 31.7.2017 und Consultation Document „Prevention and amicable resolution of disputes between investors and public authorities within the single market"), hinreichende rechtliche Schutzwirkungen entfaltet, erscheint fraglich.

[146] S. https://energycharter.org/process/international-energy-charter-2015/overview/.

bindlich. Der Energiecharta-Vertrag hingegen besitzt mit dem Energiecharta-Sekretariat eine hilfreiche und stabilisierende institutionelle Basis, die auch eine rechtlich relevante Fortentwicklung des Forums im Blick behält. So nimmt es beispielsweise auch an Kooperationsprojekten der EU mit osteuropäischen und asiatischen Mitgliedstaaten des Energiecharta-Vertrags teil, die einen Umbau der dortigen Energieversorgungssysteme in Richtung Versorgungssicherheit und Klimaverträglichkeit fördern sollen. Sofern in diesen Zielen – was nahe-liegt – eine neue, größere Zielsetzung des internationalen Energierechts und der Energiepolitik zu sehen ist, wird sich früher oder später auch hier die Fra-ge nach hinreichenden Anreizen für Investitionen und damit auch nach einem hinreichenden Investitionsschutz stellen[147]; denn allein mit öffentlichen Förder-mitteln kann der Umbau des Energiesystems schon innerhalb der Union nicht geleistet werden. Die Aufgaben, die der Energiecharta-Vertrag zum Zeitpunkt seiner Verabschiedung erfüllen sollte, bestehen weiterhin. Das Ziel, durch die Schaffung völkerrechtlicher Garantien für ausländische Investitionen Rechts- und Planungssicherheit zu erhöhen, ist nach wie vor von hoher Bedeutung für Versorgungsfragen, steht aber auch in engem inhaltlichem Zusammenhang mit der Umsetzung des Pariser Klimaschutzabkommens durch Maßnahmen, die einen internationalen Umbau des Energiesystems befördern[148]. Das zeigt, dass das Investitionsschutzrecht des Energiecharta-Vertrags auch in der Zukunft ge-braucht werden wird.

---

[147] Vgl. zutr. und krit. gegenüber der derzeitigen Haltung der Kommission gegenüber der Investor-Staat-Schiedsgerichtsbarkeit *López-Rodríguez*, The Sun Behind the Clouds? Enfor-cement of Renewable Energy Awards in the EU, TEL 8 (2019), 279 (301 f.).

[148] Vgl. Titel I der Internationalen Energiecharta von 2015.

# Ausschreibungen für Offshore-Anbindungsleitungen?

## Zur rechtlichen Möglichkeit der Einbeziehung von Offshore-Anbindungsleitungen in energierechtliche Ausschreibungen

*Wolf Friedrich Spieth/Sebastian Lutz-Bachmann*[1]

---

[1] Die Verfasser danken den wissenschaftlichen Mitarbeitern *Katharina Hufgard* und *Robert Hahn* für die wertvolle Unterstützung bei der Recherche.

# I. Einleitung

Offshore-Anbindungsleitungen sind ein wichtiges Bindeglied der Energiewende. Aufgrund der im Vergleich zu anderen Staaten relativ weiten Küstenentfernungen von Offshore-Windparks in Deutschland sind deren Anbindungsleitungen an das Übertragungsnetz ökonomisch und regulatorisch von entscheidender Bedeutung für eine effiziente Nutzung der Offshore-Windenergie. In Deutschland werden Offshore-Anbindungsleitungen von den Übertragungsnetzbetreibern *(ÜNB)* errichtet und betrieben. Die Kosten wurden bislang über die Netzentgelte an die Stromkunden weitergegeben. Seit dem 1. Januar 2019 werden die Kosten für die Offshore-Anbindungsleitungen infolge der Änderung durch das Netzentgeltmodernisierungsgesetz als eigenständige Offshore-Netzumlage gewälzt und aus den Kosten für die Netzentgelte herausgerechnet.

Anders als die Netzentgelte wurde für die EEG-Vergütung mit der letzten großen Reform des EEG 2017 und der Einführung eines eigenständigen Windenergie-auf-See-Gesetzes die Förderung von erneuerbaren Energien von einer festen Einspeisevergütung auf eine wettbewerbliche Ausschreibung umgestellt. Dies führte zu einer erheblichen Kostensenkung der EEG-Vergütung. Dagegen liegen die Kosten für die Offshore-Anbindungsleitungen in Deutschland erheblich über den Kosten in anderen Mitgliedstaaten. Eine aktuelle Studie des DIW weist etwa nach, dass die sog. Levelized Cost of Electricity *(LCoE)*, welche die über die gesamte Lebensdauer einer Offshore-Anbindungsleitung durchschnittlich diskontierten Kosten pro übertragener Energieeinheit abbildet, in Deutschland mit 35 EUR/MWh mehr als doppelt so hoch liegt wie die LCoE für Offshore-Anbindungsleitungen im Vereinigten Königreich, die lediglich 16 EUR/MWh beträgt. Selbst bei einer Berücksichtigung von Unterschieden (insb. der längeren zu überbrückenden Entfernungen in Deutschland und der teureren Technik der in der deutschen Nordsee gebräuchlichen Hochspannungs-Gleichstrom-Übertragung) verbleibt nach dieser Studie ein Kostenunterschied der LCoE von 10 EUR/MWh zwischen den Offshore-Anbindungsleitungen in Deutschland und im Vereinigten Königreich.[2]

Daher bietet es sich an, darüber nachzudenken, ob die Netzanbindungen von Offshore-Windparks in die Ausschreibungen für erneuerbare Energien integriert werden können. Durch die damit verbundenen wettbewerblichen Anreize könnten erhebliche volkswirtschaftliche Einsparungen erzielt werden. Eine solche Option ist gerade vor dem Hintergrund von Zuschlägen zu 0 ct/kWh für Offshore-Windparks in den Ausschreibungen in den Jahren 2017 und 2018 interessant. Denn aufgrund dieser 0 ct-Zuschläge gilt nach gegenwärtiger Geset-

---

[2] *Girard/Kemfert/Neumann/Stoll*, Marktdesign für eine effiziente Netzanbindung von Offshore-Windenergie, DIW Berlin Politikberatung kompakt 136, 2019, S. 8 ff.

zeslage für die zukünftigen Ausschreibungen im zentralen System ab 2021 ein Höchstgebotswert von 0 ct/kWh. In diesem Ausschreibungsdesign sind jedoch keine sinnvollen Ausschreibungen mehr möglich. Durch eine Integration der Offshore-Anbindungsleitungen in die Ausschreibungen für Offshore-Windparks könnte wieder ein wettbewerbliches Element geschaffen werden.

Vor diesem Hintergrund soll in diesem Beitrag untersucht werden, ob wettbewerbliche Ausschreibungen auch für Offshore-Anbindungsleitungen in Deutschland rechtlich möglich sind. Zunächst erläutern wir den regulatorischen Hintergrund der Ausschreibungen für Offshore-Windenergie nach dem WindSeeG in Deutschland und geben eine Übersicht über Errichtungs- und Betreibermodelle für Offshore-Anbindungsleitungen in Europa (dazu unter II.). Darauf aufbauend stellen wir die Zulässigkeit von Ausschreibungen von Offshore-Anbindungsleitungen nach deutschem und europäischem Recht dar (dazu unter III.).

## II. Regulatorischer Hintergrund: Ausschreibungen für Offshore-Windenergie nach dem WindSeeG und Zuständigkeit für Offshore-Netzanbindungsleitungen

### 1. Europarechtlicher Hintergrund der Ausschreibungen für erneuerbare Energien

Nach Ansicht der Europäischen Kommission stellen nationale Fördersysteme für erneuerbare Energien staatliche Beihilfen iSd Art. 107 Abs. 1 AEUV dar. Die Europäische Kommission stufte daher die umlagefinanzierte Förderung von Unternehmen, die Strom aus erneuerbaren Energiequellen erzeugen, als staatliche Beihilfen ein.

Auf diese Weise hat sie einen regulatorischen Zugriff auf mitgliedstaatliche Förderungsregime erhalten, für die sie selbst keine eigene Kompetenz besitzt. Somit werden die nationalen Fördersysteme „über die Hintertür" in den Energiebinnenmarkt integriert. Den Leitlinien der Kommission für staatliche Umweltschutz- und Energiebeihilfen 2014–2020 zufolge werden Beihilfen dann „als angemessen betrachtet, wenn der Beihilfebetrag pro Beihilfeempfänger auf das zur Verwirklichung des angestrebten Umwelt- oder Energieziels erforderliche Minimum beschränkt ist." Die Kommission konkretisiert zudem, dass „Marktinstrumente wie Auktionen oder Ausschreibungen" diese Anforderung in der Regel gewährleisten.[3] Auf der Grundlage dieser Beihilfeleitlinie hat die Kommission die Umstellung der Förderung von erneuerbaren Energien

---

[3] Mitteilung der Kommission v. 28.6.2014, Leitlinien für staatliche Umweltschutz- und Energiebeihilfen 2014–2020, ABl. EU 2014 C 200/1.

von einer gesetzlich festgelegten Einspeisevergütung auf technologiespezifische Ausschreibungen im EEG 2017 beihilferechtlich genehmigt.[4]

Mit Urteil vom 28. März 2019 ist der EuGH der Rechtsansicht der Kommission entgegengetreten und hat entschieden, dass zumindest die Ausgestaltung des deutschen Förderungssystems nach dem EEG 2012 keine Beihilfe darstellt.[5] Folglich hat der EuGH den Beschluss (EU) 2015/1585 der Kommission vom 25. November 2014, in der die Kommission Deutschlands Förderung erneuerbaren Stroms und stromintensiver Unternehmen als Beihilfe qualifiziert hatte, aufgehoben.

Damit muss der deutsche Gesetzgeber für EEG-Förderung die Anforderungen der Beihilfeleitlinie nicht mehr erfüllen und könnte theoretisch auf Ausschreibungen für erneuerbare Energien verzichten. Allerdings ergeben sich ähnliche Verpflichtungen wie aus den Beihilfe-Leitlinien aus der novellierten Erneuerbare-Energien-Richtlinie aus dem Dezember 2018.[6] Diese Richtlinie haben die Mitgliedstaaten bis zum 30. Juni 2021 umzusetzen. Nach Art. 4 Abs. 4 der Richtlinie müssen Mitgliedstaaten sicherstellen, dass die Förderung für EE-Strom „offen, transparent, wettbewerbsfördernd, nichtdiskriminierend und kosteneffizient" gewährt wird. Dabei geht die Richtlinie in den folgenden Absätzen von Art. 4 explizit von Ausschreibungen aus. Dies spricht dafür, dass die Verpflichtungen der Bundesregierung, Ausschreibungen für erneuerbare Energien durchzuführen, lediglich aus dem Beihilferecht in das Energierecht gewechselt sind.[7]

## 2. Wettbewerbliche Ausschreibungen für Offshore-Windenergie in Deutschland

Mit der Novellierung des EEG und dem gleichzeitigen Inkrafttreten des Wind-SeeG am 1. Januar 2017 hat der deutsche Gesetzgeber einen Systemwechsel für die Förderung von erneuerbaren Energien eingeleitet. War die Einspeisevergütung bislang im EEG gesetzlich festgelegt, wird sie seit dem Jahr 2017 für Windenergie an Land, Windenergie auf See, Photovoltaik und Biomasse in technologiespezifischen Ausschreibungen ermittelt. Die Höhe der Einspeisevergütung („anzulegender Wert") entspricht nun nicht mehr gesetzlich festgelegten Größen, sondern sie ergibt sich aus den Zuschlagswerten im Bie-

---

[4] Mitteilung der Kommission v. 20.12.2016, Genehmigung staatlicher Beihilfen nach den Artikeln 107 und 108 des Vertrags über die Arbeitsweise der Europäischen Union, ABl. EU 2017 C 68/1.

[5] EuGH, 28.3.2019 Rs. C 405/16 P (Deutschland/Kommission).

[6] RL (EU) 2018/2001 des EP und des Rates v. 11.12.2018 zur Förderung der Nutzung von Energie aus erneuerbaren Quellen (Neufassung), ABl. EU 2018 L 328/82.

[7] Vgl. dazu Stiftung Umweltenergierecht, Das EEG 2012 ist keine Beihilfe – was genau bedeutet das EuGH-Urteil? Fragen und Antworten, Hintergrundpapier, Würzburger Berichte zum Umweltenergierecht Nr. 41 v. 4.4.2019.

terwettbewerb. Ferner sind nur noch Unternehmen bzw. Anlagen förderungs-
berechtigt, die im Ausschreibungsverfahren einen Zuschlag erhalten haben.

Reguläre Ausschreibungen für Offshore-Windenergie beginnen erst im Jahr
2021 für einen Förderbeginn ab dem Jahr 2026. Im Gegensatz zu den übrigen
Energieformen werden in diesem sog. *„zentralen Modell"* Flächen ausgeschrieben. Eine Planfeststellung ist dabei keine Voraussetzung für die Teilnahme an
den Ausschreibungen. Das Planfeststellungsverfahren wird vielmehr nachlau-
fend nach dem Zuschlag durchgeführt. Auf diese Weise soll nach dem gesetz-
geberischen Willen die Akteursvielfalt in den Ausschreibungen erhöht werden.

Gleichzeitig wurde für einen Teil der genehmigten bzw. für weit entwickelte
Offshore-Windparkprojekte ohne Netzanbindungszusage ein Übergangssys-
tem mit zwei eigenständigen Ausschreibungen in den Jahren 2017 und 2018 und
einem Förderbeginn in den Jahren 2021 bis 2025 geschaffen. In der ersten Runde
dieser Übergangsausschreibungen vom 1. April 2017 lag der mengengewichtete
durchschnittliche Zuschlagswert bei lediglich 0,44 ct/kWh. Drei der vier erfolgreichen Projekte wurden mit 0 ct/kWh, d. h. ohne staatliche Förderung, bezuschlagt. In der zweiten Runde der Übergangsausschreibungen vom 1. April
2018 lag der mengengewichtete durchschnittliche Zuschlagswert zwar deutlich
höher, nämlich bei 4,66 ct/kWh, jedoch wurden auch in der zweiten Übergangsausschreibung wiederum zwei Projekte mit 0 ct/kWh bezuschlagt.

Die Ergebnisse der Übergangsausschreibungen für Offshore-Windenergie
werfen die Frage auf, inwieweit Offshore-Windenergie bereits dauerhaft ohne
staatliche Förderung wirtschaftlich am Markt vertrieben werden kann. Es ist
noch verfrüht, anhand der Ergebnisse der ersten Ausschreibungen der Übergangsphase generelle Aussagen zu treffen. Denn in den Ausschreibungen der
Übergangsphase herrscht eine gewisse Sondersituation mit hohem Wettbe-
werbsdruck. Dies lag zum einen an den erheblichen Kosten, die Projektentwick-
ler bereits investiert hatten, bevor sie von der Umstellung auf ein Ausschreibungssystem erfahren haben, zum anderen an der besonderen Akteursstruktur
durch die Begrenzung der Übergangsausschreibungen auf Inhaber bestehender
Projekte.

Regulatorisch von größerer Bedeutung ist jedoch, dass nach § 22 Abs. 1
WindSeeG der Höchstwert, den Gebote in der ersten regelmäßigen Ausschreibung im „Zielmodell" einhalten müssen, dem Wert des niedrigsten Gebots in
der zweiten Übergangsausschreibung vom 1. April 2018 entspricht, für das ein
Zuschlag erteilt wurde. Somit liegt der Höchstwert bei der Ausschreibung im
Jahr 2021 bei lediglich 0 ct/kWh. Dies führt aber dazu, dass im zentralen Modell
kein Zuschlagsverfahren nach dem Gebotswert möglich ist. Vielmehr müsste ein Losverfahren durchgeführt werden.[8] Bei einem Losverfahren handelt

---

[8] S. dazu im Einzelnen: *Lutz-Bachmann*, in: Spieth/Lutz-Bachmann (Hrsg.), Offshore-
Windenergierecht, 2018, § 23 WindSeeG Rn. 3 f.

es sich jedoch um kein sinnvolles regulatorisches Zuteilungssystem. Denn es würde die Ausschreibungen im zentralen System anstatt einer mit der Einführung des WindSeeG bezweckten wettbewerblichen Vergabe in eine reine Lotterie verwandeln. Daher steht bereits jetzt eine weitere Reform des Ausschreibungsverfahrens nach dem WindSeeG im Raum.

## 3. Varianz von Errichtungs- und Betreibermodellen für Offshore-Anbindungsleitungen in Europa

In Europa gibt es grundsätzlich drei verschiedene Modelle für die Errichtung und den Betrieb von Offshore-Anbindungsleitungen:

– Zunächst existiert das in Deutschland gebräuchliche ÜNB-Modell (auch sog. *transmission system operator [TSO] model*). Im ÜNB-Modell ist der Übertragungsnetzbetreiber verantwortlich, die Offshore-Anbindungsleitung vom Netzverknüpfungspunkt seines Onshore-Netzes zum Offshore-Windpark zu errichten. Der Projektinhaber muss in der Regel seine Offshore-Windanlagen an diese Offshore-Anbindungsleitung anschließen. In der deutschen Nordsee sind dafür Umspannplattformen vorgesehen, die der ÜNB gemeinsam mit der Offshore-Anbindungsleitung zu errichten hat.
– Daneben gibt es das Betreiber-Modell (auch sog. *generator model*), etwa in Schweden. Danach liegen die Errichtung des Offshore-Windparks und der Offshore-Anbindungsleitungen einheitlich in der Hand des Offshore-Windparkbetreibers.
– Schließlich wenden andere europäische Staaten, insbesondere das Vereinigte Königreich, ein Drittparteien-Modell (auch sog. *third party model oder offshore-transmission owner [OFTO] model*) an. Nach diesem Modell werden die Offshore-Anbindungsleitungen weder vom ÜNB noch vom Offshore-Windparkbetreiber betrieben. Vielmehr ist dafür eine eigenständige Gesellschaft zuständig, an der weder der ÜNB noch der Offshore-Windparkbetreiber einen nennenswerten Anteil besitzt.

Diese drei Modelle unterscheiden sich auch aus energieregulierungsrechtlicher Perspektive: Im ÜNB-Modell und im Drittparteien-Modell sind die Betreiber der Offshore-Anbindungsleitung reguliert, d. h. sie unterliegen insb. den Anforderungen, die für Netzbetreiber anwendbar sind. Dagegen gelten im Betreiber-Modell für die Betreiber-Gesellschaft einheitlich die Anforderungen für Energieproduzenten.

## III. Energiewirtschaftliche Zulässigkeit der Einführung von Ausschreibungen für Offshore-Anbindungsleitungen

Die hohen Kosten für Offshore-Anbindungsleitungen aufgrund der rechtlichen Monopolisierung des Baus und Betriebs durch die Übertragungsnetzbetreiber auf der einen Seite und der faktische Ausschluss von Wettbewerb im zentralen Ausschreibungssystem für Offshore-Windparks aufgrund der Höchstgebotsgrenze von 0 ct/kWh auf der anderen Seite legen es nahe, die Offshore-Anbindungsleitungen in ein modifiziertes Ausschreibungssystem nach dem WindSeeG zu integrieren. Denn auf diese Weise könnten die Kosten für Offshore-Anbindungsleitungen durch die Einführung wettbewerblicher Bedingungen für die Ermittlung der Vergütung für die Netzanbindung gesenkt werden. Außerdem könnte durch die Integration der Ausbaukosten für Offshore-Anbindungsleitungen in die Ausschreibungen für Offshore-Windparks wieder eine Grundlage für wettbewerbliche Ausschreibungsverfahren geschaffen werden.

In den folgenden Abschnitten stellen wir zunächst die Zulässigkeitsvoraussetzungen für die Einführung von Ausschreibungen für Offshore-Anbindungsleitungen nach deutschem und nach europäischem Recht dar. Anschließend zeigen wir Möglichkeiten für eine Ausgestaltung der Ausschreibung für Offshore-Anbindungsleitungen auf.

### 1. Zulässigkeit der Einführung von Ausschreibungen für Offshore-Anbindungsleitungen nach deutschem Recht

Gegenwärtig unterliegen Offshore-Anbindungsleitungen in Deutschland der Anreizregulierung. Diese sieht keine Möglichkeit für Ausschreibungen vor. Vielmehr folgt die Anreizregulierung einer anderen ökonomischen Logik, nämlich dem Prinzip des simulierten und nicht des realen Wettbewerbs.[9] Um Ausschreibungen für Offshore-Anbindungsleitungen zu ermöglichen, müssten diese daher zunächst aus der Anreizregulierung gelöst werden. Voraussetzung dafür wäre, dass die Offshore-Anbindungsleitungen nicht mehr zum Energieversorgungsnetz gehören. Denn nach §§ 21 ff. EnWG bzw. § 1 Abs. 1 ARegV gilt die Anreizregulierung nur für Energieversorgungsnetze. Daher werden wir im Folgenden zunächst die gegenwärtig anwendbare Rechtslage für die Errichtung und den Betrieb von Offshore-Anbindungsleitungen in Deutschland darstellen. Darauf aufbauend zeigen wir die rechtlichen Möglichkeiten auf, nach denen die Errichtung und der Betrieb von Offshore-Anbindungsleitungen für Dritte, insbesondere für Entwickler von Offshore-Windenergieparks, geöffnet werden könnten.

---

[9] Vgl. dazu *Haller*, Die Evaluierung der Anreizregulierung, EnWZ 2014, 195.

*a)  Gegenwärtige Rechtslage für die Errichtung und den Betrieb
von Offshore-Anbindungsleitungen in Deutschland*

Seit der Einführung des EEG bestand zunächst ein Anspruch der Anlagen-
betreiber gegen die ÜNB auf Anbindung an das Übertragungsnetz, §3 Abs. 1
Satz 1 EEG (nach der Novelle des EEG im Jahr 2004: §4 Abs. 1 Satz 1 EEG).
Die Verpflichtung traf denjenigen Netzbetreiber, zu dessen technisch für die
Aufnahme geeignetem Netz die kürzeste Entfernung zum Standort der Anlage
bestand, §3 Abs. 1 Satz 2 EEG (bzw. §4 Abs. 2 Satz 1 EEG 2004). Auf dieser
Rechtsgrundlage konnten auch die Betreiber von Offshore-Windparks von den
jeweiligen ÜNB die Herstellung der entsprechenden Netzanbindung fordern.
Dies bedeutete allerdings nicht, dass die ÜNB auch die Kostenlast des Netzausbaus zu tragen gehabt hätten. Die entsprechenden Kosten waren vielmehr
durch den Anlagenbetreiber selbst zu tragen, §10 Abs. 1 Satz 1 EEG 2000 (bzw.
§13 Abs. 1 Satz 1 EEG 2004).

Bedingt durch den hohen technischen und finanziellen Aufwand, mit dem
die Verlegung der Unterwasserkabel notwendig verbunden war, stellte die Kostentragungsregel des §10 Abs. 1 Satz 1 EEG (§13 Abs. 1 Satz 1 EEG 2004) aus
Sicht potentieller Betreiber von Offshore-Windenergieparks ein erhebliches In-
vestitionshindernis dar.[10] Der Gesetzgeber hat versucht, dieses Hemmnis zu be-
seitigen, indem er die Verantwortlichkeit für die Netzanbindung auf die ÜNB
übertrug. Der hierzu durch das sog. Infrastrukturplanungsbeschleunigungsge-
setz im Jahr 2006 eingeführte §17 Abs. 2a EnWG verpflichtete ÜNB, Offshore-
Windparks an ihr Netz anzubinden.[11] Da §17 Abs. 2a EnWG dabei aber auf eine
spezielle Kostentragungsregel verzichtete, fielen die entsprechenden Kosten
nunmehr allein den ÜNB zur Last. Der Gesetzgeber wollte damit die Anlagenbetreiber von den Kosten der Netzanbindung an das Energieversorgungsnetz
entlasten, die teilweise 20 % bis 30 % der Gesamtinvestition bedeuten können.[12]

Nach §17 Abs. 2a EnWG waren die ÜNB verpflichtet, die Leitungen von
dem Umspannwerk der Offshore-Anlagen bis zu dem technisch und wirtschaftlich günstigen Verknüpfungspunkt des nächsten Übertragungs- oder
Verteilernetzes zu errichten und zu betreiben. Der Offshore-Anlagenbetrei-
ber hatte also gegenüber dem ÜNB einen unbeschränkten individuellen An-
schluss- und Errichtungsanspruch.[13] Damit entfiel für die Anlagenbetreiber

---

[10] Vgl. *Wiederholt/Bode/Reuter*, Rückenwind für den Ausbau der Offshore-Windenergie?, NVwZ 2012, 1207.
[11] *Leicht/Brunstamp/Büllesfeld*, in: Greb/Boewe (Hrsg.), BeckOK EEG, 8. Edition 2019,
§47 Rn. 37.
[12] *Schulz*, in: Säcker (Hrsg.), BerlKommEnR, 4. A. 2019, §47 EEG Rn. 20, mit Verweis
auf die insofern eindeutige Gesetzesbegründung zu §17 Abs. 2a EnWG „Ziel ist es, die Betreiber der ersten Offshore-Windparks von den notwendigen Kosten der Netzanbindung an
das Energieversorgungsnetz zu entlasten.", BT-Drucks. 16/3158, S. 44.
[13] *Dannecker/Ruttloff*, Kein Vertrauensschutz für Offshore-Windparkprojekte?, EnWZ

die ansonsten nach dem EEG eingeräumte Möglichkeit, statt des Netzbetriebers einen fachkundigen Dritten die Netzanbindung errichten und betreiben zu lassen. § 17 Abs. 2a EnWG ging den entsprechenden Regelungen des EEG als *lex specialis* vor. Im Übrigen blieb das EEG hingegen anwendbar, da es sich bei § 17 Abs. 2a EnWG letztlich nur um eine Sonderregelung zur Kostentragung handelte, die die Anlagenbetreiber über das EEG hinaus privilegieren sollte.[14]

Die derzeitige Zuständigkeit der ÜNB für die Offshore-Anbindungsleitungen wird durch die spezielle gesetzliche Anordnung in § 17d Abs. 1 Satz 1 EnWG begründet. Danach haben die ÜNB die Pflicht, entsprechend den Vorgaben des Offshore-Netzentwicklungsplans bzw. seit dem 1. Januar 2019 nach dem noch im Bestätigungsverfahren der BNetzA befindlichen Netzentwicklungsplan und dem Flächenentwicklungsplan gemäß § 5 WindSeeG Offshore-Anbindungsleitungen zu errichten und zu betreiben. Nach § 17d Abs. 1 Satz 3 EnWG werden Offshore-Anbindungsleitungen ab dem Zeitpunkt der Fertigstellung zwingend „Teil des Energieversorgungsnetzes" und unterfallen damit den Bestimmungen zur Netzregulierung der §§ 20 ff. des EnWG.

## b) Zulässigkeit der Errichtung von Offshore-Anbindungsleitungen durch Dritte

Im deutschen Recht ließe sich eine Öffnung der Errichtung und des Betriebs von Offshore-Anbindungsleitungen durch Dritte durch minimale Gesetzesänderungen umsetzen. Insbesondere müsste § 17d Abs. 1 Satz 3 EnWG gestrichen werden. Auf diese Weise würden Offshore-Anbindungsleitungen nicht mehr mit ihrer Fertigstellung automatisch Teil des Übertragungsnetzes. In der Literatur ist anerkannt, dass es sich bei § 17d Abs. 1 Satz 3 EnWG lediglich um eine gesetzliche Fiktion handelt.[15] Das heißt, dass Offshore-Anbindungsleitungen momentan alleine aufgrund von § 17d Abs. 1 Satz 3 EnWG Teil des Übertragungsnetzes werden. Würde diese Vorschrift gestrichen, stünden Offshore-Anbindungsleitungen folglich nicht mehr im Monopol des anbindungsverpflichteten ÜNB, sondern könnten auch durch Dritte errichtet und betrieben werden.

Ferner müsste § 17d Abs. 1 Satz 1 EnWG dahingehend abgeändert werden, dass die Verpflichtung zur Errichtung von Offshore-Anbindungsleitungen nach dem Netzentwicklungsplan und nach dem Flächenentwicklungsplan nicht mehr den ÜNB, sondern denjenigen Dritten trifft, der in einer Aus-

---

2016, 490; ebenso *Hartmann*, in: Danner/Theobald (Hrsg.), Energierecht, Loseblatt (Stand: 92. EL 2017), § 17 EnWG Rn. 157.

[14] *Hartmann*, in: Danner/Theobald (Hrsg.), Energierecht, Loseblatt (Stand: 92. EL 2017), § 17 EnWG Rn. 158.

[15] *Uibeleisen*, in: Säcker (Hrsg.), BerlKommEnR, 4. A. 2019, EnWG § 17d Rn. 21.

schreibung den Zuschlag für die Errichtung der Offshore-Anbindungsleitungen erhält.

*c) Insb. Zulässigkeit der Errichtung von Offshore-Anbindungsleitungen durch Entwickler von Offshore-Windenergieanlagen*

Eine weitere interessante Variante wäre es, durch die unter b) skizzierte Öffnung des gegenwärtig auf ÜNB zentralisierten Systems für die Errichtung und den Betrieb von Offshore-Anbindungsleitungen auch auf Entwickler von Offshore-Windenergieparks zu erstrecken. Hierdurch entstünde der volkswirtschaftliche Vorteil, dass die Entwickler die Offshore-Windenergieparks und die Offshore-Anbindungsleitungen aus einer Hand planen, errichten und betreiben und so Kosteneinsparungen erzielen könnten, um die Stromkunden entlastet würden. Insbesondere entfiele die Notwendigkeit für den Entschädigungsanspruch von Betreibern von Offshore-Windenergieparks gegen die Übertragungsnetzbetreiber wegen Störungen oder Verzögerung der Anbindung von Offshore-Windenergieparks nach § 17e EnWG. Allein auf diese Weise könnten wälzungsfähige Kosten in Höhe von ca. EUR 114 Mio.[16] eingespart werden.

Für die Errichtung und den Betrieb von Offshore-Anbindungsleitungen durch Entwickler von Offshore-Windenergieparks spricht insbesondere, dass Offshore-Anbindungsleitungen bei funktionaler Betrachtung – genau wie Anbindungsleitungen von Kraftwerken an Land – alleine der Einspeisung von Strom einer Anlage in das Netz dienen. Die Anbindungsleitungen sind daher dem Energieversorgungsnetz technisch wie begrifflich vorgelagert. Wird eine Anbindungsleitung dabei durch Betreiber von Offshore-Windparks errichtet, bedarf es daher nach dem Stand der Technik grundsätzlich nicht mehr der Einbeziehung in das Energieversorgungsnetz und der Begründung der Zuständigkeit der ÜNB. Diese begriffliche Trennung zwischen Anbindungsleitung und Netz ist auch bereits im EEG und im EnWG angelegt. So enthält insb. § 11 Abs. 2 EEG die Regel, dass eine Anlage über die Anbindungsleitung „einer dritten Person, die nicht Netzbetreiber ist" an das Netz angeschlossen werden kann. Somit sieht das EEG gerade vor, dass Betreiber von Netzanbindungen nicht gleichzeitig Netzbetreiber sein müssen.

Würden die Entwickler von Offshore-Windenergieparks die Möglichkeit erhalten, die Offshore-Anbindungsleitungen selbst zu errichten und zu betreiben, würde dies insbesondere eine Gleichstellung mit Betreibern von sonstigen

---

[16] So die Prognose der ÜNB vom 15.10.2018 für die Höhe der Offshore-Haftungsumlage (§ 17f EnWG) in 2019; vgl. Prognose der Offshore-Netzumlage 2019, S. 4, http://dnn9. netztransparenz.de/EnWG/Offshore-Netzumlage/Offshore-Netzumlagen-Uebersicht/ Offshore-Netzumlage-2019 (alle Online-Quellen in diesem Beitrag wurden zuletzt abgerufen am 30.8.2019).

Erneuerbare-Energie-Anlagen, insbesondere von Windenergie an Land, darstellen. Denn alle übrigen Betreiber von Erneuerbare-Energie-Anlagen haben bereits jetzt nach § 10 Abs. 1 EEG das Wahlrecht, ob sie einen Netzanschluss auf eigene Kosten durch den Netzbetreiber oder einen fachkundigen Dritten errichten lassen.

Auch ist eine Monopolisierung der Offshore-Anbindungsleitungen bei den ÜNB heute nicht länger erforderlich. Die oben unter a) beschriebene, im Jahre 2006 eingeführte Sonderregelung in § 17 Abs. 2a EnWG resultierte aus den damals bestehenden technischen Schwierigkeiten bei der Errichtung von Offshore-Anbindungsleitungen. Heute liegen erhebliche technische Fortschritte im Bereich der Offshore-Anbindungsleitungen vor. Insbesondere werden Offshore-Anbindungsleitungen nicht durch die ÜNB selbst, sondern von Dritten für diese hergestellt und verlegt. Außerdem haben zahlreiche Betreiber von Offshore-Windparks im Ausland umfassende Erfahrungen mit der Errichtung und dem Betrieb von Offshore-Anbindungsleitungen gesammelt, so dass sie ebenso wie die ÜNB dafür geeignet sind.

## 2. Zulässigkeit der Einführung von Ausschreibungen für Offshore-Anbindungsleitungen nach europäischem Recht

Es stellt sich weiterhin die Frage, ob der deutsche Gesetzgeber die rechtliche Fiktion des § 17d Abs. 1 Satz 3 EnWG, wonach eine Offshore-Anbindungsleitung ab dem Zeitpunkt ihrer Fertigstellung ein Teil des Energieversorgungsnetzes wird, aufheben und damit Offshore-Anbindungsleitungen aus der Netzregulierung lösen könnte oder ob die Zuordnung der Anbindungsleitungen zum Stromnetz europarechtlich determiniert ist. Denn Investitionen durch ein und denselben Investor in Erzeugungsanlagen und Anbindungsleitungen, d. h. Netzinfrastruktur (parallele Investitionen), sind auch nach der Umsetzung der Entflechtungsvorgaben des Dritten Europäischen Energiebinnenmarktpakets in der „Strommarkt-Richtlinie" 2009/72/EG[17] in das nationale Recht durch die Energierechtsnovelle 2011 nur in engen Grenzen zulässig. Gleiches gilt nach der bis zum Jahr 2020 von den Mitgliedstaaten umzusetzenden „Elektrizitätsbinnenmarkt-Richtlinie" (EU) 2019/944, mit der die Strommarkt-Richtlinie novelliert wurde.[18] Danach müssen ÜNB die allgemeinen Vorgaben zur Entflechtung von Geschäftstätigkeiten in den Bereichen Energieerzeugung, Energievertrieb und Netzbetrieb (§§ 8ff. EnWG) erfüllen (sog. *unbundling*). Sie ha-

---

[17] RL 2009/72/EG des EP und des Rates v. 13.7.2009 über gemeinsame Vorschriften für den Elektrizitätsbinnenmarkt und zur Aufhebung der RL 2003/54/EG, ABl. EU 2009 L 211/55.
[18] RL (EU) 2019/944 des EP und des Rates v. 5.6.2019 mit gemeinsamen Vorschriften für den Elektrizitätsbinnenmarkt und zur Änderung der RL 2012/27/EU, ABl. EU 2019 L 158/125.

ben den Betrieb ihres Übertragungsnetzes zu zertifizieren. Dies setzt nach § 4 a Abs. 3 EnWG voraus, dass sie entsprechend den gesetzlichen Entflechtungsvorgaben organisiert sind. Damit begrenzen die Unbundling-Vorgaben mittelbar die Möglichkeiten für parallele Investitionen in Netzinfrastruktur und Erzeugungsanlagen.[19] Dies ist insbesondere für das Betreiber-Modell von Offshore-Anbindungsleitungen relevant, aber auch für das Drittparteien-Modell, sofern parallele Investitionen in Offshore-Windparks und Offshore-Anbindungsleitungen erfolgen sollen. Daher stellt sich die Frage, inwieweit Offshore-Anbindungsleitungen unter den europarechtlichen Vorschriften Bestandteil des Stromnetzes sind und damit den Unbundling-Vorgaben unterfallen.

Zunächst ist in diesem Zusammenhang darauf hinzuweisen, dass die europäischen Regeln für die Netzregulierung auch in den Bereichen der ausschließlichen Wirtschaftszone *(AWZ)* und des Festlandsockels anwendbar sind. Entscheidend dafür ist, dass die Geltung des EU-Rechts nicht nur von der Gebietshoheit der Mitgliedstaaten abhängt, sondern auch an die Hoheitsgewalt der Mitgliedstaaten anknüpft. Soweit also Mitgliedstaaten in der AWZ in völkerrechtlich zulässiger Weise Regelungen treffen können, unterliegen sie dabei auch den Bindungen an das einschlägige EU-Primär- und Sekundärrecht. Das hat der EuGH schon 1976 mit Bezug zur Erhaltung der biologischen Schätze des Meeres festgestellt und 2005 im Hinblick auf die Geltung der FFH-Richtlinie in der AWZ bestätigt.[20]

Allerdings ist der Begriff des (Strom-)Netzes weder in der Strommarkt-Richtlinie bzw. der Elektrizitätsbinnenmarkt-Richtlinie noch im Energiewirtschaftsgesetz legal definiert. Insbesondere der Begriff des Energieversorgungsnetzes in § 3 Nr. 16 EnWG erklärt nicht den Begriff des Netzes, sondern setzt diesen vielmehr voraus.[21] Dasselbe gilt für die Begriffe des Übertragungs- und Verteilernetzbetreibers in Art. 2 Nr. 4, 6 Strommarkt-Richtlinie bzw. der fast wortgleichen Fassung in Art. 2 Nr. 35, 29 Elektrizitätsbinnenmarkt-Richtlinie. Auch der Europäische Gerichtshof hat – soweit ersichtlich – noch keine einheitliche Definition des Netz-Begriffes entwickelt.

Die Europäische Kommission hat sich bereits mehrfach mit Offshore-Anbindungsleitungen befasst. Dies geschah im Rahmen der Zertifizierung von Betreibergesellschaften von Offshore-Anbindungsleitungen als Netzbetreiber nach Art. 10 und Art. 11 der Strommarkt-Richtlinie (jetzt: Art. 52 und Art. 53 Elektrizitätsbinnenmarkt-Richtlinie). Allerdings betrafen diese Zertifizierungsentscheidungen Betreibergesellschaften von Offshore-Anbindungsleitungen nach

---

[19] Vgl. dazu in Bezug auf Offshore-Anbindungsleitungen *Butler/Heinickel/Hinderer*, Der Rechtsrahmen für Investitionen in Offshore-Windparks und Anbindungsleitungen, NVwZ 2013, 1377.
[20] *Heselhaus*, in: Frenz/Müggenborg (Hrsg.), BNatSchG, 2. A. 2016, § 56 Rn. 17.
[21] BGH, 18.10.2011 EnVR 68/10, juris Rn. 8.

dem ÜNB-Modell in Deutschland[22] bzw. nach dem Drittparteien-Modell im Vereinigten Königreich[23]. In beiden Fällen waren nach nationalem Recht die Betreibergesellschaften von Offshore-Anbindungsleitungen als Netzbetreiber organisiert. Die Evaluierungen setzten daher nach dem jeweiligen nationalen Recht voraus, dass es sich bei den Betreibergesellschaften um Netzbetreiber handelt. Die Kommission überprüft folglich nicht eigenständig, ob die Offshore-Anbindungsleitungen nach europäischem Recht überhaupt zwingend als Netzbestandteil zu qualifizieren sind. Daher sind diese Entscheidungen für die vorliegende Fragestellung nur von begrenzter Relevanz.

Der Bundesgerichtshof befasste sich in zwei Entscheidungen mit dem Begriff des Netzes im Sinne des EnWG. Dabei stellte er entscheidend auf die Funktion einer Anlage ab, nämlich inwieweit diese der Versorgung der Verbraucher mit Strom dient.[24] Beide Entscheidungen sind jedoch nicht ohne Weiteres auf Offshore-Anbindungsleitungen zu übertragen. Denn sie betrafen lediglich die Abgrenzung des Netzes bei der Entnahme von Strom auf Seiten der Verbraucher, gleichsam am „anderen Ende" des Netzes, und nicht die Einspeisung von Strom durch einen Erzeuger. Ihr Aussagegehalt zur Frage der Netzeigenschaft von Offshore-Anbindungsleitungen ist damit begrenzt.

Eine Netz-Definition findet sich hingegen im Erneuerbare-Energien-Gesetz *(EEG)* in § 3 Nr. 35 EEG. Danach ist ein Netz die Gesamtheit der miteinander verbundenen technischen Einrichtungen zur Abnahme, Übertragung und Verteilung von Elektrizität für die allgemeine Versorgung. Anschlussleitungen unterfallen diesem Netz-Begriff nach herrschender Auffassung nicht.[25] Der BGH hatte in diesem Zusammenhang entschieden, dass es sich bei der Verlegung eines Verbindungskabels zwischen einer Photovoltaikanlage und einer Trafostation eines Netzbetreibers nicht um eine Maßnahme des Netzausbaus handelt, sondern um eine dem Betreiber der Photovoltaikanlage selbst obliegende Maßnahme des Netzanschlusses.[26] Übertragen auf Offshore-Anbindungsleitungen spricht dies dafür, dass diese nach dem EEG ebenfalls keine Maßnahmen des Netzausbaus sind, sondern Maßnahmen des Netzanschlusses darstellen. Allerdings gilt diese Netzdefinition primär für das EEG und ist nicht zwingend deckungsgleich mit dem Netzbegriff des EnWG.[27] Zudem kann der deutsche

---

[22] Stellungnahme der EU-Kommission zur Zertifizierung der TenneT TSO GmbH, C(2012) 6258 final v. 6.9.2012.

[23] Stellungnahme der EU-Kommission zur Zertifizierung der UK Diamond Partners BBE Limited OFTO, C(2018) 2266 final v. 12.4.2018.

[24] BGH, 18.10.2011 EnVR 68/10, juris Rn. 9; BGH, 3.6.2014 EnVR 10/13, juris Rn. 35; ebenso *Jacobshagen/Kachel*, in: Danner/Theobald (Hrsg.), Energierecht, Loseblatt (Stand: 99. EL 2018), § 110 EnWG Rn. 21; vgl. dazu auch *Bülhoff*, Betreiberin eines Campingplatzes als Betreiberin eines Elektrizitätsversorgungsnetzes, IR 2012, 227.

[25] *Scharlau*, in: Greb/Boewe (Hrsg.), BeckOK EEG, 8. Edition 2019, § 3 Nr. 35 Rn. 2.

[26] BGH, 1.10.2008 VIII ZR 21/07, NVwZ-RR 2009, 104, 106 f.

[27] *Scharlau*, in: Greb/Boewe (Hrsg.), BeckOK EEG, 8. Edition 2019, § 3 Nr. 35 Rn. 1, Rn. 5.

Gesetzgeber nicht den europarechtlichen Netzbegriff festlegen, dieser ist vielmehr autonom zu bestimmen. Dennoch kann diese Rechtsprechung für eine technisch-systematische Auslegung des Netzbegriffs einen wichtigen Hinweis geben.

Der Begriff des Netzes impliziert nach allgemeinem Sprachverständnis ein verknüpftes, verzweigtes Gebilde.[28] Dies könnte dagegen sprechen, dass Offshore-Anbindungsleitungen zum Netz zählen, da sie lediglich zwei Anschlusspunkte an ihren beiden Enden besitzen. Indes haben solche auf dem Wortlaut beruhenden Argumente bei der Auslegung des europäischen Rechts nur eine begrenzte Bedeutung, da alle Sprachfassungen der europäischen Rechtsakte gleichrangig sind. So spricht etwa die englische Fassung der Strommarkt-Richtlinie, wenn in der deutschen Version vom *Netz* die Rede ist, stets von einem *system*. Auch hat das Oberlandesgericht Düsseldorf entschieden, wiewohl im Kontext des Anschlusses eines Verbrauchers ans Netz und ohne Bezug zum europäischen Recht, dass es sich bei einem Netz nicht zwingend um ein verzweigtes, über eine Vielzahl von Verknüpfungspunkten verfügendes Leitungssystem handeln muss.[29]

Besondere Bedeutung kommt bei der Auslegung europäischen Rechts der teleologischen Methode zu. Zweck der Entflechtungsregelungen ist es gem. Erwägungsgrund 11 der Strommarkt-Richtlinie bzw. Erwägungsgründen 67 ff. der Elektrizitätsbinnenmarkt-Richtlinie, den Wettbewerb auf dem Strommarkt zu gewährleisten, indem die Anreize für vertikal integrierte Unternehmen, ihre Wettbewerber beim Netzzugang und bei Investitionen zu benachteiligen, beseitigt werden. Dieser Zweck könnte in Bezug auf Offshore-Anbindungsleitungen dann einschlägig sein, wenn ein und dieselbe Offshore-Anbindungsleitung mehrere Offshore-Windparks von verschiedenen Betreibern mit dem Übertragungsnetz an Land verbindet.

Bei Anbindungsleitungen, die nur einen einzigen Offshore-Windpark oder mehrere Offshore-Windparks desselben Betreibers mit dem Übertragungsnetz verbinden, ist die Lage jedoch eine andere. Das wettbewerbliche Telos der Entflechtungs-Vorschriften ist nicht einschlägig, da in diesem Fall von vornherein kein Interessenkonflikt zwischen Windparkbetreiber und Anbindungsleitungsbetreiber bestehen kann. Vielmehr könnte durch die Einbeziehung der Anbindungsleitungen in das Ausschreibungssystem für Offshore-Windkraft wirksamer Wettbewerb in diesem Bereich überhaupt erst ermöglicht werden.

Im Ergebnis unterliegen Offshore-Anbindungsleitungen jedenfalls dann nicht den europarechtlichen Entflechtungs-Vorschriften, wenn sie der Netzanbindung eines einzigen Offshore-Windparks oder mehrerer Offshore-Wind-

---

[28] Vgl. Duden: „1.a. Gebilde aus geknüpften Fäden, Schnüren o.Ä. [...] 2.a. System von netzartig verzweigten Verteilungsleitungen [...]“.
[29] OLG Düsseldorf, 20.8.2007 VI-3 Kart 200/07 (V), juris Rn. 69.

parks desselben Betreibers dienen. Sollen, wie dies nach der gegenwärtigen Netzanbindungsplanung in Deutschland die Regel ist, über Offshore-Anbindungsleitungen mehrere Offshore-Windparks verschiedener Betreiber an das Netz angeschlossen werden, müssen diese Offshore-Anbindungsleitungen nach den europäischen Vorgaben jedoch nicht – wie nach der gegenwärtigen Rechtslage in Deutschland – zwingend durch ÜNB errichtet und betrieben werden. Vielmehr könnte dies, wie z. B. im Drittparteien-Modell im Vereinigten Königreich, durch eigenständige Netzbetreibergesellschaften geschehen.

## 3. Mögliche Ausgestaltung der Ausschreibungen für Offshore-Anbindungsleitungen

Die Möglichkeiten für eine Ausgestaltung von Ausschreibungen für Offshore-Anbindungsleitungen unterscheiden sich je nachdem, ob diese im Drittparteien-Modell oder im Betreiber-Modell erfolgen sollen:

Im Drittparteien-Modell können die Offshore-Anbindungsleitungen eigenständig ohne den Offshore-Windpark in eigenen Ausschreibungen vergeben werden. Dies würde Offshore-Anbindungsleitungen dem Wettbewerb öffnen. An diesen Ausschreibungen könnten sowohl die ÜNB als auch Dritte teilnehmen.

Im Betreiber-Modell könnten die Offshore-Anbindungsleitungen gemeinsam mit dem Offshore-Windpark ausgeschrieben werden. Dieses Modell könnte gerade im Rahmen der zukünftigen Ausschreibungen im zentralen System nach dem WindSeeG in Betracht kommen. Denn dem Bundesamt für Seeschifffahrt und Hydrographie steht es im Rahmen des Flächenplans nach § 5 WindSeeG frei, die Größe der Offshore-Windparks so zuzuschneiden, dass diese mit einer eigenen Offshore-Anbindungsleitung an das Netz angeschlossen werden. Bei gemeinsamen Ausschreibungen von Offshore-Windparks und deren Anbindungsleitungen würde es sich anbieten, die Errichtung und den Betrieb als Opt-In-Recht auszugestalten, so dass grundsätzlich die ÜNB weiterhin als Regel dafür zuständig sind. Die ÜNB könnten für die Ausschreibungen einen Basispreis angeben, zu denen sie die Offshore-Anbindungsleitung errichten und über die Förderdauer des Windparks von 20 Jahren betreiben. Die Teilnehmer der Ausschreibung könnten auf dieser Grundlage ein eigenes Gebot für die Offshore-Anbindungsleitungen abgeben. Liegt das Gebot des erfolgreichen Bieters für den Offshore-Windpark unter dem des ÜNB, erhält er auch den Zuschlag, die Offshore-Anbindungsleitungen zu errichten und zu betreiben. Gibt er kein Gebot für die Offshore-Anbindungsleitung ab oder liegt sein Gebot über dem des ÜNB, bliebe der anbindungsverpflichtete ÜNB für die Offshore-Anbindungsleitung zuständig.

## IV. Zusammenfassung

Offshore-Anbindungsleitungen können nach geltendem Recht in Deutschland nur von ÜNB errichtet und betrieben werden, denn sie werden nach § 17d Abs. 1 Satz 3 EnWG mit ihrer Fertigstellung automatisch Teil des Übertragungsnetzes. Diese Regelung ist aber nicht zwingend, denn bei § 17d Abs. 1 Satz 3 EnWG handelt es sich lediglich um eine gesetzliche Fiktion. Somit können nach deutschem Recht die Errichtung und der Betrieb von Offshore-Anbindungsleitungen für Dritte geöffnet werden.

Hierfür kommen zwei Modelle in Betracht: das Betreiber-Modell, bei dem der Betreiber eines Offshore-Windparks die Offshore-Anbindungsleitung gemeinsam mit dem Windpark errichtet und betreibt, sowie das Drittparteien-Modell, bei dem die Offshore-Anbindungsleitung von einer dritten Gesellschaft errichtet und betrieben wird. In beiden Modellen sind Ausschreibungen für Offshore-Anbindungsleitungen möglich. Als Vorbild dafür können die Ausschreibungen für die Offshore-Windparks nach dem WindSeeG dienen: Beim Drittparteien-Modell bieten sich eigenständige Ausschreibungen für Offshore-Anbindungsleitungen an, beim Betreiber-Modell können die Offshore-Anbindungsleitungen gemeinsam mit den Offshore-Windparks ausgeschrieben werden. Diese könnten als Opt-In-Recht der Ausschreibungsteilnehmer für die Offshore-Windparks bezogen auf die Offshore-Anbindungsleitung ausgestaltet werden: Grundsätzlich blieben die ÜNB für die Netzanbindung zuständig, er muss aber einen Basispreis für die Errichtung und den Betrieb der Offshore-Anbindungsleitung angeben. Nur wenn in der Ausschreibung ein Zuschlag erfolgt, der unter diesem Basispreis liegt, erhält der erfolgreiche Bieter die Zuständigkeit für die Errichtung und den Betrieb der Offshore-Anbindungsleitung.

# Autorenverzeichnis

*Prof. Dr. Alexander Proelß*
Lehrstuhl für internationales Seerecht und Umweltrecht, Völkerrecht und Öffentliches Recht, Universität Hamburg

*Thomas Schulz*
Rechtsanwalt, Linklaters LLP, Berlin

*Michael Filipowicz*
Rechtsanwalt, Linklaters LLP, Berlin

*Dr. Frank-Peter Hansen*
Senior Manager Corporate Regulation, TenneT TSO, Bayreuth

*Nils Teipel*
Commercial Manager, BritNed Development Ltd., Arnhem

*Prof. Dr. Jörg Gundel*
Lehrstuhl für Öffentliches Recht, Völker- und Europarecht, Geschäftsführender Direktor der Forschungsstelle für deutsches und europäisches Energierecht (FER), Universität Bayreuth

*Prof. Dr. Claas Friedrich Germelmann, LL.M.*
Lehrstuhl für Öffentliches Recht, insbesondere Europarecht, Leibniz Universität Hannover

*Dr. Wolf Friedrich Spieth*
Rechtsanwalt, POSSER SPIETH WOLFERS & PARTNERS, Berlin

*Sebastian Lutz-Bachmann, LL.M.*
Rechtsanwalt, POSSER SPIETH WOLFERS & PARTNERS, Berlin

# Stichwortverzeichnis

# ENERGIERECHT

## Beiträge zum deutschen, europäischen und internationalen Energierecht

Herausgegeben von
Jörg Gundel und Knut Werner Lange

Die Schriftenreihe *Energierecht* (EnergieR) trägt der praktischen Bedeutung und rechtlichen Komplexität des Energierechts Rechnung, die in den letzten Jahren sprunghaft gestiegen sind. Das Energierecht ist zu einem weit ausgreifenden Rechtsgebiet geworden: Vertikal erfasst es das nationale Recht ebenso wie die internationale und die supranationale Ebene; horizontal verbindet es Rechtsfragen des öffentlichen Rechts und des Privatrechts. Trotz seiner hohen Relevanz und Entwicklungsgeschwindigkeit ist das Energierecht in seiner Gesamtstruktur dogmatisch bislang nur schwach durchdrungen. Die Schriftenreihe will zur Schließung dieser Lücke beitragen. Sie zielt gleichermaßen auf das öffentliche wie auf das private Energierecht in seiner europäischen und internationalen Verflechtung ab und veröffentlicht herausragende Arbeiten aus der gesamten Breite des Rechtsgebiets.

ISSN: 2190-4766
Zitiervorschlag: EnergieR

Alle lieferbaren Bände finden Sie unter *www.mohrsiebeck.com/energier*

Mohr Siebeck
www.mohrsiebeck.com